O.W. BARTH

ALAN WATTS

ÜBER DEN GEIST HINAUS

Die östliche Weisheit der Befreiung

Aus dem amerikanischen Englisch
von Horst Kappen

O.W. BARTH

Die amerikanische Originalausgabe erschien 2017 unter dem Titel
»Out of Your Mind. Tricksters, Interdependence, and the
Cosmic Game of Hide-and-Seek« bei Sounds True, Inc., Boulder, USA.

Besuchen Sie uns im Internet:
www.ow-barth.de

Aus Verantwortung für die Umwelt hat sich die Verlagsgruppe Droemer Knaur zu einer nachhaltigen Buchproduktion verpflichtet. Der bewusste Umgang mit unseren Ressourcen, der Schutz unseres Klimas und der Natur gehören zu unseren obersten Unternehmenszielen. Gemeinsam mit unseren Partnern und Lieferanten setzen wir uns für eine klimaneutrale Buchproduktion ein, die den Erwerb von Klimazertifikaten zur Kompensation des CO_2-Ausstoßes einschließt.
Weitere Informationen finden Sie unter: www.klimaneutralerverlag.de

FSC www.fsc.org
MIX
Papier aus verantwortungsvollen Quellen
FSC® C083411

Deutsche Erstausgabe Mai 2020
O. W. Barth Verlag

Ein Imprint der Verlagsgruppe
Droemer Knaur GmbH & Co. KG, München.

Covergestaltung: Isabella Materne
nach einer Idee von Jennifer Miles
Coverabbildung: Shutterstock / kzww, Swill Klitch
Illustratives Element im Innenteil: Swill Klitch / Shutterstock.com
Satz: Adobe InDesign im Verlag
Druck und Bindung: CPI books GmbH, Leck
ISBN 978-3-426-29304-1

2 4 5 3 1

INHALT

DANK

Mein Dank gilt Robert Lee, der es verstand, aus diesen Vorträgen ein großartiges Buch zu gestalten, sowie Tami Simon und dem gesamten Team von Sounds True, das die Vortragsreihe zuvor unter dem Namen *Out of Your Mind* als Hörbuch produziert und veröffentlicht hat, woraus über die Jahre etwas wahrhaft Spektakuläres entstanden ist.

VORWORT VON MARK WATTS

In den Fünfzigerjahren erreichte mein Vater mit seinen Radiovorträgen bei dem Sender KPFA in Berkeley eine große Zuhörerschaft. Diesen Vorträgen folgten bald darauf Bestseller wie *Zen-Buddhismus – Tradition und lebendige Gegenwart* oder sein bahnbrechendes Buch *Psychotherapie und östliche Befreiungswege.* Beim aufgeschlossenen kalifornischen Publikum der San Francisco Bay Area kamen seine Gedankengänge gut an, mit denen er die Weisheitslehren Asiens durch die moderne Optik westlicher Psychologie und der aufkeimenden wissenschaftlichen Entdeckungen des postatomaren Zeitalters betrachtete. In seinen Vorträgen plädierte er häufig dafür, den Buddhismus als eine Form von Psychotherapie aufzufassen, der keinen Vergleich mit den Religionen des Westens zulasse. Aus seiner Sicht waren ökologisches Bewusstsein und mystisches Erleben vielmehr Ausdrucksformen derselben Art von erwachter Erfahrung. Anfang der Sechzigerjahre hatten seine Vorträge und wegweisenden Bücher Eingang in die akademischen Zirkel gefunden, und während der folgenden zwölf Jahre bereiste er das ganze Land, sei es um vor einem großen Publikum öffentliche Vorträge zu halten oder in kleinen Gruppen Seminare zu leiten. Viele dieser Veranstaltungen wurden auf Tonband festgehalten.

Nachdem ich Dutzende von Seminaren, die mein Vater in den späten Sechziger- und frühen Siebzigerjahren aufgezeichnet hatte, durchgegangen war, wählte ich vor knapp zehn Jahren sechs dieser historischen Aufnahmen aus, die sich besonders harmonisch zusammenfügten, um sie unter dem Titel *Out of Your Mind* zu versammeln. Dabei handelte es sich durchweg um außergewöhnliches Tonmaterial: »The Nature of Consciousness«, »Web of Life«, »Inevitable Ecstasy«, »The World as Just So«, »The World as Self« und »The World as Emptiness« (»Das Wesen des Bewusstseins«, »Das Gewebe des Lebens«, »Unumgängliche Ekstase«, »Die Welt als Sosein«, »Die Welt als das Selbst« und »Die Welt als Leerheit«).

Sofort nach seinem Erscheinen war *Out of Your Mind* ein Erfolg, und im Laufe der Jahre wurde die Vortragsreihe zu einem der meistgehörten Alan-Watts-Tondokumente überhaupt, das auf der ganzen Welt sein Publikum fand.

Zu Beginn standen allumfassende Themen wie die Grundfragen gemeinsamer Wahrnehmung, vergleichende Kosmologie und der Platz des Menschen in der Natur. In diesen Vorträgen führte mein Vater in überzeugender Weise aus, dass das in der westlichen Welt vorherrschende Denken zum größten Teil auf überholten wissenschaftlichen Erkenntnissen und den kulturellen Konstrukten des neunzehnten Jahrhunderts beruht. Stets bereit, den Status quo in Zweifel zu ziehen, hinterfragte er Annahmen, die vielen als selbstverständlich galten, indem er aufzeigte, wie sehr in der »alltäglichen Realität« der westlichen Welt der Kontakt zum aktuellen Stand des Wissens verloren gegangen war.

In seinem wachsenden Werk bot er aber auch Lösungen, psychologische wie kosmologische, und indem er sich zunehmend auf das buddhistische Weltbild bezog, das er in seinen Seminaren behandelte, entwickelte er eine neue und bestechende Perspektive – von einem Universum, mit dem wir als erwünschte Akteure untrennbar verbunden und in dem wir zugleich Ausdrucksformen des »Gesamtwerks« sind. In diesem Weltbild vollkommener Wechselseitigkeit finden wir nicht nur unseren Platz in der Natur und durch die Natur, sondern ebenso die Mittel, um diesen Wandel in unserer Auffassung vom Leben auch anderen nahezubringen.

Auch wenn ich mir der Kraft, die in diesen Vorträgen liegt, bewusst bin, war ich doch nicht darauf gefasst, welche Wirkung sie zu entfalten begannen, nachdem sie einmal ihren Weg in die Welt gefunden hatten. Nicht nur bei vielen Stammhörern der Sounds-True-Audiotitel erfreuten sie sich großer Beliebtheit, sondern sie zogen auch ein neues, jüngeres Publikum an, und einige Jahre nach ihrem Erscheinen tauchten regelmäßig Zitate und Videos in den Mediennetzwerken auf. Kreativposts in Form von Videoclips wurden millionenfach aufgerufen (zwanzig Millionen Klicks beim letzten Stand), und es ist bei Weitem der lohnendste Aspekt der Fortführung der Arbeit meines Vaters, wenn ich sehe, wie diese Ideen das Leben so vieler Menschen bereichern, dabei neue Gestalt annehmen und sich stetig weiterentwickeln.

TEIL 1

DAS WESEN DES BEWUSSTSEINS

1
KOSMOLOGISCHE WELTMODELLE

Ich möchte zunächst einige der grundlegenden Vorstellungen betrachten, auf denen das landläufige Denken im Westen beruht – unser prinzipielles Verständnis davon, was es mit dem Leben auf sich hat. Es sind Vorstellungen, die historisch bedingt sind, und ihr Einfluss reicht sehr viel weiter, als vielen Menschen bewusst ist. Ich spreche also von unseren Grundüberzeugungen in Bezug auf die Welt – Überzeugungen, die fester Bestandteil der logischen und sprachlichen Strukturen sind, deren wir uns bedienen.

Im Hinblick auf diese Vorstellungen verwende ich das Wort *Mythos*. Nicht etwa um ihnen Unwahrheit zu bescheinigen, sondern weil dieses Wort an etwas sehr Machtvolles gemahnt. Ein Mythos in diesem Sinne ist ein Weltbild, mit dessen Hilfe wir uns die Welt verständlich machen, und gegenwärtig stehen wir unter dem Einfluss von zwei äußerst machtvollen Weltbildern, die dem heutigen Stand der Wissenschaft jedoch vollständig unangemessen sind. Eine unserer größten Herausforderungen besteht heute deshalb darin, diese Mythen durch ein angemessenes, zufriedenstellendes und vernünftiges Weltbild zu ersetzen, das mit unserer tatsächlichen Erfahrung von der Welt im Einklang ist.

Bei den zwei Weltbildern, von denen wir uns seit mehr als zweitausend Jahren haben leiten lassen, handelt es sich im Prinzip um Modelle des Universums: das *keramische Modell* und das *vollautomatische Modell.*

Betrachten wir uns zunächst das erste dieser beiden, das keramische Modell.

Das keramische Modell entstammt dem *ersten Buch Mose,* der *Genesis,* aus dem sowohl Judentum als auch Christentum und Islam ihr grundlegendes Weltbild beziehen. Das Weltbild nun, das uns die *Genesis* vermittelt, besagt, dass die Welt ein vom Schöpfer hergestelltes Artefakt ist – so wie ein Töpfer aus Lehm Töpfe formt oder ein Zimmermann aus Holz Tische und Stühle fertigt. Dabei ist nicht zu vergessen, dass Jesus, der Sohn Gottes, ebenfalls der Sohn eines Handwerkers ist. Daher ist das Bild, das wir von Gott haben, das eines Töpfers, Zimmermanns, Handwerksmeisters oder Architekten, der das Universum nach seinem Plan erschaffen hat.

Wesentlich an diesem ersten Modell des Universums ist die Vorstellung, dass die Welt aus *Stoff* besteht – aus einem Urstoff oder einer Ursubstanz. Und so wie der Töpfer zu Lehm greift und ihm seinen Willen aufzwingt, so greift der Schöpfer zu diesem elementaren Stoff, um aus ihm das Universum zu fertigen und zu formen, was immer ihm beliebt. So erschafft Gott in der *Genesis* Adam aus Staub – er modelliert eine Tonfigur und haucht ihr *Leben* ein. Der Lehm erhält eine Form. An und für sich ist der Lehm form- und geistlos, und es bedarf einer äußeren Intelligenz – einer äußeren Energie –, um ihn zum Leben zu erwecken und ihm Verstand zu verleihen.

So sind wir die Erben eines Selbstverständnisses, mit dem wir uns als Artefakte begreifen, als etwas, das *gemacht* worden ist. Bei uns fragen die Kinder ihre Eltern: »Wie bin ich gemacht worden?« oder »Wer hat mich gemacht?«. Aber so würde ein chinesisches oder indisches (insbesondere ein hinduistisches) Kind nicht fragen. In China würde ein Kind seine Mutter vielleicht fragen: »Wie bin ich geworden?« Aber *werden* und *machen* sind zwei völlig verschiedene Vorgänge. Wenn wir etwas *machen,* dann fügen wir es zusammen – wir ordnen seine Bestandteile an und arbeiten dabei von *außen* nach *innen*. Das ist wie gesagt die Art und Weise, wie ein Töpfer mit Lehm arbeitet oder ein Bildhauer mit Stein. Wenn man dagegen etwas *werden* oder *wachsen* sieht, läuft der Vorgang in entgegengesetzter Richtung ab – das heißt von *innen* nach *außen*. *Wachstum* bedeutet, dass etwas aufkeimt, sich entwickelt, aufblüht, ein Vorgang, der zugleich gänzlich auf sich selbst beruht. Die ursprüngliche, einfache Form einer lebenden Zelle im Mutterleib differenziert sich zunehmend selbst.

So sieht der *Werde*prozess im Gegensatz zum *Herstellungs*prozess aus, und es ist zu beachten, dass es in diesem Modell einen grundlegenden Unterschied zwischen *Hersteller* und *Hergestelltem* gibt, zwischen dem Schöpfer und seiner Kreatur.

Woher stammt diese Vorstellung? Im Wesentlichen entstand das keramische Modell des Universums in Kulturen mit monarchischen Regierungsformen. In ihrer Vorstellung war der Erschaffer des Universums zugleich auch dessen König – »König der Könige, Herrscher der Herrscher, der alleinige Regent der Fürsten …«, wie es im Gebetbuch der anglikanischen Kirche heißt. Menschen, die ihren Platz im Universum auf diese Weise begreifen, stehen zur grundlegenden Wirklichkeit etwa im selben Verhältnis wie Untertanen zu einem König und befinden sich folglich in einer sehr demütigen Position gegenüber dem, was immer das Ganze in Gang hält. Daher finde ich es seltsam, dass die Bürger einer Demokratie wie hier in den Vereinigten Staaten noch immer an einer solchen monarchischen Theorie des Universums festhalten.

Die Vorstellung, dass wir uns vor dem Herrscher des Universums voller Demut und Ehrfurcht zu verbeugen und niederzuwerfen haben, ist also ein Relikt der alten Kulturen des Nahen Ostens. Warum ist das so? Prinzipiell hat niemand mehr Angst als ein Tyrann. Darum sitzt er erhöht mit dem Rücken zur Wand, während man sich ihm von unten mit gesenktem Blick zu nähern hat. So kann man nicht seine Waffen gegen ihn erheben. Wer dem Herrscher entgegentritt, tut dies also nicht auf gleicher Augenhöhe, um ihn nicht attackieren zu können. Und dazu könnte es sehr wohl kommen, denn er bestimmt über dein Leben, und wer über dein Leben bestimmt, ist der größte Schurke von allen. Der Herrscher ist mit anderen Worten derjenige, dem erlaubt ist, Verbrechen an dir zu begehen: *Kriminelle* sind dagegen bloß die Leute, die wir ins Gefängnis sperren.

Was bedeutet das für die Anlage eines Kirchenraums? Auch wenn es davon einige Abweichungen gab, hat die katholische Kirche über den größten Zeitraum ihres Bestehens den Altar mit dem Rücken zur Wand an der Ostflanke platziert. Der Altar ist der Thron und der Priester der Vorsteher, der Hofwesir, der dem Thron huldigt, dem er sich gegenübersieht, so wie all die anderen Gläubigen, die vor ihm niederknien. Eine große katholische Kirche heißt Basilika, griechisch *basiliké stoá*, was so viel heißt wie »königliche Halle«. Eine Basilika ist also das Haus des Königs, und das Zeremoniell der katholischen Kirche stammt ursprünglich aus Byzanz. Eine protestantische Kirche sieht ein wenig anders aus – sie ähnelt mehr einem Gerichtsgebäude –, aber ihre Anlage offenbart den Glauben an dasselbe Modell des Universums. Die evangelischen Pfarrer tragen einen schwarzen Talar, wie auch die Richter an einem Gerichtshof ihn tragen, und alle zusammen sitzen in einer Art Loge – mit Kanzel und Bänken, was ebenfalls an die Sitzordnung von Richtern und Geschworenen erinnert.

Was diese Formen des Christentums gemein haben, ist eine autokratische Auffassung vom Wesen des Universums, und in der Kirchenarchitektur spiegelt sich diese Auffassung wider. Die katholische Variante baut alles um den *König*, während sich in der protestantischen Kirche alles um den *Richter* gruppiert. Wie begrenzt diese Weltbilder sind, wird aber deutlich, wenn man versucht, sie auf das Universum selbst anzuwenden – auf das Wesen des Lebens.

Werfen wir zunächst einen Blick auf den angeblichen Gegensatz von Materie und Geist – eine Vorstellung, die wesentlich zum keramischen Modell gehört. Was ist Materie? Das ist eine Frage, die Physiker einmal zu ergründen versuchten, da es ihnen darum ging, die grundlegende Substanz der Welt zu verstehen. Aber diese Frage – »Was ist Materie?« – ist eine Frage, die zu stellen sie vor langer Zeit aufgehört haben. Als sie das Wesen der Materie erforschten, wurde den Physikern klar, dass sie sie nur in ihrem Verhalten beschreiben können – in Bezug auf Form und Ablaufmuster. Indem man immer kleinere Partikel ausfindig macht – Atome, Elektronen, Protonen und alle möglichen weiteren Nuklearteilchen –, gelangt man niemals zu einem grundlegenden

Stoff, weshalb sich nur beschreiben lässt, wie er sich dem Anschein nach verhält.

Die Sache ist die: Wir benutzen das Wort *Stoff*, weil die Welt für uns so aussieht, wenn unsere Augen aus dem Fokus sind. Wir stellen uns Stoff als eine Art undifferenzierte Masse vor, aber das liegt nur an unserem verschwommenen Blick. Sehen wir genauer hin, erkennen wir Formen und Muster, und Muster sind das Einzige, worüber sich wirklich sprechen lässt. Das Bild der Welt, wie es sich uns heute aufgrund der komplexesten Theorien der Physik darstellt, ist nicht eines des geformten Stoffs oder aus Lehm geformter Töpferware, sondern eine Welt von Mustern – aus sich selbst heraus bewegte, sich selbst gestaltende, tanzende Muster. Aber in unserem kollektiven Bewusstsein ist dieses neue Weltbild noch nicht angekommen.

Und das bringt uns zum zweiten Weltbild, das heute in Kraft ist – dem vollautomatischen Modell. Als sich das westliche Denken weiterentwickelte, geriet das keramische Modell in Bedrängnis. Über den größten Zeitraum ihres Bestehens war die westliche Wissenschaft vom Judentum, Christentum und Islam in der Annahme beeinflusst, dass bestimmte Naturgesetze existieren und dass diese Gesetze am Anbeginn vom Schöpfer, dem Erschaffer des Universums festgelegt worden waren. Deshalb neigen wir zu der Ansicht, dass alle natürlichen Phänomene bestimmten Gesetzen und einem Plan gehorchen, so wie eine gefügige Maschine – etwa eine pünktliche Eisen- oder Straßenbahn. Im achtzehnten Jahrhundert begannen westliche Intellektuelle dann, diese Vorstellung in Zweifel zu ziehen, insbesondere hinsichtlich der Frage, ob so etwas wie ein Urheber – ein universaler Architekt – wirklich existiert. Ihre Überlegung war, dass es so etwas wie Naturgesetze geben könnte, die nicht unbedingt einen Gesetzgeber erfordern.

Die Hypothese von einem Gott trug wenig dazu bei, Voraussagen zu machen, worin aber gerade die Aufgabe der Wissenschaft besteht – zu fragen: *Was wird geschehen?* Indem wir untersuchen, wie sich die Dinge in der Vergangenheit verhalten haben, und dieses Verhalten sorgfältig beschreiben, können wir Voraussagen darüber machen, was in Zukunft geschehen wird – um nichts anderes geht es in der Wissenschaft. Und wie sich herausstellt, braucht man, um zutreffende Voraussagen zu machen, keinen Gott als Hypothese, da sie in keiner Hinsicht einen Unterschied ausmacht. Also ließ man die Gotteshypothese fallen und behielt die Gesetzeshypothese, weil sich allein aufgrund regelmäßiger Abläufe im Universum Voraussagen machen lassen. Man entledigte sich also des Gesetzgebers und behielt das Gesetz.

Und so sind wir zum gegenwärtigen Konzept vom Universum als einer Maschine gekommen, als etwas, das gemäß mechanischen Prinzipien wie ein Uhrwerk funktioniert. Das Weltbild Newtons beruht auf den Prinzipien des Billardspiels – Atome sind wie Billardkugeln, die in vorhersehbarer Weise voneinander abprallen. Daher wird auch das Verhalten jedes Menschen als ein komplexes Zusammenspiel von Billardkugeln betrachtet, die von allem anderen herumgestoßen werden. Das ist das vollautomatische Modell des Universums, die Vorstellung von der Wirklichkeit als einer blinden Energie. Zu beobachten ist das im Denken des neunzehnten Jahrhunderts, etwa bei Ernst Haeckel und

Thomas Henry Huxley, die das Weltgeschehen als etwas beschrieben, das auf nichts anderem als einem geistlosen Spiel der Kräfte beruht, oder auch in der Philosophie Freuds, der unseren grundlegenden psychologischen Antrieb in der Libido ausfindig machte – in blinder Begierde.

Dieser Weltanschauung zufolge sind wir also alle Zufallsprodukte. Mit all unseren Wertvorstellungen, Sprachen, Kulturen und unserer Liebesfähigkeit sind wir das Resultat überschüssiger blinder Energie und puren Zufalls. Das ist ungefähr so, als würden eintausend Affen eine Million Jahre lang auf eintausend Schreibmaschinen herumhauen und dabei schließlich aus Versehen die *Encyclopedia Britannica* verfassen, um daraufhin sogleich wieder Unsinn zu Papier zu bringen. Schließen wir uns aber dieser Auffassung an und sind gerne Mensch und am Leben, dann läuft es darauf hinaus, dass wir auf Schritt und Tritt die Natur bekämpfen müssen, weil die Natur uns wieder in Unsinn verwandelt, sobald wir sie lassen. Daher zwingen wir der Welt unseren Willen auf, als wäre sie etwas uns völlig Wesensfremdes – etwas, das nur im Außen existiert. Aus diesem Grund haben wir eine Kultur, die auf der Vorstellung beruht, dass zwischen Mensch und Natur Krieg herrscht.

Darüber hinaus definieren wir in den Vereinigten Staaten Männlichkeit über Aggression. Ich glaube, das muss daran liegen, dass wir Angst haben. Wir ziehen diese Show ab und markieren den starken Mann, aber das ist doch gänzlich überflüssig. Wenn man hat, was man braucht, kann man sich das Theater sparen und muss ganz gewiss nicht die Natur in die Knie zwingen. Wozu diese Feindseligkeit gegenüber der Natur?

Du bist nichts von der Natur Getrenntes. Du bist ein Aspekt oder ein Symptom der Natur. Als Mensch wächst du aus der Physis dieses Universums auf genau dieselbe Weise heraus, wie ein Apfel an einem Apfelbaum wächst. Ein Baum, der Äpfel trägt, ist ein Apfelbaum, und ebenso ist ein Universum, das Menschen hervorbringt, ein Universum von Menschen. Die Existenz des Menschen ist symptomatisch für die Art von Universum, in der wir leben, aber unter dem Einfluss unserer beiden großen Mythen – des keramischen und des vollautomatischen Modells vom Universum – haben wir das Gefühl entwickelt, nicht von dieser Welt zu sein. Üblicherweise sagen wir »Ich bin zur Welt gekommen«, aber das ist nicht wahr – wir sind *aus* der Welt gekommen.

Die meisten Menschen haben das Gefühl, ein *Etwas* zu sein, das innerhalb eines Hautsacks existiert. Wir erleben uns als ein Bewusstsein, das auf dieses Etwas hinblickt. Und dann schauen wir uns andere an, die uns ähnlich sind, und betrachten sie als Mitmenschen, solange sie die gleiche Hautfarbe, Religion oder was auch immer haben. Wenn wir dann beschließen, eine bestimmte Menschengruppe auszurotten, definieren wir sie stets als *Nichtmenschen* – als nicht wirklich menschlich. Wir bezeichnen sie als Affen oder Monster oder Automaten, jedenfalls nicht als Menschen. Jede Art von Feindseligkeit, die wir gegen andere oder die Außenwelt richten, stammt aus diesem Aberglauben, einer völlig unbegründeten Theorie, dass wir etwas sind, das nur innerhalb unserer eigenen Haut existiert.

Ich möchte eine andere Betrachtungsweise vorschlagen. Beginnen wir mit dem Big Bang, dem Urknall, der Theorie, dass es vor Milliarden von Jahren eine Explosion gegeben hat, mit der alle diese Galaxien und Sterne in den Raum geschleudert wurden. Nehmen wir thesenhalber einmal an, dass es sich so abgespielt hat. Das ist etwa so, als würde jemand eine Flasche mit Tinte nehmen und gegen die Wand knallen – die Tinte spritzt vom »Big Splash« im Zentrum aus in alle Richtungen, und an den Rändern hat man all diese feinen Tröpfchen, die komplizierte Muster bilden. Genauso gab es einen Big Bang zu Beginn aller Dinge, die sich von dort aus im Weltall ausgebreitet haben, und du und ich sitzen hier nun zusammen als komplexe Wesen Mensch an den Ausläufern dieser anfänglichen Explosion.

Wenn du glaubst, du seist etwas, das innerhalb deiner eigenen Haut existiert, dann wirst du dich als einen winzigen, komplexen Tintenklecks unter anderen Tintenklecksen am Rande des Weltalls definieren. Vielleicht warst du vor Jahrmilliarden Teil dieses Big Bang, aber jetzt bist du es nicht mehr – du bist etwas davon Getrenntes. Das liegt aber nur daran, dass du dich selbst davon abgeschnitten hast; alles hängt davon ab, wie du dich selbst definierst. Und hier ist mein Gegenvorschlag: Wenn es zu Anbeginn der Zeit einen Urknall gegeben hat, dann bist du nicht etwas, das am Ende des Prozesses als *Ergebnis* dieser Explosion herausgekommen ist. Du *bist* dieser Prozess.

Du bist der Big Bang. Du bist die ursprüngliche Kraft des Universums, die sich als das, was immer dich im Moment ausmacht, manifestiert. Du definierst dich als Herr oder Frau Soundso, aber in Wahrheit bist du die Urenergie des Universums, das noch immer im Werden ist. Du hast einfach nur gelernt, dich selbst als etwas davon Getrenntes zu definieren.

Dabei handelt es sich um eine der Grundannahmen, die aus den Mythen folgen, an die zu glauben man uns beigebracht hat. Wir glauben tatsächlich, dass voneinander getrennte Dinge und Ereignisse existieren. Ich stellte einmal einer Gruppe von Jugendlichen die Frage, wie sie »Ding« definieren würden. Zuerst meinten sie: »Ein Ding ist ein Gegenstand«, aber das ist nur ein Synonym – bloß ein anderes Wort für »Ding«. Aber dann sagte ein intelligentes Mädchen aus der Gruppe: »Ein Ding ist ein Nomen«, und damit hatte es recht. Aber ein Nomen ist kein Teil der Natur – es ist ein Teil der Sprache. Nomen existieren nicht in der physikalischen Welt, ebenso wenig wie getrennte Dinge.

Nichts in der Natur ist mit dem Lineal gezogen. Wolken, Berge, Bäume, Menschen – an alldem ist nichts Geradliniges. Aber wenn sich erst einmal der Mensch einschaltet, errichtet er geradlinige Gebäude und versucht, die ganze Welt zu begradigen. Und hier sitzen wir nun in Räumen mit lauter geraden Linien und sind selbst so ungeradlinig, wie man nur sein kann.

Wenn du etwas unter Kontrolle bringen willst, das sich deinem Zugriff entzieht, ist das ein ziemlich schwieriges Unterfangen. Ein Fisch ist äußerst glitschig, er gleitet dir direkt wieder aus der Hand; wie bekommst du ihn also zu fassen? Du nimmst ein Netz. Ganz ebenso verwenden wir Netze, um die uns entgleitende Welt in den Griff zu bekommen. Wenn du es mit etwas zu tun hast, das sich dir entzieht, dann wirfst du also irgendeine Art von Netz darüber. Das ist unsere Grundlage für die Vermessung der Welt: Netze mit so vielen kreuz und quer verlaufenden Maschen, dass die Position, an der sich das Ungreifbare im Netz verfängt, uns etwas darüber verrät. Und so zerlegen wir das Nichtgreifbare in Stücke. Dieser Teil des Nichtgreifbaren ist ein Ding, dieser andere Teil ein Ereignis, und wir sprechen über diese Teile oder Stücke, als wären sie von sich aus etwas Getrenntes. Aber das Ungreifbare in der Natur ist nichts »Vorgestücktes«. Das ist nur die Art und Weise, wie wir Muster und Abläufe messen und steuern. Wenn du ein Huhn essen willst, musst du es zerteilen, um einen Bissen nehmen zu können – es besteht nicht aus mundgerechten Stücken. Ebenso wenig ist die Welt an sich schon verdinglicht, besteht sie an sich schon aus separaten Ereignissen.

Du und ich sind so sehr ein Kontinuum im physikalischen Universum, wie die Welle ein Kontinuum im Ozean ist. Der Ozean bringt *Wellen* hervor, das Universum *Menschen*. Aber wir sind wie hypnotisiert – buchstäblich hypnotisiert – in unserem Gefühl, dass wir als getrennte Wesenheiten innerhalb unserer eigenen Haut existieren. Wir identifizieren uns nicht mit dem ursprünglichen Big Bang – sondern glauben, nur etwas an seinem äußersten Ende zu sein. Darum haben wir alle eine Heidenangst: weil unsere Welle verschwinden wird und wir sterben werden und das einfach schrecklich sein wird. Wie ein mir bekannter Priester gerne sagt: »Wir sind nichts. Aber irgendetwas geschieht zwischen der Entbindungsstation und dem Krematorium.« Und das ist die Mythologie, nach der wir funktionieren, und der Grund dafür, warum wir uns alle unglücklich und elend fühlen.

Einige mögen für sich in Anspruch nehmen, Christen zu sein. Vielleicht gehen sie auch in die Kirche, sagen, dass sie an den Himmel und ein Leben nach dem Tod glauben, aber das tun sie nicht. Sie denken bloß, dass sie dieses oder jenes glauben *müssten*. Sie denken nur, dass sie an die Lehren Christi glauben *sollten;* woran sie aber wirklich glauben, ist das vollautomatische Modell. Und die meisten von uns glauben daran – dass wir so etwas wie ein kosmisches Zufallsprodukt sind, ein separates Ereignis zwischen der Entbindungsstation und dem Krematorium. Am Ende gehen uns die Lichter aus, und das war's.

Warum sollte jemand auf diese Weise denken? Es gibt keinen Grund dazu – es ist noch nicht einmal wissenschaftlich gedacht. Es ist lediglich ein Mythos, eine Geschichte, die von Leuten erfunden wurde, denen daran liegt, sich auf eine bestimmte Weise zu fühlen oder ein bestimmtes Spiel zu spielen. Das Gottesspiel wurde irgendwann lästig. Begonnen haben wir mit der Vorstellung von Gott als einem Töpfer oder Architekten oder Schöpfer des Universums, und das war gut so. Es gab uns das Gefühl, dass es mit dem Leben etwas auf sich hat, dass es Sinn hat, dass es einen Gott gibt, der sich etwas aus uns macht. Wir hatten das Gefühl, etwas Wertvolles in den Augen des himmlischen Vaters zu sein. Nach einer Weile wurde es aber unangenehm, als uns klar wurde, dass Gott alles sehen kann, was wir tun und was in uns vorgeht, bis hinein in unsere intimsten Gedanken und Gefühle. Um dieses unangenehme Gefühl loszuwerden, wurden wir Atheisten und fingen an, uns einfach schrecklich zu fühlen. Denn als wir Gott loswurden, sind wir uns selbst losgeworden. Wir sind zu bloßen Maschinen geworden.

Wie Camus in *Der Mythos des Sisyphos* sagt: »Es gibt nur ein wirklich ernstes philosophisches Problem: den

Selbstmord.« Und wenn du an das vollautomatische Modell glaubst – dass du eine Art separates Bewusstsein bist, das für sich selbst im blinden Mechanismus des Weltalls existiert –, dann ist es durchaus sinnvoll, die Frage nach dem Selbstmord zu stellen. Also warum oder warum nicht sollte man sich umbringen – das ist eine gute Frage. Wozu weitermachen? Man sollte nur weitermachen, wenn sich der Spieleinsatz lohnt. Das Universum besteht seit unvorstellbar langer Zeit, daher muss eine befriedigende Theorie des Universums eine sein, auf die sich setzen lässt. Das ist einfach eine Frage des gesunden Menschenverstandes. Wer sich weiterhin am Spiel beteiligen will, der braucht eine optimale Spieltheorie, sonst kann man sich auch gleich umbringen, weil das Spiel keinen Sinn hat.

Die Leute, die sich das vollautomatische Modell ausgedacht haben, spielten damit eine abweichende Form des Spiels, eine eigentümliche Variante. Sie sagten: »Ihr alle, die ihr an die Religion glaubt, seid Schwächlinge und Fantasten. Ihr wollt euren Big Daddy da oben im Himmel, damit er euch in schweren Zeiten tröstet, denn das Leben ist hart und mühselig. Aber der einzige Weg, um es im Leben zu etwas zu bringen, ist, Biss zu haben und sich ein dickes Fell zuzulegen. Ihr müsst stark sein und den Tatsachen ins Auge blicken. Das Leben ist ein einziger Misthaufen, und ihr müsst der Welt euren Willen aufzwingen und sie dazu bringen, zu tun, was ihr wollt.« Und diese Theorie kam natürlich gelegen zu einer Zeit, als die Europäer überall auf der Welt die Eingeborenen kolonialisierten. So konnten sie ihr Vorgehen rechtfertigen und sich damit noch schmeicheln.

Selbst heute noch erwartet man von einem intelligenten Akademiker, dass er an das vollautomatische Modell glaubt. Keine andere Theorie der Welt gilt als seriös. Wer sich intellektuell behaupten will, muss Biss beweisen.

Im Grunde genommen gibt es zwei Arten von Philosophie: diejenige *mit Biss* und die *schwammige*. Leute mit Biss sind präzise und logisch – sie mögen alles gerne klar und gegliedert. Schwammige Leute dagegen haben alles gerne vage. In der Physik sind die Leute mit Biss diejenigen, die glauben, dass Materie letztlich aus Teilchen besteht, während die schwammigen Leute an Wellen glauben. In der Philosophie sind die Leute mit Biss logische Positivisten und die schwammigen Leute Idealisten. Und immer liegen sie miteinander im Streit. Aber keines der Lager könnte seine Position ohne das andere vertreten, denn wie sollte man wissen, dass man für die bissige Variante plädiert, wenn es nicht auch jemanden gäbe, der sich für die schwammige einsetzt? Ohne Schwammigkeit kein Biss. Aber das Leben ist keines von beiden – es ist schwammige Bissigkeit und bissige Schwammigkeit.

Ich bin Philosoph. Wenn du nicht mit mir streitest, weiß ich nicht, was ich denken soll. Wenn wir also miteinander streiten, muss ich »Danke« sagen, denn nur weil du die Güte hast, eine andere Ansicht zu vertreten, verstehe ich, was ich denke und meine. Daher kann ich dich nicht abschütteln.

Aber diese ganze Vorstellung, das Universum sei nichts anderes als eine geistlose Kraft, die sich vor unseren Augen austobt und es nicht einmal genießt, ist eine unglaublich abwertende Theorie der Welt. Und die Leute, die sich dieses Spiel ausgedacht haben – das Spiel der Herabsetzung der Welt –, meinten, ihr dadurch überlegen zu sein. Aber das klappt so nicht. Wenn du dich dieser Theorie der Welt anschließt, wirst du in ihr zum Fremden, erlebst du die Welt als eine Maschinerie, eine Falle, und fängst an, feindselige Gefühle gegen sie zu entwickeln. So als ob es sich um ein kaltes Gebilde aus elektronischen und neurologischen Mechanismen handelte, in das du irgendwie hineingeraten bist. Und dann bist du armer Hund in diesem zerfallenden Körper gefangen – bekommst Krebs, die Große Sibirische Krätze[1], und es ist alles einfach nur schrecklich. Und diese Maschinenärzte versuchen, dir da herauszuhelfen, aber natürlich müssen auch sie am Ende scheitern – dein Verfall ist einfach nicht aufzuhalten, und das ist wirklich bitter, ein großes Übel. Wenn du also glaubst, dass die Dinge so liegen, wie es dieses Szenario beschreibt, dann kannst du genauso gut auf der Stelle Selbstmord begehen.

Aber vielleicht glaubst du ja, dass auf den Selbstmörder irgendwo die ewige Verdammnis lauert. Oder du denkst an deine Kinder, die keinen Versorger mehr haben, wenn du dich umbringst. Also beschließt du weiterzumachen. Du bewegst dich weiter in demselben geistigen Fahrwasser und bringst deinen Kindern bei, es dir gleichzutun. Und die machen auch so weiter und versorgen ihre Kinder, ohne Freude am Leben zu haben, und auch sie haben Angst, Selbstmord zu begehen, und ihren Kindern ergeht es später ebenso.

Ich will hier also sagen, dass das vollautomatische Modell – unsere grundlegende und kollektive Auffas-

1 Alan Watts verwendet den Ausdruck »Great Siberian Itch« gern als ironische Metapher (Anm. d. Übers.).

sung vom Wesen der Welt, unter deren Einfluss die meisten Menschen stehen – einfach ein Mythos ist. Diese Vorstellung ist genauso verkehrt wie die von Gottvater, der mit einem weißen Bart auf seinem Thron im Himmel sitzt. Bei beiden handelt es sich um Mythen. Beide tragen sehr wenig dazu bei, den wahren Sachverhalt wiederzugeben.

Wenn es so etwas gibt wie Intelligenz oder Liebe oder Schönheit, dann findet man sie in anderen Menschen wieder. Diese Dinge existieren im Menschen, und wenn sie in uns existieren, bedeutet das, dass Intelligenz und Liebe und Schönheit symptomatisch für den Plan der Dinge sind. Äpfel sind symptomatisch für Apfelbäume; Rosen sind symptomatisch für Rosenbüsche; und wir sind symptomatisch für das Universum. Die Erde ist ebenso wenig ein großer Fels, der von lebenden Organismen befallen ist, wie unser Skelett eine von Zellen befallene Ansammlung von Knochen ist. Ja, die Erde ist etwas Geologisches. Aber dieses geologische Gebilde bringt Menschen hervor, und unser Leben auf der Erde ist symptomatisch für ein Menschen kreierendes Sonnensystem, das seinerseits ein Symptom unserer Galaxis ist, und unsere Galaxis ist ein Symptom einer ganzen Galaxiengesellschaft, und wer weiß, wovon das ein Symptom ist.

Wer als Wissenschaftler versucht, das Verhalten eines lebenden Organismus zu beschreiben, spricht überwiegend davon, was ein Wesen *tut*. Um zu beschreiben, wer jemand *ist*, muss man beschreiben, was er *tut*. Und man kann, was Menschen tun, nicht in einem Vakuum beschreiben, so als ob ihr Tun etwas wäre, das sich nur innerhalb ihrer eigenen Haut abspielt. Mit anderen

Worten: Wenn man über den Gang eines Menschen sprechen will, muss man auch den Boden beschreiben, weil Menschen mit ihren Beinen nicht bloß im leeren Raum herumstrampeln. Wir bewegen uns immer nur in Beziehung zu etwas. Unsere Handlungen lassen sich nur in deren Kontext beschreiben. Zum Beispiel spreche ich jetzt zu dir. Mein Vortrag ist nicht etwas, das für sich besteht – er erfordert *dich*. Ich spreche zu dir, und dieses Tun ist nicht vollständig beschrieben, wenn nicht auch deine Anwesenheit mit beschrieben ist. Um *mein* Verhalten zu beschreiben, muss ich *dein* Verhalten beschreiben, ebenso wie das Verhalten der Umgebung.

Was wir also haben, ist ein großes System von Verhaltensweisen, und zu dem, was ich bin, gehört, was du bist. Ein weiser Rabbi hat einmal gesagt: »Wenn ich ich bin, weil du du bist, und du du bist, weil ich ich bin, dann bin ich nicht ich und du bist nicht du.« Mit anderen Worten: Wir sind nicht voneinander getrennt – wir definieren einander. Wir hängen voneinander ab. Wenn du zwei Stöcke gegeneinanderlehnst und sie stehen bleiben, weil sie sich gegenseitig stützen, und du einen Stock wegnimmst und der andere umfällt, siehst du deutlich, wie sie voneinander abhängen. Und genau das ist unsere Situation. Wir und unsere Umgebung und wir alle zusammen sind voneinander abhängige Systeme. Jeder gute Wissenschaftler weiß, dass das, was du die Außenwelt nennst, ebenso sehr *du* ist wie dein eigener Körper. Deine Haut trennt dich nicht wirklich von der Welt – sie ist eine Brücke, über die die Welt in dich und du in die Welt fließt. Du bist wie ein Wasserwirbel. Der Wirbel hat eine definierte Form, aber zu keiner Zeit bleibt das Wasser in ihm stehen. Der Wirbel ist etwas, das der Bach *tut,* so wie wir Dinge sind, die das gesamte Universum tut. Wenn ich dir also morgen wieder begegne, erkenne ich in dir denselben Wirbel, den ich gestern gesehen habe, aber du bist in Bewegung. Die ganze Welt bewegt sich durch dich hindurch – kosmische Strahlen, Sauerstoff, der Strom von Steaks und Milch und Eiern, den du verspeist –, alles fließt geradewegs durch dich hindurch. Du bist ein Wirbel, und die Welt wirbelt dich herum.

Das Problem ist, dass man uns nicht beigebracht hat, so zu empfinden. Die unserer Kultur und unserem kollektiven Denken zugrunde liegenden Mythen haben uns nicht gelehrt, uns mit dem Universum eins zu fühlen. Und darum fühlen wir uns in ihm fremd, als wären wir abgetrennte Teile in Gegenstellung zur Welt. Aber es ist dringend nötig, zu spüren, dass wir das ewige Universum sind, jeder Einzelne von uns. Andernfalls werden wir weiterhin verrückt, zerstören weiter den Planeten und begehen unter Zuhilfenahme der Atombombe kollektiv Selbstmord. Und das war's dann. Aber vielleicht gibt es dann noch irgendwo anders in der Galaxis Leben. Und vielleicht erfindet man dort ja ein besseres Spiel.

2 DAS DRAMATISCHE MODELL

Das keramische Modell der Welt – die Welt als ein politisches, monarchisches Staatsgebilde, in dem wir als Untertanen Gottes, als geschaffene Artefakte, die nicht aus sich heraus existieren, allesamt nur geduldet sind – verlangt tiefe Demut und das Gefühl der Dankbarkeit. In diesem Mythos existiert allein Gott aus sich heraus. Wir verdanken unsere Existenz einer Art Gunst und *sollten* daher wirklich Dankbarkeit empfinden. Es ist wie mit einem gestrengen Vater, der sagt: »Sieh, was ich alles für dich getan habe – all das Geld, das ich in ordentliche Kleidung und dein Studium investiert habe –, und was ist aus dir geworden? Nichts als ein Hippie, du undankbarer, missratener Sohn!« Und so wird von dir erwartet, dass du Reue zeigst und dich entschuldigst für das, was du bist.

Diese Vorstellung vom Gottkönig – dem König der Könige und Fürsten der Fürsten – ist ein Erbe der politischen Strukturen des alten Ägyptens und Mesopotamiens. Laut Freud ist Amenhotep IV. alias Echnaton – jener Pharao, der den Polytheismus abschaffte – der eigentliche Urheber des mosaischen Monotheismus. Die jüdische Gesetzgebung stammt von dem babylonischen König Hammurapi. Diese Menschen lebten in Kulturen, in denen Pyramide und Zikkurat eine klare Hierarchie signalisierten, die vom Boss bis nach ganz unten reichte. Im keramischen Modell ist Gott der Big Boss, der das Universum von oben herab regiert.

Daraus leitet sich auch unsere Vorstellung her, dass

wir die Regenten unseres Körpers sind. Wir glauben, dass unser Ich – das sich im Gehirn irgendwo zwischen den Ohren und den Augen befindet – Herrscher über unseren Körper ist. Daher können wir ein Ordnungssystem nicht begreifen – ein lebendiges System –, in dem es nicht irgendeine Art von Regentschaft gibt. Wenn dem nun aber so ist?

Was ist das Universum? Ist es eine Monarchie? Eine Republik? Ein Mechanismus oder ein Organismus? Wenn das Universum eine Art Mechanismus ist, so folgt daraus, dass es entweder aus sich selbst heraus funktioniert (das vollautomatische Modell) oder von einem Chefmechaniker gesteuert wird (das keramische Modell). Wenn aber das Universum ein *Organismus* ist, dann regiert es sich selbst, da ein Organismus etwas ist, das sich selbst steuert. In deinem Körper gibt es keinen Boss. Man kann so argumentieren, dass das Gehirn eine vom Magen entwickelte Vorrichtung zum Zweck der Nahrungsbeschaffung ist. Oder man kann so argumentieren, dass der Magen eine vom Gehirn entwickelte Vorrichtung ist, die dessen Ernährung und Lebenserhaltung dient. Wessen Spiel ist es nun – das des Gehirns oder des Magens?

In Wahrheit bedingen sie einander. Das Gehirn setzt den Magen voraus, der Magen setzt das Gehirn voraus, und keiner von beiden ist der Boss. Kennst du die Geschichte vom Kampf zwischen den verschiedenen Körperteilen und dem Magen? Hände, Füße und Mund verbündeten sich einst gegen den Magen. Die Hände sagten: »Wir sind diejenigen, die das Essen zum Mund führen.« Der Mund sagte: »Ich bin derjenige, der all dies Essen für den Magen kaut.« Und die Füße sagten:

»Wir laufen und laufen, um die Hände zu dem Essen zu tragen, nach dem es sie verlangt.« Und alle blickten auf diesen Faulpelz von Magen, der einfach nur dahockte. So beschlossen sie, dem Magen eine Lehre zu erteilen. Sie traten in den Streik. Die Hände griffen nicht mehr zum Essen, der Mund weigerte sich zu kauen, und die Füße trugen die anderen nirgendwo mehr hin. Und schon bald bemerkten sie, wie sie immer schwächer und schwächer wurden, da sie nicht einsehen wollten, dass es die Aufgabe des Magens war, sie zu ernähren.

Es gibt noch eine andere Möglichkeit. Vielleicht sind wir ja Teil eines Systems, das von den beiden vorherrschenden Mythen nicht beschrieben wird. Vielleicht leben wir ja nicht in einer Welt, in der wir als etwas existieren, das von der Wirklichkeit getrennt ist und sich deshalb vor ihr mit den Worten verneigen muss: »Bitte gewähre uns die große Gunst, uns in unserer Existenz zu erhalten.« Und vielleicht befinden wir uns nicht in einem rein mechanischen System, in dem wir lediglich Zufallsprodukte sind, gefangen in den elektrischen Schaltkreisen eines Nervensystems, das im Grunde auf eine eher ineffiziente Weise angelegt ist. Was ist also die Alternative zum keramischen und vollautomatischen Modell? Welches andere Weltbild kommt für uns infrage?

Mein Vorschlag ist das *dramatische Weltbild*. Stell dir die Welt als Drama vor. Grundlage eines jeden Dramas – aller Geschichten und Drehbücher – ist das Versteckspiel. Verstecken ist das erste Spiel, das man mit einem Baby spielt. Man hält sich ein Buch vor das Gesicht, lugt hinter ihm hervor, und das Baby fängt an zu kichern. Das Baby versteht das Spiel, weil es noch nah am Ursprung des Lebens ist. Es kommt direkt aus dem Mutterleib und weiß über die Dinge Bescheid – es kann sein Wissen nur nicht in Worte fassen. Als eine ganz junge Inkarnation Gottes weiß es, dass das Versteckspiel das grundlegende Spiel ist.

Als Kinder hat man uns das Einmaleins und das Alphabet gelehrt, ohne uns jedoch das Schwarz-Weiß-Spiel richtig beizubringen. Wir haben etwas über Konflikte gelernt – Schwarz gegen Weiß – anstatt etwas über Polarität. Der Unterschied besteht darin, dass Pole zwar Gegensätze sind, aber zusammengehören. Nehmen wir die Pole eines Magneten – Nord und Süd. Was passiert, wenn man den nördlichen Pol abschlägt? Nun, der restliche Magnet wird immer noch einen Nord- und einen Südpol haben. Man kann nicht einfach einen Pol loswerden. Auch wenn es getrennte Pole sind, gehören sie doch zusammen, und einer kann nicht ohne den anderen bestehen. Genauso haben wir noch nicht verstanden, dass Schwarz und Weiß, Leben und Tod, Gut und Böse, Sein und Nichtsein alle aus demselben Zentrum stammen. Sie setzen einander voraus und können nicht ohneeinander sein. Ich und Du gehören ebenso zusammen wie die beiden Pole des Magneten.

Wenn manche Menschen in unserem Kulturkreis in einen bestimmten Bewusstseinszustand gleiten und behaupten, Gott zu sein, dann nennen wir diese Leute geisteskrank oder einem Wahn erlegen. Hin und wieder kommt das ja vor. Ebenso wie man sich mit Grippe oder Masern anstecken kann, so kann man sich auch mit diesem Denken anstecken und glauben, Gott zu sein. Und wenn man sich damit ansteckt, hängt die Interpretation dessen, was man dabei erlebt, vom kulturellen Hintergrund ab. Wenn du zum Beispiel glaubst, der Gott des volkstümlichen Christentums zu sein – Gott als König, als Staatsoberhaupt des Universums –, schreibst du dir vielleicht Allwissenheit zu und verlangst, dass alle Welt sich vor dir verneigt und dich anbetet. Wenn du aber im hinduistischen Kulturkreis lebst und auf einmal deinen Freunden erzählst: »Hey, ich bin Gott!« – dann werden sie dich nicht der Geisteskrankheit bezichtigen, sondern dich vielmehr beglückwünschen. »Gratulation! Endlich bist du dahintergekommen!« Denn die hinduistische Vorstellung von Gott ist nicht autokratisch. Shiva hat zehn Arme. Wie benutzt man zehn Arme? Es ist schon schwierig genug, mit zweien zurechtzukommen. Versuche mal, Orgel zu spielen – du brauchst beide Hände für die Tasten, beide Füße für die Pedale und musst dazu all diese verschiedenen Rhythmen spielen. Das ist kompliziert.

Tatsächlich verstehen wir uns auf so etwas meisterhaft. Wie lässt du ein Haar wachsen? Wie bringst du dein Herz zum Schlagen? Wie verdaust du deine Nahrung? Und wie schaffst du all das, ohne darüber nachzudenken? In deinem eigenen Körper bist du im wahrsten Sinne des Wortes allmächtig. Du bist in der Lage, eine unbegrenzte Zahl lebensnotwendiger Aufgaben zu verrichten, ohne im Mindesten darüber nachzudenken.

Als Kind habe ich, wie die meisten Kinder es tun, meine Mutter regelmäßig mit allen möglichen albernen Fragen gelöchert. Irgendwann wurde es ihr zu viel, auf alles eine Antwort zu geben, und sie sagte: »Liebling, es gibt Dinge, die wir nicht wissen sollen.« Und ich fragte sie: »Werden wir es denn jemals wissen?« »Natürlich«, erwiderte sie. »Wenn wir sterben und in den Himmel kommen, wird Gott uns alles erklären.« Also stellte ich mir vor – vor allem an verregneten Nachmittagen –, wie wir alle um den Thron Gottes herumsitzen und Fragen stellen. »Himmlischer Vater, warum sind Blätter grün?« Und er würde antworten: »Chlorophyll.« Und wir würden sagen: »Oh.«

Würden wir aber im Hindu-Universum Gott fragen, warum er die Berge gemacht hat, würde er einfach nur entgegnen: »Nun, ich habe sie eben gemacht.« Und er würde das sagen, weil es keine Worte gibt, die beschreiben könnten, wie die Berge gemacht wurden. Mit Worten lässt sich ebenso wenig ausdrücken, wie Berge gemacht werden, wie es möglich ist, den Ozean mithilfe einer Gabel leer zu trinken. Eine Gabel eignet sich dazu, ein Stück Fleisch aufzuspießen, um es zum Mund zu führen, aber nicht, um damit den Ozean auszutrinken. Du kannst es versuchen, würdest aber Millionen Jahre brauchen, bis du dich zu Tode langweilst. Genauso langweilig würde dir die Beschreibung der Bergerschaffung werden, weil Berge nicht mit Worten erschaffen wurden. Es ist einfach so gekommen. Genauso wie du deine Hand öffnen und zu einer Faust schließen kannst. Welche Worte würdest du gebrauchen, um das zu erklären? Wie würdest du erklären, dass du mit Bewusstsein begabt bist? Oder in der Lage, dein Herz schlagen zu lassen? Wahrscheinlich kannst du es nicht in Worte fassen, aber ganz gewiss kannst du so etwas tun.

Unser Spiel geht so: Wir glauben, nur über die Dinge wirklich Bescheid zu wissen, die wir in Worte fassen können. Nehmen wir an, ich verliebe mich Hals über Kopf in eine junge Frau und mein Freund fragt mich: »Aber liebst du sie wirklich?« Wie könnte ich ihm das beweisen? Wenn ich sprachgewandt bin – zum Beispiel, weil ich ein Dichter bin –, dann würde ich die Sprache der Poesie verwenden, um alle davon zu überzeugen, wie tief meine Gefühle sind. Vielleicht verfasse ich auch die schönsten Liebesbriefe, die je zu Papier gebracht wurden. Und wenn mein Freund sie dann zu lesen bekommt, sagt er: »Okay – du hast mich überzeugt. Du liebst sie wirklich.« Was aber, wenn ich nicht sprachgewandt bin? Was, wenn ich meine Gefühle nicht besonders gut beschreiben kann? Es würde mir sehr viel schwerer fallen, andere zu überzeugen.

Unser Kulturkreis spielt als ein sehr überzeugendes Spiel, dass nichts wirklich passiert, was nicht in der Zeitung steht. Unsere Kinder haben schon das Gefühl, nicht wirklich zu existieren, wenn sie nicht ihren Namen in der Zeitung lesen. Der schnellste Weg dahin besteht darin, ein Verbrechen zu begehen. Dann macht man von dir ein Foto, du erscheinst vor Gericht, und alle Welt nimmt von dir Notiz. All das passiert nur, wenn es aufgezeichnet wird. Wenn du schreist und kein Echo hörst, ist es fast so, als hätte es keinen Schrei gegeben, und da haben wir eine echte Macke. Wir wollen ein Echo hören – singen zum Beispiel gerne unter der Dusche, weil es da mehr Resonanz gibt. Oder spielen gern ein Instrument mit einem eigenen Resonanzkörper wie ein Cello oder eine Geige. Nicht viel anders sagt uns der Cortex unseres Menschengehirns, wenn wir glücklich sind, dass wir glücklich sind, und auch darin liegt eine gewisse Resonanzwirkung. Wenn wir glücklich sind und es nicht wissen, wozu soll das dann gut sein?

Aber darin liegt zugleich das Problem. Vor ein paar

Tausend Jahren haben menschliche Wesen ein System des Ich-Bewusstseins[2] entwickelt, und seither wissen wir, dass wir wissen. An diesem Punkt unserer Evolution haben wir aufgehört, unseren Instinkten zu vertrauen. Stattdessen mussten wir nun über alles nachdenken und unserem Leben in puncto Vorausschau, Worte, Symbole, Berechnungen und so weiter eine Disziplin auferlegen. Und dann haben wir angefangen, uns Sorgen zu machen. Sobald man damit anfängt, über die Dinge nachzudenken, macht man sich Sorgen darüber, ob man auch ausreichend nachgedacht hat. Hast du wirklich alle Details berücksichtigt? Alle Tatsachen genau überprüft? Und je mehr du darüber nachdenkst, desto klarer wird dir, dass du gar nicht alles berücksichtigen konntest, weil die unbekannten Größen in jeder menschlichen Entscheidung unkalkulierbar sind. Also wird dir mulmig. Das ist der Preis, den du dafür zahlst, zu wissen, dass du weißt, über das Denken nachdenken zu können und zu fühlen, dass du fühlst. Das bringt dich in diese merkwürdige Situation.

Dieses reflektierende Bewusstsein kann ein großer Vorteil sein, aber die Nachteile sind gewaltig. Wir sind uns der Wirklichkeit bewusst und haben Symbole, die die Wirklichkeit repräsentieren; wir verfügen über Wohlstand und haben Geld, das eine Art von Wohlstand repräsentiert. Wenn man sich aber nicht klarmacht, dass das Symbol zweitrangig ist, entspricht es nicht mehr dem Gegenwert. Das ist so, als würde man in den Supermarkt gehen, eine ganze Wagenladung voll Leckereien einsammeln und damit zur Kasse rollen.

2 Im Original *self-consciousness* (Befangenheit). Hier im doppelten Wortsinn gebraucht (Anm. d. Übers.).

Und wenn der Kassierer sagt: »Das macht fünfundsiebzig Dollar, bitte«, sind wir deprimiert, weil wir nicht begreifen, dass wir bloß Papier mit dem symbolischen Wert von fünfundsiebzig Dollar gegen eine reale Wagenladung voller Leckereien eingetauscht haben. Wir denken nur an den Verlust von fünfundsiebzig Dollar. Der wahre Wert liegt im Einkaufswagen, aber wir sind deprimiert, weil in unserem System das Symbol wertvoller geworden ist als die Wirklichkeit. Geld repräsentiert Macht und Möglichkeiten, wohingegen die Ware – nun, wir glauben, dass Lebensmittel etwas Gewöhnliches und Notwendiges seien, da wir nun mal essen müssen. Und das ist doch nun wirklich vollkommen verdreht.

Aber wenn du aus der Illusion erwachst und verstehst, dass Schwarz Weiß voraussetzt, das Ich das Du, das Leben den Tod (oder vielmehr der Tod das Leben), dann kannst du anfangen, *dich* zu spüren. Du kannst spüren, dass du nicht nur ein Fremder in der Welt bist, nicht etwas, das hier eine Probezeit absolviert oder im Grunde genommen nur eine Art Zufallsprodukt ist, und kannst damit beginnen, deine eigene Existenz als etwas absolut Elementares zu empfinden. Was du im Grunde genommen bist – ganz tief in dir drinnen –, ist einfach das Gewebe und die Struktur des Daseins selbst.

Die hinduistische Mythologie betrachtet die Welt als das Drama Gottes. Für Hindus ist Gott nicht ein alter Mann mit einem weißen Bart und königlichen Hoheitsrechten. Gott ist das Selbst, *Satchitananda. Sat* bedeutet »das, was ist«, *Chit* bedeutet »Bewusstsein« und *Ananda* »Glückseligkeit«. Die letzte, unwandelbare Wirklichkeit ist Pracht, Fülle und Überschwang. Sieh dir nur den Nachthimmel an – all diese Sterne sind wie ein Feuerwerk am 4. Juli[3], und das Universum ist ein einziges Freudenfest.

Nehmen wir einmal an, du wärst in der Lage, jeden Traum zu träumen, den du träumen möchtest, und dass es in deiner Macht läge, innerhalb einer Nacht einhundert Jahre deines Lebens zu träumen oder welche Zeitspanne du dir immer wünschtest.

Wenn du dich auf dieses Traumabenteuer begibst, würdest du dir natürlich all deine Wünsche erfüllen – jede nur erdenkliche Form von Genuss würde dir offenstehen. Nach einhundert Jahren dieser Art totalen Genusses denkst du vielleicht: »Wow, das war echt super, aber jetzt würde ich mich gerne mal überraschen lassen – wie wäre es mit einem Traum, den ich nicht völlig unter Kontrolle habe?« Und so käme es denn auch. Wieder würdest du genießen, welche gewagten Manöver dein träumender Geist auch immer für dich ausheckt, das Ganze würde immer riskanter und waghalsiger, bis du schließlich genau das Leben träumst, das du eben jetzt führst. Aus der unendlichen Vielzahl von Möglichkeiten würde die Wahl ausgerechnet auf den Traum fallen, dass du dieses spezielle Leben bist – du würdest träumen, du wärest nicht Gott.

Was in dieser Idee zum Ausdruck kommt, ist das ganze Wesen Gottes: zu spielen, dass er nicht Gott ist. Gott verlässt sich selbst – er gibt sich selbst auf und kommt abhanden. Auf diese Weise ist jeder die elementare Wirklichkeit – nicht etwa Gottkönig in einem politisch-monarchischen Sinn, sondern Gott im Sinne, das

3 Independence Day (Unabhängigkeitstag), Nationalfeiertag der USA (Anm. d. Übers.).

Selbst zu sein. Tief in dir bist du diese ganze grundlegende Wirklichkeit, tust aber so, als wärest du sie nicht. Und es ist vollkommen in Ordnung, dieses Spiel zu spielen, so zu tun, als wärest du nicht Gott, da dies ja gerade der Witz beim Drama ist. Ihr geht ins Theater, nehmt eure Plätze ein, um eine Komödie, eine Tragödie, ein Kriminalstück oder was auch immer zu sehen, und jeder von euch weiß, dass nichts von dem, was ihr auf der Bühne seht, real ist. Aber das Ensemble hat sich gegen euch verschworen. Die Darsteller versuchen, euch davon zu überzeugen, dass all das, was sich auf der Bühne abspielt, real *ist*. Sie wollen, dass alle auf ihren Theatersesseln vor Spannung platzen. Sie wollen euch in Angst und Schrecken versetzen, zum Weinen oder Lachen bringen – absolut gefesselt vom Drama. Und wenn ein guter menschlicher Schauspieler sein Publikum einwickeln und zum Weinen bringen kann, dann stellt euch vor, wozu erst ein kosmischer Schauspieler imstande wäre. Er könnte sich selbst so vollkommen einwickeln und seine Rolle so realistisch spielen, dass er am Ende selbst an das Spiel glauben würde.

Du sitzt jetzt da und glaubst, wirklich *da* zu sein. Du hast es dir sehr gründlich eingeredet. Du hast so gut geschauspielert, dass du einfach *weißt*, dass dies die reale Welt ist. Aber es ist nur ein Stück, in dem Publikum und Darsteller eins sind.

Wusstest du, dass das Wort *Person* »Maske« bedeutet? Die *persona* war die Maske, die von den Schauspielern im griechischen und römischen Drama getragen wurde. Die Masken hatten eine schalltrichterförmige Mundöffnung, durch die im Freilichttheater die Stimme nach außen dringen konnte. *Per* heißt »durch«, und *so-*

nare bedeutet »tönen«.[4] Die Maske ist also die »wahre« Person, ein echtes Fake – eben eine Maske. Die *dramatis personae* zu Beginn eines Stücks sind eine Liste der Masken, die die Schauspieler tragen werden. Im Laufe der Zeit hat man dann vergessen, dass dieses Leben ein Drama ist, und das Wort, das die Rolle bezeichnet – die Maske –, hat die Bedeutung dessen angenommen, wer man wirklich ist. Das heißt: die Person.

Ich versuche hier nicht, dir diesen Gedanken nahezubringen, um dich zu ihm zu bekehren. Ich möchte nur, dass du ein bisschen mit ihm spielst. Ich versuche nicht, seine Wahrheit zu beweisen – ich bringe ihn nur als eine Möglichkeit ins Spiel, sich über das Leben Gedanken zu machen.

Anstatt zu denken, dass du das Opfer einer mechanischen Welt oder eines autokratischen Gottes bist, probiere es einmal hiermit: Das Leben, das du führst, ist dasjenige, das *du* dir selbst ausgesucht hast. Nur zugeben willst du das nicht, weil du das Spiel spielen willst, dass es dir *passiert* ist. Aber anstatt deinem Vater vorzuwerfen, dass er scharf auf deine Mutter war, und von beiden zu erwarten, dass sie die Verantwortung für das lausige Leben übernehmen, das du führst, seit sie dich in die Welt gesetzt haben, versuche einmal in Erwägung zu ziehen, dass du das Leuchten im Auge deines Vaters warst, als er deiner Mutter Avancen machte, und dass es deinem gezielten Vorsatz entsprang, in diese besondere Existenz verwickelt zu werden. Und selbst wenn du bislang ein furchtbares Leben hattest – geschlagen mit Syphilis und Tuberkulose und der Sibirischen Krätze –,

4 Diese Etymologie ist umstritten (Anm. d. Übers.).

war all das nichtsdestoweniger ein Spiel. Und ist das etwa nicht eine optimale Hypothese?

Schau, wenn du das Spiel des Lebens unter der Voraussetzung spielst, dass du eine ohnmächtige kleine Marionette bist oder dass das Leben ein schreckliches Wagnis darstellt, dann wird es eine einzige Last sein. Es hat keinen Sinn weiterzuleben, wenn man nicht von der Voraussetzung ausgeht, dass die Grundsituation des Lebens optimal ist, dass wir uns – wirklich und wahrhaftig – allesamt in einem Zustand der Seligkeit und Wonne befinden. Aber wir tun alle so, als wäre das anders, einfach so aus Jux. Du spielst den »Unglückseligen«, um wahre »Glückseligkeit« zu erfahren. Und du kannst es mit dem Unglückseligkeitsspiel ruhig so weit treiben, wie du willst, denn wenn du erst mal aus dem Spiel erwachst, wird das grandios sein. Ohne Schwarz kennst du kein Weiß und ohne Weiß kein Schwarz. Das ist schlechthin elementar.

Das ist das Drama. Um also meine Metaphysik ohne Umschweife auf den Punkt zu bringen: Es gibt das zentrale Selbst – ob man es Gott nennt oder wie auch immer –, und wir alle sind es. Es spielt die Rollen sämtlicher Wesen im gesamten Universum, und es spielt Verstecken mit sich selbst. Es wird in wüste Abenteuer verwickelt, es verliert sich darin, aber am Ende wacht es immer auf und kommt wieder bei sich selbst an. Und wenn du so weit bist aufzuwachen, dann wirst du erwachen. Und wenn du nicht so weit bist aufzuwachen, wirst du weiter so tun, als wärest du nur ein »armes kleines Ich«.

Da du jetzt aber dies hier liest und irgendwie auf der Suche bist, gehe ich davon aus, dass du dabei bist aufzuwachen. Oder vielleicht kokettierst und flirtest du nur mit der Idee aufzuwachen, ohne dass es dir ernst damit ist. Oder vielleicht meinst du es zwar nicht ernst, bist aber *aufrichtig* bereit zu erwachen. Sollte dies der Fall sein – dass du wirklich auf dem Weg des Erwachens bist und dabei herauszufinden, wer du wirklich bist –, dann wirst du einem Ensemblemitglied namens *Guru* begegnen.

Für Hindus ist der Guru der Lehrer, der *Erwecker*. Es ist der Job des Gurus, dir ins Auge zu sehen und zu sagen: »Hör bloß auf, ich weiß, wer du *wirklich* bist!« Womit immer du also zum Guru kommst – deinen Problemen, deiner Suche nach Erleuchtung, deinem Verlangen nach spiritueller Weisheit, weil es dich juckt, dem Universum eins auszuwischen, oder womit auch immer –, der Guru sieht dich bloß an und fragt: »Wer bist du?« Der berühmte Guru Sri Ramana Maharshi wurde von den Menschen, die zu ihm kamen, häufig danach gefragt, wer sie in ihren früheren Inkarnationen gewesen seien – als ob es darauf ankäme! –, und er sah sie nur an und sagte: »Wer stellt die Frage?« Und dann fügte er etwas hinzu wie: »Du schaust mich an. Du schaust im Außen, aber weißt nicht, was hinter deinen eigenen Augen ist. Geh erst nach innen und finde heraus, wer du bist.« In meinem Haus habe ich ein großartiges Foto von ihm hängen, und jedes Mal, wenn ich daran vorbeikomme, betrachte ich seine Augen und sehe den Humor darin blitzen. Und ich höre sein helles Gelächter, wenn er sagt: »Spar dir die Mühe! Ich erkenne dich, Shiva. Auch wenn du heute noch so komische Sachen anhast!«

Natürlich sind Gurus Schelme. Sie haben alle möglichen Tricks auf Lager. Und die Tricks dienen dazu, dich in die Mangel zu nehmen, denn du wirst nicht aufwachen, wenn du nicht das Gefühl hast, dass es dich etwas gekostet hat.

Deine tief sitzenden Gefühle von Schuld oder Angst dienen bloß dem Zweck, das Spiel am Laufen zu halten, weiterhin deine Maske tragen zu können, deine Verkleidung. Das Christentum ist wirklich gut darin, in dir Schuldgefühle zu wecken, weil du existierst. Und du sitzt dieser Vorstellung auf, dass allein schon deine Existenz ein Affront ist, dass du ein sündiges Menschlein bist. Als ich ein Kind war, hat man uns während der Karfreitagsmesse eine kolorierte Ansichtskarte mit dem gekreuzigten Jesus gegeben. Und darunter standen die Worte: *Dies habe ich euch getan. Was werdet ihr mir tun?* Und wir Kinder haben uns furchtbar gefühlt! So als hätten wir Jesus selbst ans Kreuz genagelt. Und wir haben uns schuldig dafür gefühlt, dass wir es überhaupt wagen konnten, am Leben zu sein.

Aber diese Schuld ist ein Schleier über dem Heiligtum. Sie ist eine Hürde mit einem Warnschild, auf dem steht: »Wage *ja nicht* einzutreten!« Wenn du dich auf dem einen oder anderen Weg der Initiation befindest, dann gibt es immer jemanden, der weiser oder zuständiger ist als du und der, bevor du das große Mysterium erfahren darfst, zu dir sagt: »Nö. Noch nicht. Erst musst du noch diese Voraussetzung erfüllen, dann noch diese und jene, und *dann* lassen wir dich hinein.« Auf diese Weise wirst du durch die Mangel gedreht. Denn du wirst nicht aufwachen, wenn du nicht das Gefühl hast, es zu verdienen, und dieses Gefühl hast du erst dann, wenn dein Weg steinig ist. Also unterzieht man dich einer Prüfung nach der anderen, um deinen Weg möglichst beschwerlich zu machen, und erst *dann* wird man dir zugestehen, zu wissen, wer du wirklich bist. Wenn man einmal darüber nachdenkt, ist das ganz schön seltsam.

Im Zen heißt es, dass mit dem Erreichen von *Satori* oder der Erleuchtung nur noch ein großes Gelächter bleibe. Aber auch Zen-Meister – wie übrigens jede Art Meister – errichten die Hürde und drehen dich durch die Mangel, einfach weil sie dein eigenes Spiel spielen. In einem anderen Zen-Spruch heißt es, dass jeder, der Zen studieren will, Stockschläge verdient, weil er oder sie dumm genug war, überhaupt ein Problem zu sehen. Aber du *hast* kein Problem. *Du* bist das Problem. Du bringst dich selbst in diese Situation.

Hier eine grundlegende Frage, über die nachzudenken sich lohnt: Siehst du dich als ein Opfer der Welt, oder siehst du dich *als* die Welt? Wenn du dich selbst nur als das Netzwerk deines willkürlichen Nervensystems definierst, dann hast du dich als ein Opfer im Spiel definiert. Und folglich hast du das Gefühl, dass das Leben eine Art Falle ist, die dir Gott oder das Schicksal oder der kosmische Mechanismus gestellt hat, und kannst dein Leben ausleben als ein *armes kleines Ich*. Andererseits könntest du in die Definition deiner selbst auch das einbeziehen, was du unwillkürlich tust. Wenn du dich als ein Gesamtwerk definierst – also auch dein Herz schlagen und dein Haar wachsen lässt –, dann macht niemand all das mit dir. Dann bist du kein Opfer. *Du* tust es. Vielleicht kannst du nicht erklären, *wie* du das anstellst, weil das zu lange dauern würde und Worte plump und fade sind. Jedenfalls kannst du jetzt dein Leben in die Hand nehmen und mit Inbrunst verkünden: »Ich bin zuständig.« Ob Komödie oder Tragödie, *du* bist der Regisseur.

Das scheint mir eine bessere Basis dafür zu sein, um weiterzumachen. Es ist jedenfalls weitaus vergnüglicher, lohnender und interessanter. Und es ist viel besser, als uns selbst als armselige Opfer oder Sünder et cetera zu definieren.

3
DIE EWIGE TRANSAKTION

Im dramatischen Mythos ist das Leben, wie wir es erfahren, also ein großes Schauspiel, und hinter dem großen Schauspiel steht der Darsteller. Und dieser Darsteller ist das Selbst, der *Atman* der hinduistischen Philosophie. Das bist du. Nur spielst du Verstecken, willst es aber nicht zugeben, weil du geflissentlich vergessen hast, wer du wirklich bist, nämlich die Basis des Universums oder der »Seinsgrund«, wie der Theologe Paul Tillich es nennt. Vielleicht erinnerst du dich auch ganz von ferne und ganz tief im Inneren daran, wer du wirklich bist, kannst es aber trotzdem nicht zugeben. Um also dieses Wissen an die Oberfläche zu bringen, muss man dich aus deinem Spiel herauslocken.

Wir bezeichnen solche Handlungen als willkürlich, bei denen wir das Gefühl haben, sie unter Kontrolle zu haben. Und dann gibt es andere, die wir als unwillkürlich betrachten. Aber die Trennungslinie zwischen beidem ist ihrerseits sehr willkürlich gezogen. Nehmen wir als Beispiel eine Handbewegung. Wenn du deine Hand bewegst, hast du das Gefühl, darüber zu entscheiden, ob du sie öffnest oder schließt, aber wie entscheidest du das? Und bevor du dich entscheidest: Entscheidest du dich, dich zu entscheiden? Nein, du entscheidest dich einfach dafür, deine Hand zu öffnen. Aber wie machst du das? Und wenn du nicht weißt, wie du das machst, ist die Handlung dann willkürlich oder unwillkürlich? Oder nehmen wir als ein anderes Beispiel die Atmung. Du kannst deinen Atem anhalten, aber wenn du nicht daran denkst, atmest du weiter. Ist die Atmung nun also willkürlich oder unwillkürlich oder beides? Es ist beliebig.

Genauso beliebig ist unsere Definition des Selbst. Wir denken uns das Selbst als etwas, das wollen kann und sich über das definiert, was wir *tun*, aber das schließt nicht solche elementaren Funktionen ein wie die Atmung (meistens jedenfalls), unseren Herzschlag und den Blutkreislauf, die Funktion der Drüsen, die Verdauung, das Knochenwachstum und so weiter. Und dennoch bist du derjenige, der diese Dinge *tut*, oder nicht? Ganz bestimmt. Und wenn du in dich gehst und herausfindest, dass du all diese Vorgänge bist, dann geschieht etwas Seltsames mit dir – du entdeckst, dass du eins mit dem Universum bist. Dein »unwillkürlicher« Blutkreislauf ist ein Geschehen, das mit den funkelnden Sternen eins ist. Und wenn du herausfindest, dass du dein Blut zirkulieren lässt, dann wirst du auch entdecken, dass du die Sterne funkeln lässt, weil dein physischer Organismus als Geschehen eins ist mit allem anderen, was geschieht. Wellen sind eins mit dem Ozean. Dein Körper ist eins mit dem gesamten Energiesystem des Kosmos. All das bist du. Aber du spielst das Spiel, dass du bloß dieses winzige kleine bisschen von allem bist.

Allmacht bedeutet nicht, zu wissen, *wie* all das getan wird – es wird einfach getan. Du musst nicht imstande sein, es in Sprache zu übersetzen. Als du heute Morgen aufgestanden bist, musstest du dein Gehirn anschalten, jedes einzelne System deines Körpers aufwecken und all die lebensnotwendigen Kreisläufe aktivieren. Sonst hätte dein Tag nicht beginnen können. All diese Dinge müssen auf einmal passieren. Wie steuert ein Tausendfüßler all seine Beine zugleich? Gar nicht. Sie bewegen sich einfach – der Tausendfüßler muss nicht darüber nachdenken.

Auf dieselbe Weise lässt du unbewusst all die verschiedenen Funktionen deines Körpers ablaufen. Obwohl *unbewusst* nicht das richtige Wort ist – das klingt irgendwie leblos. *Überbewusst* ist schon besser. Und was ist Bewusstsein? Es ist nur eine spezialisierte Form von Gewahrsein. Wenn du dich im Raum umsiehst, bist du dir nur der Einzelheiten bewusst, die du beachtest, siehst aber viel mehr, als du beachtest, weil du deine Aufmerksamkeit nicht auf jeden kleinen Gegenstand richtest. Ebenso wenig lenkst du deine Aufmerksamkeit auf die einzelnen Vorgänge in deiner Schilddrüse oder darauf, wie du die Sonne scheinen lässt.

Ziehen wir von hier aus eine Verbindung zu dem Problem von Geburt und Tod. Wenn sie sterben, haben viele Menschen Angst, dass sie sich mit ewiger Nichtexistenz abfinden müssen, aber das ist keine echte Erfahrung. Als ich ein Kind war, habe ich mir oft vorgestellt, wie es wäre, schlafen zu gehen und nie mehr aufzuwachen. Denkt man aber lange genug darüber nach, stellt sich eine andere Frage ein, nämlich: Wie wäre es aufzuwachen, ohne jemals schlafen gegangen zu sein? Ich meine, wie war es, bei der Geburt aufzuwachen? Offenbar kann das Nichts keine Erfahrung sein, und das Einzige, das dir nach deinem Tod passieren kann, ist dieselbe Erfahrung, die du bei deiner Geburt gemacht hast.

Nachdem Menschen sterben, werden andere geboren, und alle sind du. Du kannst aber immer nur ein Leben für sich erfahren. Wo auch immer in all den Galaxien Wesen existieren: Du bist sie alle – wenn sie entstehen, bist *du* es, der entsteht. Dass du keine Erinnerung an das Gewesene hast und nicht darüber nachdenken musst, wie du deine Schilddrüse in Gang hältst, ist beides ein und dasselbe. Du brauchst nicht zu wissen, wie du die Sonne scheinen lässt, du tust es einfach, genauso wie du atmest, ohne darüber nachzudenken. Findest du das nicht erstaunlich? Dass du dieses unglaublich komplexe Etwas bist und all diese scheinbar unmöglichen Funktionen erfüllst, ohne darin je eine Anleitung erhalten zu haben? Du bist wahrlich ein Wunder.

Der Punkt ist der, dass von einem streng physikalischen, wissenschaftlichen Standpunkt aus dieser Organismus eine Energie darstellt, die eins ist mit allem, was außerdem vor sich geht. Wenn ich mein Fuß bin, dann bin ich auch die Sonne. Dennoch beharren wir auf unserem kleinen, isolierten Standpunkt: »Nein, ich bin nur etwas in diesem Körper. Ich bin nur dieses Ich.« Was für ein Witz. Das Ich ist nichts anderes als der Fokus unserer bewussten Aufmerksamkeit. Es ist wie das Radar auf einem Schiff – ein Störungsmelder. Die bewusste Aufmerksamkeit ist eine Gehirnfunktion, die dazu dient, in der Außenwelt Störungen ausfindig zu machen. Und wenn du dich mit dem Störungsmelder gleichsetzt, legst du dich darauf fest, in einem ständigen Zustand der Angst zu leben.

In dem Augenblick, in dem du aufhörst, dich mit dem Ich zu identifizieren, erkennst du, wie harmonisch alles ist. Dein Organismus ist ein Wunder an Harmonie. All diese Dinge funktionieren miteinander – selbst die winzigen Wesen, die in deiner Blutbahn einander bekämpfen und sich gegenseitig auffressen. Täten sie das nicht, wärest du nicht gesund. Was auf der einen Ebene wie Zwietracht aussieht, ist auf einer höheren Ebene Harmonie. All das Misstönende in deinem Leben und im Leben anderer Menschen – auf einer höheren Ebene des Universums ist all das gesund und harmonisch. Alles, was du auf dieser höheren Ebene bist und tust, ist großartig und ohne Makel, so wie die Bewegungsmuster von Wellen, die Maserung im Marmor oder die geschmeidigen Bewegungen einer Katze. Die Welt ist wirklich okay, und sie könnte nicht anders sein. Sonst könnte sie nicht existieren.

Physikalisch und *spirituell* sind überholte Kategorien. Es ist alles *ein* Geschehen. Es gibt nicht *Stoff* einerseits und *Form* andererseits – es gibt nur *Muster*. Das Leben ist ein Muster, ein Tanz der Energie. Ich behaupte hier nicht, im Besitz von Privatoffenbarungen zu sein, und habe auch kein mystisches Wissen über eine höhere Bewusstseinsebene. All das befindet sich direkt vor dir. Es ist nur eine Frage der Betrachtungsweise.

Wenn du das erkennst, geschieht etwas höchst Außergewöhnliches. Manche Menschen verwenden als Gottessymbolik ein strahlendes Licht, das irgendwie verhüllt ist und hinter all den sichtbaren Formen verborgen bleibt. Aber die Wahrheit ist noch viel verrückter – du blickst in diesem Augenblick in das strahlende Licht. Was du gerade jetzt erfährst – vielleicht nennst du es das gewöhnliche Alltagsbewusstsein –, ist *es*. Und wenn du das erst erkennst, lachst du dich kaputt. Das ist die große Entdeckung.

Mit anderen Worten: Wenn du anfängst, die Dinge wirklich zu sehen, und dir einen alten Pappbecher anschaust, dann geht dir auf, dass dieser alte Pappbecher das strahlende Licht des Kosmos ist. Nichts könnte heller erstrahlen – keine zehntausend Sonnen. Es ist einfach so, dass all die Strahlenpunkte aus unendlichem Licht winzig klein sind, wenn du sie im Pappbecher erblickst, sodass sie dein Augenlicht nicht ausblasen. Tatsächlich liegt der Ursprung des Lichtes im Auge. Gäbe es keine Augen, um die Welt zu erblicken, wäre die Sonne nicht Licht. Du erweckst das Licht des Universums auf dieselbe Weise, wie du vermöge der Weichheit deiner Haut im Holz dessen Härte erweckst. Das Holz ist nur hart in Relation zur weichen Haut. Dein Trommelfell erweckt den Schall in der Luft. Auf diese Weise erweckst du das ganze Universum zum Leben – Licht, Farbe, Härte, Schwere, alles.

Aber wir haben uns selbst eine andere Mythologie verkauft. Als die Menschen zu entdecken begannen, wie groß das Universum in Wahrheit ist, haben sie sich die Vorstellung zu eigen gemacht, dass wir auf diesem kleinen Planeten in einem Sonnensystem am Rande der Galaxis leben – einer unbedeutenden Galaxie –, und sie dachten sich: »Na gut – dann sind wir also wirklich unbedeutend. Es gibt keinen Gott, der uns liebt, und die Natur schert sich einen Teufel um uns.« Und so setzen wir uns mit dieser Mythologie selbst herab, während in Wirklichkeit wir es sind – diese merkwürdigen kleinen Wesen, die irgendwo in den Weiten des Weltalls auf diesem Planeten herumkriechen –, die dank ihrer grandiosen organischen Konstruktion so genial sind, das Universum aus einer reinen Quantenwelt hervorzuzaubern. Es ist dieser kleine geniale Erdenorganismus, der das ganze Spektakel inszeniert, damit es seiner eigenen Präsenz innewerden kann.

Was machen wir mit diesem Wissen? Wenn dies der Sachverhalt ist – und das ist er –, dann ist der Bewusstseinszustand, in dem du dich gerade jetzt befindest, mit dem göttlichen Zustand identisch. Und wenn du irgendetwas unternimmst, um diesen Zustand zu ändern, zeigt das, dass dir das Verständnis dafür fehlt. In dem Moment, in dem du anfängst, Yogaübungen zu machen, zu beten, zu meditieren oder irgendeiner anderen spirituellen Praxis nachzugehen, stehst du dir selbst im Weg.

Der Buddha sagte, wir leiden, weil wir begehren, sodass wir, wenn wir das Begehren aufgeben können, nicht mehr leiden werden. Das ist aber nicht das letzte Wort in der Sache. Es ist nur der Auftakt zu einem größeren Dialog. Wenn du nämlich jemanden aufforderst, das Begehren aufzugeben, wird er am Ende nur begehren, nicht zu begehren. Du kannst das Begehren nicht aufgeben. Es ist so, als würde man jemand dazu auffordern, selbstlos zu sein, sich vom Ego zu befreien oder loszulassen und zu entspannen. Warum solltest du all das tun wollen? Nur deshalb, weil du die Partie für dich entscheiden willst. Weil du noch immer von der Hypothese ausgehst, dass du etwas anderes bist als das Universum, und ihm deshalb beikommen willst. Und wenn du mit dem Universum rivalisierst, offenbart das nur, dass du noch nicht verstanden hast, dass du das Universum *bist*. Du glaubst noch immer, es gäbe einen Unterschied zwischen Ich und Du, aber sie erfordern einander wie die beiden Pole eines Magneten.

Das ist es, was der Guru dir klarmachen will. Da du

jedoch von einer absurden Hypothese ausgehst, muss der Guru eben damit arbeiten, und also dreht er dich durch die Mühle, um dich noch verstiegener, verhärteter und verbissener sein zu lassen als sonst. Wenn du in Konkurrenz zum Universum gehst, wird der Guru diesen Wettstreit anheizen, bis er aberwitzig wird. Aus diesem Grund stellen große Lehrer Aufgaben wie »Lasse das Ego hinter dir« oder »Du sollst den Herrn, deinen Gott, lieben«. Das bringt dich in eine Zwickmühle. Du kannst nicht auf Befehl lieben. Du kannst nicht auf Befehl aufrichtig sein. Das ist, wie zu versuchen, nicht an einen Elefanten zu denken.

Das Christentum ist so gestrickt. Es heißt, wir sollen für unsere Sünden tiefe Reue empfinden, aber wir alle wissen, dass wir das nicht tun. Wir *glauben,* dass wir Reue fühlen *sollten,* also versuchen wir, reumütig oder demütig zu sein. Und je mehr wir uns dabei ins Zeug legen, desto verdrehter wird das Ganze. Das ist die Beweistechnik der *reductio ad absurdum.* Wenn du glaubst, ein Problem zu haben – dass du dieses armselige kleine Ich bist –, wird ein Zen-Meister sagen: »Zeig es mir. Ich will dieses Ich-Etwas sehen, das ein solches Problem ist.« Als Bodhidharma nach China kam, trat ein Schüler auf ihn zu und sagte: »Ich finde keine Ruhe im Geist. Bitte hilf mir, meinen Geist zu besänftigen.« Und Bodhidharma sagte: »In Ordnung. Lass mich diesen Geist sehen. Zeig ihn mir, und ich werde ihn besänftigen.« Darauf erwiderte der verblüffte Schüler: »Das kann ich nicht. Wenn ich nach ihm suche, kann ich ihn nicht finden.« Und Bodhidharma sagte: »Siehst du, er ist schon besänftigt.«

Wenn du nach deinem eigenen Geist Ausschau hältst –

das heißt nach deinem eigenen separaten Seinszentrum, das von allem anderen getrennt ist –, dann wirst du ihn nicht finden können. Aber der einzige Weg, zu erkennen, dass keiner da ist, besteht darin, intensiv genug danach zu suchen – um zu entdecken, dass keiner da ist. Aus diesem Grund fordern dich Gurus jeder Couleur dazu auf, *dich selbst zu erkennen, im Inneren zu suchen, herauszufinden, wer du wirklich bist,* denn je intensiver du suchst, umso weniger wirst du finden und schließlich einsehen, dass in Wahrheit nie etwas da war. Es gibt kein abgetrenntes Ich. Es gibt deinen Geist. Er ist alles. Aber der einzige Weg, das herauszufinden, besteht darin, sich so intensiv wie möglich in den Zustand der Täuschung hineinzubegeben. Nun gut, möglicherweise ist es nicht der *einzige* Weg. Aber es ist *ein* Weg.

Fast alle spirituellen Disziplinen – Meditation, Gebet und so weiter – sind Mittel, auf der Torheit zu beharren. Es sind Methoden, um auf entschlossene und konsequente Weise zu tun, was man ohnehin schon tut. Wenn jemand fest daran glaubt, die Erde sei eine Scheibe, kann man ihm das nicht ausreden. Er weiß, dass sie flach ist. Er blickt aus seinem Fenster und sieht, dass die Erde ganz offensichtlich eine Scheibe ist. Daher gibt es nur einen Weg, ihn vom Gegenteil zu überzeugen: Man muss ihn dazu bringen, nach dem Rand zu suchen. Wer genau in Richtung Westen geht und sich immer auf demselben Breitengrad hält, kommt schließlich wieder am Ausgangspunkt an. *Das* wird ihn überzeugen. Und es ist die einzige Möglichkeit, es ihm klarzumachen, weil man den Menschen ihre Illusionen nicht ausreden kann.

Es gibt noch eine andere Möglichkeit, aber die ist

schwieriger zu erklären. Was, wenn dieser Augenblick – genau jetzt *dieser* – die Ewigkeit ist? Irgendwie haben wir uns selbst eingeredet, dass dieser Augenblick etwas ziemlich Banales ist, dass wir uns nicht besonders gut in ihm fühlen, dass wir irgendwie frustriert und ängstlich sind und so weiter und dass all das anders werden sollte. Aber du brauchst überhaupt nichts zu tun. *Dies ist es.* Und du darfst auch nicht versuchen, *nichts* zu tun, denn auch das wäre wieder ein *Tun*. Wie soll man das erklären? Man kann es nicht.

Aus diesem Grund wenden Zen-Lehrer die Schocktherapie an. Zen-Geschichten sind voll von Lehrern, die unvermittelt ihre Schüler schlagen oder anbrüllen oder auf andere Weise überraschen, weil es dieser Schock ist, der dich auf einen Schlag ins *Hier* versetzt. Und es gibt keinen Weg zum Hier, weil du schon hier bist. Das ist wie in der Geschichte von dem amerikanischen Touristen in England, der einen Dorftrottel nach dem Weg nach Upper Tottenham fragt. Der Dorftrottel denkt darüber nach, kratzt sich am Kopf und sagt dann: »Nun, ich weiß zwar, wo das ist, aber wenn ich du wäre, würde ich nicht von hier aus starten.«

Ob du also danach fragst, wie du Gott erkennen oder Nirvana erreichen kannst, es sind die falschen Fragen. Warum willst du Nirvana erreichen? Gerade die Tatsache, dass du es erreichen willst, hält dich davon ab, es zu erlangen. Du bist schon im Besitz von Nirvana. Es steht dir natürlich frei, so zu tun, als wäre dem nicht so. Wenn dies dein Spiel ist – zu glauben, dass du nur ein Ich bist –, nun, dann wirst du schließlich erwachen, wenn du es möchtest. Einfach so. Wenn du nicht erwacht bist, zeigt das, dass du noch nicht erwachen möchtest – dass du noch Verstecken spielst. Das ist noch immer das Selbst, das vorgibt, nicht das Selbst zu sein.

Wenn du das erkennst, ist der Unterschied zwischen willkürlichem und unwillkürlichem Verhalten aufgehoben. Die Dinge, die du unter Kontrolle zu haben glaubst, und die Dinge, von denen du glaubst, dass sie außerhalb deiner selbst vonstattengehen, fangen an, sich genau gleich anzufühlen. Du siehst, wie andere Menschen sich bewegen, und dir wird klar, dass du es bist, der das zuwege bringt, genauso wie du es bist, der sein Blut kreisen lässt. Wenn dir an diesem Punkt das echte Verständnis fehlt, könntest du überschnappen, und zwar dergestalt, dass du das Gefühl hast, Gott im jahwistischen Sinne des Wortes zu sein – also tatsächlich Macht über andere Menschen zu haben und ihr Handeln beeinflussen zu können. Dir wird hier keine Allmacht zuteil in einem kruden, buchstäblichen biblischen Wortsinn. Wenn du tatsächlich glaubst, Jesus zu sein und dass alle Welt sich dir zu Füßen werfen und dich anbeten müsse, dann hast du etwas gründlich missverstanden. Vielleicht hattest du ja ein Erweckungserlebnis, bist dann aber in die Irre gegangen – du wusstest einfach nicht, wie du es interpretieren sollst. Aber wenn du erkennst, dass du Gott bist, dann solltest du auch sehen, dass jeder andere ebenfalls Gott ist.

Wir öffnen die Augen, schauen uns um und denken, dass alles, was wir sehen, *außen* ist. Es erscheint uns so, weil es sich in unserem Kopf so anfühlt. Aber es gibt diesen Raum hinter den Augen, in dem all dies – herumsitzende Leute, die Farben des Zimmers – im Nervensystem in Erscheinung tritt. Was wir *dort draußen* sehen, ist tatsächlich eine neurologische Erfahrung. Wenn du dir das klarmachst – wenn es dir als zutiefst wahr aufgeht –, dann könntest du annehmen, dass die gesamte Außenwelt in deinem Schädel ist. Aber du bringst da etwas durcheinander. Du hast dir nicht klargemacht, dass dein Schädel in der Außenwelt ist. Sie ist in dir, und du bist in ihr. Was ist das für eine Situation?

Zwischen dem Einzelnen und der Welt gibt es keine *Interaktion* – ihre Beziehung ist eine *Transaktion*. Wenn du zum Beispiel ein Haus kaufst oder verkaufst, dann kann keiner dieser beiden Aspekte – kaufen und verkaufen – für sich allein bestehen. Es kann keinen Kauf geben, wenn nicht zugleich ein Verkauf stattfindet, und umgekehrt. Auf dieselbe Weise besteht die Beziehung zwischen dem Organismus und der Umwelt in einer Transaktion – die Umwelt lässt den Organismus entstehen, und der Organismus erschafft die Umwelt. Der Organismus verwandelt die Sonne in Licht, aber es erfordert eine Umwelt mit einer Sonne darin, um zu existieren. Es ist alles ein einziger Prozess. Es ist nicht so, dass Organismen versehentlich oder zufällig in diese Welt gekommen sind – diese Welt ist die Art von Umwelt, die Organismen *entstehen lässt*. Und so war es von Anfang an. Vom allerersten Augenblick des Big Bang – falls das Ganze so begonnen hat – waren Organismen wie du und ich im Spiel.

Hier ein anderes Beispiel: Nehmen wir an, wir haben einen elektrischen Strom, der durch einen Draht fließt, der die ganze Erde umspannt. Dabei ist zu bedenken, dass sich elektrischer Strom nicht wie Wasser in einer Rohrleitung verhält. An einer Stelle haben wir den positiven Pol, an einer anderen den negativen Pol, und der Strom beginnt erst dann zu fließen, wenn sich der

Stromkreis schließt. Er fließt erst dann, wenn ein Zielpunkt da ist. Nun mag es eine Weile dauern, bis der Strom zu fließen beginnt, wenn er um den ganzen Planeten kreist, aber der Stromkreis muss am Endpunkt geschlossen sein, sonst wird er am Ausgangspunkt nicht in Bewegung kommen. Auf dieselbe Weise war das Leben von Anfang an vorausgesetzt, auch wenn es Milliarden von Jahren gedauert hat, bis nach dem Big Bang auf der Erde primitives Leben entstand. Es braucht Zeit, bis aus einer Eichel eine Eiche wird, aber die Eiche ist in der Eichel bereits angelegt. Es ist alles ein einziger Prozess.

Und darum geht es beim Erwachen wirklich: um eine Überprüfung unseres kollektiven Bewusstseins. Uns allen sind diese Vorstellungen eingepflanzt, die so unbestreitbar und einleuchtend erscheinen, was sich in unserer Sprache widerspiegelt. »Sich den Tatsachen stellen« ist zum Beispiel so ein Gemeinplatz. Als ob Tatsachen etwas wären, das sich außerhalb von uns befindet, als ob das Leben etwas wäre, dem wir als Fremde begegnen. Unser gesunder Menschenverstand ist manipuliert worden. Daher fühlen wir uns wie Fremde oder Außerirdische in dieser Welt und empfinden die Trennung als etwas äußerst Plausibles. Das ist aber nur deshalb so, weil wir gewohnt sind, so zu denken. Wenn man dieses Denken aber erst einmal wirklich hinterfragt und andere Ideen erkundet, sieht man, dass es nicht zwangsläufig so sein muss. Stellst du die Grundannahmen, auf denen unsere Kultur beruht, infrage, dann kommst du zu einer anderen Form von gesundem Menschenverstand, und es wird für dich absolut offensichtlich, dass du eins mit dem Universum bist.

Vor nicht allzu langer Zeit glaubten die Menschen noch, dass die Erde eine Scheibe sei. Es galt ihnen als Wahrheit, von der sie zutiefst überzeugt waren. Aber dann begannen die Menschen, um die Welt zu segeln und von hier nach dort zu fliegen, und so haben wir uns allmählich an den Gedanken gewöhnt, dass die Erde eine Kugel ist. Wir haben uns einfach daran gewöhnt. Nun, in derselben Weise wird es für die meisten Menschen eines Tages eine Frage des gesunden Menschenverstandes sein, dass wir alle eins mit dem Universum sind. Es wird ganz einfach sein. Und wenn das eintritt, werden wir vielleicht auch unsere Technologie mit mehr Verstand gebrauchen. Und vielleicht werden wir unserer Umwelt dann mit Liebe statt mit Hass begegnen.

TEIL 2

DAS GEWEBE DES LEBENS

4
EBENEN DER WAHRNEHMUNG

Das menschliche Bewusstsein ist eine Form des Gewahrseins, der Empfänglichkeit und der Einsicht, zugleich aber auch eine Form von Beschränktheit. Unser gewöhnliches Alltagsbewusstsein spart mehr aus, als es aufnimmt – darunter äußerst wichtige Dinge. Zum Beispiel lässt es Dinge weg, die – wenn wir um sie wissen *würden* – uns etwas von unseren Sorgen, Ängsten und schlimmsten Befürchtungen nehmen könnten. Wenn wir unser Gewahrsein auf jene Dinge ausdehnen könnten, die wir weglassen, dann würden wir einen tiefen inneren Frieden erfahren, weil wir alle um das Eine wüssten, das wir nicht wissen sollen. Gemäß einer bestimmten gesellschaftlichen Spielregel ist es uns schlicht nicht erlaubt, die Abgründe des Lebens zu kennen. Einerseits ist mit *Abgrund*[5] das Hässliche und Widerwärtige gemeint, andererseits aber auch etwas Profundes, Geheimnisvolles, Tiefgründiges. Und dieses Abgründige ist jener unfassbar wichtige Aspekt des Daseins, den unser Alltagsbewusstsein ausblendet.

Unsere Sinne sind selektiv. Wir sind nur für einen kleinen Ausschnitt von Eindrücken empfänglich, sodass uns eine enorme Bandbreite von Schwingungen, die sich außerhalb dieses Frequenzbereichs befinden, entgeht – kosmische Strahlung, UV-Strahlen, Gammastrahlen und so weiter. Und dabei spreche ich nur von dem, was unsere Instrumente zu erfassen vermö-

5 Im englischen Original *lowdown,* was so viel heißt wie »Schmutz« oder »die ganze Wahrheit« (Anm. d. Übers.).

gen – denn es gibt Schwingungen, die auch ihnen entgehen. Das Universum ist ein gewaltiges System von Schwingungen, die unendliche Möglichkeiten bergen. All diese Schwingungen sind wie die Saiten einer Harfe. Wenn du auf einer Harfe spielst, lässt du nicht einfach deine Finger über alle Saiten vor und zurück gleiten. Das würde scheußlich klingen. Sondern du wählst einzelne Saiten nach einem bestimmten Muster aus – du spielst bestimmte Noten, und diese ergeben eine harmonische Struktur. Gleichzeitig gibt es Saiten, die du auslässt, und Töne, die du nicht spielst. All dies aber gehört zum grundlegenden Zusammenhang, so wie der Zusammenhang der Fäden auf der Rückseite des Gewebes das Muster auf der Vorderseite entstehen lässt.

Was also hast du ausgelassen? Das ist für jeden von uns eine absolut grundlegende Frage. Du konzentrierst dich auf bestimmte Dinge, die das ausmachen, was du für deine Alltagswirklichkeit hältst. Dein Blick fällt auf bestimmte Menschen, Gebäudeteile, Landschafts- und Himmelsausschnitte, und du siehst die Welt tatsächlich als eine Ansammlung mehr oder weniger unzusammenhängender Dinge und Ereignisse. Aber du hast dabei etwas ausgespart – du hast etwas vergessen. Hier ist nicht die Rede von deiner Hose, deiner Brille oder deinem Toupet, sondern von etwas absolut Wesentlichem. Jeder hat es vergessen. Und eine Möglichkeit, sich wieder auf dieses Etwas zu besinnen, ist die Frage: »Wer bist du?«

Darauf antwortest du vielleicht: »Nun, ich bin Paul Jones«, oder wie dein Name immer lauten mag. Und wenn ich nicht lockerlasse und sage: »Nein, nein. Komm mir nicht damit. Wer bist du *wirklich?*« – dann fühlst du dich vielleicht auf den Schlips getreten oder denkst, ich rede Unsinn oder will mich über dich lustig machen. Aber im Ernst: Wer bist du – tief in dir drinnen? Denn das ist es, was wir alle übersehen haben, das vergessene Etwas, dasjenige, was wir ausgelassen haben – die Rückseite des Wandteppichs.

Was zu verkennen man uns alle mit viel Fleiß gelehrt hat, ist die Tatsache, dass jeder von uns ein Akt, eine Funktion, eine Bekundung, eine Offenbarung des gesamten Kosmos ist – was du vielleicht Gott oder Brahman oder das Tao nennst. Jeder Einzelne von uns ist tatsächlich *dies,* aber wir bringen enorm viel Sachverstand und Selbsttäuschung auf, um so zu tun, als wären wir es nicht. Nun, die Kunst besteht darin, auf zwei Ebenen zugleich zu leben. Wenn du als dein normales Ich lebst, deine Rolle im Leben spielst, dich an sämtliche Regeln hältst und so weiter, dabei aber zugleich den Abgrund kennst, dann siehst du das Gesamtbild. Du bist dann das, was ich einen wahrhaft lebendigen Menschen nenne.

Aber die meisten leben nur auf der normalen Ebene und denken, das sei alles, was es gibt. So wird das Leben zu einer Last, zu einem Kampf ums Dasein. Wir arbeiten und arbeiten, nur um zu überleben, und unsere Kinder übernehmen von uns dieselbe Haltung. Niemand hat mehr Spaß, weil wir nur noch krampfhaft versuchen, uns irgendwie durchzuschlagen und weiterzumachen. Und dann sind die Leute es leid, weil sie das Gefühl haben, so nicht mehr weiterleben zu können, und einige von ihnen beschließen, dass es genug ist, und begehen Selbstmord. Und das ist auch durchaus nachvollziehbar. Wer will schon das Gefühl haben, mit dieser Einstellung gegenüber dem Leben weiterleben zu *müssen?*

Natürlich muss das Leben nicht so aussehen. Ganz und gar nicht. Das Leben kann sehr freudvoll und spontan sein. Das daoistische Wort für Natur[6] bedeutet »von selbst so« – das heißt, Natur ist etwas Spontanes. Es bedarf keines Zwanges, es geschieht einfach. Ich besuchte einmal einen Vortrag eines mir bekannten Zen-Meisters. Der ganze Ablauf hatte etwas ziemlich Formelles – er trug ein goldenes Zeremoniengewand und saß vor einem Altar mit Kerzen und einem rituellen Tischchen für die religiösen Texte. Der Meister rezitierte aus einem bestimmten Sutra vor einer Gruppe sehr frommer westlicher Anhänger und sagte: »Das Grundprinzip im Buddhismus ist *keine Absicht*. Absichtslosigkeit. Wenn der Buddha furzen musste, dann sagte er nicht: ›Um neun Uhr lasse ich einen fahren.‹ Der Furz passierte einfach von selbst.«

Dergleichen geschieht von allein. Du brauchst einem Furz nicht zu sagen, was er tun und lassen soll – das bringt ihn nur in die Klemme. Das ist so, als würde man ein Kind dazu auffordern, sich am Erntedankfest vor der gesamten Verwandtschaft als Publikum seinem Spiel zu widmen. Kinder hassen so etwas. Das ist das Problem aller Künstler – Tänzer, Musiker, Maler –, weil Künstler durch Spiel ihren Lebensunterhalt verdienen. Und auf Aufforderung zu spielen, vor allem in der Öffentlichkeit und zu einem bestimmten Zeitpunkt, ist nicht so leicht. Mein Freund Saburo Hasegawa nennt diese Art arrangierter Situation einen »kontrollierten Unfall«.

6 *Ziran*, ein Hauptbegriff im Daoismus (Anm. d. Übers.).

Aber zurück zum Thema: Wir wurden dazu erzogen, unseren Geist auf verengte Weise zu gebrauchen. Man hat uns gelehrt, zu verkennen, dass jeder von uns eine Öffnung ist, durch die der gesamte Kosmos nach außen blickt. Jeder von uns ist wie ein Nadelloch in einer schwarzen Kugel, durch das das elementare Licht – das Dasein selbst – nach außen dringt, aber wir spielen das Spiel, davon nichts zu wissen, und behaupten, nichts als dieses Löchlein zu sein, dieses kleine Etwas, das wir unser Ich nennen oder Paul Jones oder wie auch immer. Aber wenn wir uns das Gefühl bewahren können, Paul Jones zu sein, und zugleich darum wissen, dass wir das Gesamtwerk sind, dann ist das ein großartiges und begrüßenswertes Arrangement. Kannst du diese zwei Perspektiven zugleich einnehmen, dann erfährst du in deinem Leben eine ungeahnte Harmonie, Freude und Ausgelassenheit, weil du weißt, dass all die Not und Bedrängnis im Leben nur ein Spiel ist.

Damit will ich nicht sagen, dass es schlecht sei, dein persönliches Leben ernst zu nehmen. Aber genauso gut könntest du deine Probleme und Schwierigkeiten als Naturphänomene ansehen, wie Wellengekräusel, Meereswellen, Muscheln am Strand. Hast du einmal eine Muschel wirklich betrachtet? An ihr gibt es keinerlei ästhetischen Makel – sie ist absolut perfekt. Und beäugen Muscheln etwa einander und kritisieren sich gegenseitig für ihr Äußeres? »Deine Musterung ist ja ganz schief und unregelmäßig!« Natürlich tun sie das nicht, aber wir tun das. Jeder von uns ist großartig, vielschichtig, interessant und wunderbar, so wie er ist. Schau nur einmal wirklich in die Augen eines anderen Menschen. Es sind zwei Juwelen von unvergleichlicher Schönheit!

Wir haben uns auf eine bestimmte Form von Bewusstsein spezialisiert, die uns das übersehen lässt. Wir sind ziemlich gut darin, uns für kurze Zeit zu konzentrieren, unsere Aufmerksamkeit auf einen Punkt zu heften. Wir richten unseren Blick hierhin und dorthin und wählen dabei unter all den Dingen, um die wir wissen könnten, nur eine Handvoll aus. Dabei lassen wir Eindrücke von überwältigender Schönheit, die uns unsere alltägliche Erfahrung bietet, ebenso aus wie das Gefühl, mit dem gesamten Seinsprozess eins zu sein. Wir starren auf bestimmte Einzelheiten in der Landschaft und übersehen das Gesamtbild.

Über das Gewebe des Lebens lässt sich auch unter dem Aspekt der Vergrößerung sprechen. Wenn man sich zum Beispiel eine Stickerei anschaut, sieht man ein schönes Objekt vor sich, das eine bestimmte Ordnung aufweist. Betrachtet man sich dasselbe Objekt aber unter dem Mikroskop, erscheint es als ein hoffnungsloses Wirrwarr und Durcheinander von Fäden. Vergrößert man aber noch weiter, um sich einen einzelnen Faden zu betrachten, wird man eine fantastische Ordnung aus einer höchst faszinierenden Formation von Molekülen entdecken. Bei noch stärkerer Vergrößerung sieht man wieder Chaos vor sich. Vergrößert man abermals, erscheint erneut vollkommene Ordnung. In dieser Weise bilden Ordnung und Regellosigkeit Kette und Schuss[7]. Wir wüssten nicht, was Ordnung ist, würden wir nicht die Unordnung erfahren.

Ebenso ist der Gegensatz von *an* und *aus, da* und

7 Fachbegriffe aus der Weberei: Kette und Schuss bilden zusammen ein Fadensystem, bei dem in die vorgespannten Kettfäden die Schussfäden rechtwinklig eingewoben werden (Anm. d. Übers.).

nichtda, Leben und *Tod, Sein* und *Nichtsein* etwas, das die Existenz ausmacht. Nur tun wir so, als könnte die regellose Seite der Dinge – diese unordentliche Seite der Dinge – überhandnehmen und in dem Wettbewerb oder vielmehr der Kooperation den Sieg davontragen. Verliert man die Tatsache aus den Augen, dass Ordnungsprinzip und Chaosprinzip Hand in Hand gehen, kommt man in dasselbe Dilemma, in das man gerät, wenn man die Tatsache verkennt, dass alle individuell ausgeformten Dinge und Wesen miteinander verbunden sind. Zwar ragen einzelne Berge in die Höhe, aber unter ihnen gibt es die sie alle tragende Erde. So sind wir alle verschiedene Dinge, die aus der Wirklichkeit herausragen, aber es gibt ein darunterliegendes Kontinuum, das wir dabei übersehen – und das ist das Etwas, das wir auslassen.

Wir sind besessen vom Tod, aber der Tod ist nur ein Intervall, ein Aspekt der Welle. Nehmen wir zum Beispiel den Schall. Alles, was wir Schall nennen, ist tatsächlich *Schall/Stille* – es gibt nicht so etwas wie reinen Schall. Wenn es ihn gäbe, wärest du nicht in der Lage, ihn zu vernehmen. Was du tatsächlich hörst, ist eine Folge von Schlägen gegen das Trommelfell, aber das geschieht so schnell, dass für dich mehr der Eindruck von Schall als von Stille entsteht. Aber zwischen jeder Schallwelle gibt es ebenfalls ein Intervall. Wenn du Musik hörst und der Melodie folgst, dann sind es die Schritte zwischen den Tönen, die der Melodie ihre Bedeutung geben. Daher ist das Intervall zwischen jedem Geschehen ebenso wichtig wie das Geschehen selbst – Klang und Stille, Leben und Tod, Kette und Schuss.

Meine Mutter hatte es in der Stickkunst zu großer

Meisterschaft gebracht. Sie schuf ganz fabelhafte Dinge und konnte mit einem Faden einfach alles machen – nähen, stricken, weben, sticken. Und für mich als Kind war es unglaublich zu sehen, wie aus Garn – einfachem Faden – Stoffe mit so komplizierten Mustern werden konnten. Und wie sollte all das zusammenhalten? Meine Mutter nahm ihre Stricknadeln, einen Knäuel Wolle und verwandelte ihn vor meinen ungläubigen Augen in einen Pullover. Fantastisch! Und wie ich herausfand, bestand das Geheimnis seines Zusammenhalts in der Kombination von Kette und Schuss, in der Art, wie ein Faden unter dem anderen verläuft, dann über dem anderen, dann wieder unter dem anderen und so weiter, bis alles hält. Es ist wie in dem Beispiel mit den zwei Stöcken, die man gegeneinanderlehnt, um sie zum Stehen zu bringen. Auf dieselbe Weise hängen Menschen voneinander ab – ohne diese gegenseitige Unterstützung könnte niemand von uns existieren.

Existenz ist eine Funktion von Beziehung. Bewegung ist eine Funktion von Beziehung. Würdest du irgendwo in den unendlichen Weiten des Weltalls eine Kugel untersuchen, wärest du nicht imstande zu sagen, ob sie sich bewegt, weil es nichts gäbe, auf das sie sich zubewegt oder von dem sie sich wegbewegt. In dieser Situation existiert keine Bewegung. Brächten wir aber eine zweite Kugel ins Spiel und würden beide Kugeln einander annähern oder voneinander entfernen, dann könnten wir sagen, dass sich eine oder beide in Bewegung befinden, auch wenn nicht zu entscheiden wäre, welche von beiden. Käme noch eine dritte Kugel hinzu, könnten wir die Bewegung beurteilen, indem wir feststellen, welche zwei Kugeln eher in konstantem Abstand voneinander bleiben, weil zwei eine Mehrheit sind und das Universum grundsätzlich eine demokratische Organisation darstellt. Wenn man dies mit anderen Worten ausdrücken möchte, ist Energie eine Form von Beziehung. Das Universum ist im Prinzip ein Spiel von Energie, und Energie und Beziehung gehören zusammen.

Vielleicht kennst du die alte Rätselfrage: Wenn im Wald ein Baum umfällt, macht er dabei dann Krach, wenn niemand da ist, ihn zu hören? Nun, Schall setzt ein Trommelfell voraus und ein Nervensystem, das hinter dem Trommelfell sitzt. Wir könnten sagen, dass der Baum, wenn er umstürzt, die Luft in Schwingung versetzt und dabei Krach macht, wenn jemand mit einem Ohr und einem entsprechenden Nervensystem zugegen ist, weil Schall eine Beziehung zwischen Bewegung, Luft und Ohren ist. Ist niemand anwesend, wird der umstürzende Baum eine Vibration auslösen, aber keinen Schall erzeugen. In gleicher Weise sendet ein Stern Licht in den Weltraum aus, aber der den Stern umgebende Raum bleibt dabei dunkel, wenn nicht ein Objekt – zum Beispiel ein vorbeiziehender Planet – in diesen Raum eintritt. Gibt es aber nichts in dem Raum, das zu dem Stern in Beziehung steht, dann wird es tatsächlich kein Licht geben.

Eines der bekanntesten Symbole gegenseitiger Abhängigkeit ist das chinesische Zeichen für Yin und Yang. Es sieht aus wie zwei aneinanderliegende Kommas oder wie zwei Fische – der weiße Fisch hat ein schwarzes Auge und der schwarze Fisch ein weißes Auge. Es ähnelt in seiner Form auch einer Spirale, der Grundform von Galaxien, oder einem ineinander verschlungenen Liebespaar. Es ist eine Zweiheit, die insgeheim eins ist.

Um aber die einende Welt zu sehen, die allem zugrunde liegt, musst du an deinem gesunden Menschenverstand gewisse Veränderungen vornehmen. Es gibt eine Art zu denken und zu fühlen, die schwer zu verstehen ist – nicht weil sie in intellektueller Hinsicht kompliziert wäre, sondern weil sie ungewohnt oder uns fremd geworden ist. Man hat uns einfach nicht dazu erzogen. Vor Hunderten von Jahren glaubte man, dass die Planeten an Kristallsphären befestigt seien, die sie am Himmel festhalten, und als die Astronomen schließlich die Kunde verbreiteten, dass es keine Kristallsphären gebe, waren die Menschen höchst irritiert und verunsichert. Sie taten sich entsetzlich schwer damit, sich an die neue Sicht des Kosmos zu gewöhnen. Um ein vollständig neues Konzept zu verstehen, muss man sich einen ziemlichen Ruck geben. Und das neue Konzept, das anzunehmen den meisten Menschen Schwierigkeiten bereitet, ist dasjenige von der gegenseitigen Abhängigkeit.

Denke dir ein Spinnennetz, das von Tau überzogen ist. In jedem einzelnen Tautropfen spiegeln sich alle anderen Tautropfen des Spinnennetzes wider. In Japan verwendet man dieses Bild als Symbol für die gegenseitige Abhängigkeit aller Dinge in der Welt. Hier eine Analogie aus der Linguistik: *Worte haben nur im Kontext eine Bedeutung*. Die Bedeutung der einzelnen Worte hängt von dem Satz oder Absatz ab, in dem sie vorkommen. Wenn ich sage: »Dieses Spinnennetz ist ohne Tau«, ist das etwas völlig anderes, als wenn ich sage:

»Dieses Segelschiff ist ohne Tau.«[8] Auf genau dieselbe Weise steht das Dasein eines einzelnen Menschen in Beziehung zu seinem Kontext. Du bist, was du bist, so wie du in diesem Moment hier jetzt sitzt, mit dieser bestimmten Art Kleidung und dieser bestimmten Gesichtsfarbe und dieser bestimmten Persönlichkeit, mit deinen Familienverhältnissen, deinen Neurosen und allem anderen. Genau all das bist du in Beziehung zu einer äußerst komplexen Umwelt. Ich könnte sogar behaupten, dass du ein anderer wärest, wenn irgendein Stern da draußen im Universum nicht existierte. Vielleicht könnte ich nicht sagen, dass du *nicht* existieren würdest, wohl aber, dass dein Dasein ein anderes wäre. Die Verbindungslinien zwischen dir und dem Stern sind sehr, sehr kompliziert, und du sagst vielleicht, dass diese Verbindung nur schwach oder bedeutungslos ist – aber sie ist von Bedeutung. Nur weil du nicht darüber nachdenkst oder ihre Bedeutung nicht erkennst, heißt das nicht, dass sie nicht wichtig wäre. Du wandelst jeden Tag auf der Erde, ohne darüber nachdenken zu müssen, dass sie dich trägt, aber sie tut es. Du wirst vielleicht unsensibel dafür und hörst auf, über die Erde nachzudenken, aber sie ist dennoch da, um dich zu tragen.

Existenz ist also Beziehung. Wenn ich meinen Finger hochhalte und nichts ihn berührt – der Wind, eine andere Person –, wird er aufhören zu wissen, dass er da ist. Dazu gehören zwei. Und Dualität ist insgeheim Einheit. Nimm den Gegensatz zwischen den beiden

8 Im Original als Beispiel das Homonym »bark« mit den Bedeutungen »Borke« und »Gebell«: »If I say, ›This tree has no bark‹, that's one thing, and if I say, ›This dog has no bark‹, that's another thing entirely.« (Anm. d. Übers.)

sehr nützlichen Wörtern *explizit* und *implizit*. *Explizit* meint das, was sich im Außen befindet – sagen wir, unser öffentliches Ansehen –, wohingegen *implizit* das meint, was sich unterhalb all dessen abspielt. Alles ist miteinander verwoben. Und wie beim Weben ergibt sich der Zusammenhalt der Dinge aus diesem Muster von drüber-drunter, drunter-drüber, drüber-drunter und so weiter, aus dem Stoff, Kleidung, Behausung und Materie gebildet sind. Die Wörter *Materie, Mater, Mutter* und *Maya* – Illusion – sind miteinander verwandt. Die Welt ist eine großartige Illusion. Woraus ist all dies gemacht? Auf welche Weise ist es miteinander verwoben? Wir haben versucht, die Welt auf wissenschaftliche Weise zu verstehen und ihre Geheimnisse durch die Analyse der kleinsten Teilchen zu erklären, die wir auffinden konnten, wobei wir auf immer kleinere Bausteine der Materie gestoßen sind. Und selbst wenn wir schließlich eine Form von Grundbaustein entdecken, der all dies möglich macht, wird auch dieses unendlich kleine Partikel nur Teil der Gleichung sein. Der Zusammenhang, in dem das Teilchen erscheint, wird darin ebenso bedeutsam sein. Wozu steht es in Beziehung? Wörter, Sätze, Zellen, Moleküle, Atome – alles nimmt in verschiedenen Zusammenhängen verschiedene Eigenschaften an. Wir haben gefragt: »Was ist es?« Aber wir sollten auch die Frage nach dem *Wo* und *Wann* stellen, weil das alles verändert.

Vielen Menschen machen solche Aussagen Angst. Sie wollen nicht hören, dass alles relativ ist. Aber warum bekommen wir es eigentlich mit der Angst zu tun? Relativität ist kein trüber Morast, in dem alle Maßstäbe,

Regeln und Orientierungen verloren gehen. Tatsächlich ist Relativität die gesündeste Situation, die es überhaupt geben kann.

Explizit und implizit, innen und außen, Materie und Raum, Sein und Nichtsein … sie alle sind Pole desselben Magneten. Und wenn du das verstehst, kannst du Leichtigkeit und Schönheit in deiner Beziehung zu allem erfahren. Du weißt, dass du nicht ein winziges Ich bist, das in deinem Kopf verborgen ist und aus ihm heraus auf die Welt schaut und sie mit den Augen fotografiert. Wenn es die Welt nicht gäbe, wärest du nicht hier. Und umgekehrt.

Wir leben in einer Welt von Tieren, Pflanzen, Mineralien, Atmosphären und Himmelskörpern, die höchst intelligent ist. Ihre Intelligenz ist in unseren Gehirnen konzentriert. Die ganze Intelligenz des gesamten Universums kristallisiert sich sowohl in menschlichen Gehirnen als auch in anderen Arten von Gehirnen, und sie sind es, in denen sie *zum Vorschein kommt*. Dennoch bleibt es die ganze Intelligenz des gesamten Feldes. So gehören wir und das Ganze zusammen – als ein einziges Geflecht gegenseitiger Abhängigkeit. Wir leben nicht nur *in* einer Umwelt aus Gestein, Luft, Buschwerk und so weiter – das ist nur eine analytische Art, darüber zu sprechen. Wir und all diese Dinge gehören zusammen. Wir stehen miteinander in gegenseitiger Verbindung. Blumen und Bienen gehören zusammen, Menschen und Kühe gehören zusammen, Bäume und Regen gehören zusammen und so weiter. Intervalle und Töne gehören zusammen. Aber die meisten Menschen wurden im Hinblick auf ihr Dasein und den Rest des Universums dazu erzogen, taub und blind zu sein. Sie sehen die Einheit nicht. Sie wissen nichts von den Beziehungen. Aber wenn du das erkennst, dann erkennst du, wie alles zusammengehört. Dann führst du ein Leben in Harmonie.

5
DAS GEWEBE ALS FALLE

Bisher habe ich über das Gewebe des Lebens unter zwei wesentlichen Gesichtspunkten gesprochen. Zuerst habe ich erläutert, inwiefern unsere Aufmerksamkeit selektiv ist, was bedeutet, dass wir permanent »Isolate« erzeugen – von bestimmten Dingen, Ereignissen, Menschen und so weiter. Das bewirkt, dass wir uns abgeschnitten und allein fühlen, weil wir die Verbindungen unter und zwischen allem übersehen. Und das ist das erste Geheimnis, das man uns nicht gelehrt hat: Vermeintlich getrennte Dinge sind tatsächlich auf einer elementaren Ebene miteinander verbunden.

Zweitens habe ich die Analogie des Webens benutzt – Fäden, die auf der Rückseite des Gewebes auf eine Weise miteinander verbunden sind, die auf der Vorderseite nicht zu sehen ist. Dabei benutze ich nicht gern das Wort *unbewusst,* weil es dadurch leblos klingt, aber sagen wir, dass es auf der unbewussten Seite des Lebens Verbindungen gibt, die nicht offenkundig sind, wie in der Weberei. In der Weberei verflechten und unterstützen sich die Dinge, wobei noch andere Daseinsaspekte entstehen. Somit ist unsere Welt eine Manifestation der Relativität. Das erfordert eine Beziehung von Gegensätzen auf jeder Ebene des Lebens, und obwohl diese Gegensätze auf explizite Weise verschieden und sogar antagonistisch sind, sind sie alle auf implizite Weise eins. Und dies ist das zweite Geheimnis: Dinge, die entgegengesetzt scheinen, bedingen einander und sind ihrem Wesen nach vereinigt.

Untersuchen wir das Gewebe also auf andere Weise. Was wir brauchen, sind verschiedene Betrachtungsweisen – wir benötigen einen umfassenden Blick. Denken wir uns das Gewebe daher als Falle – so wie ein Spinnennetz eine Falle für Fliegen ist.

Viele Menschen betrachten ihr Leben schon auf diese Weise. Für manche von ihnen ist die Existenz einfach nur hassenswert, und sie sehen das ganze Leben als einen schrecklichen Fehler an. Ein Lebewesen frisst das andere. Wohlwollen und Liebe sind nur Fassade – eine Heuchelei, mit der man sich Vorteile gegenüber anderen verschafft. Vom Standpunkt eines Darwin oder Freud aus gesehen, sind wir alle Maschinen, und unser Bewusstsein ist nur eine sehr verwickelte und komplizierte Form von Chemie. Aus dieser Sicht der Dinge tun wir vielleicht so, als wären wir nicht herzlos, aber unter der Oberfläche sind wir selbstsüchtige Monster, die eine große Show abziehen. Im Grunde genommen geht es uns allen nur ums Fressen und Vögeln. Wir beschäftigen uns zwar mit »höheren« Dingen – Dinge, die wir für den eigentlichen Sinn des Lebens erklären –, aber in Wahrheit bemänteln wir damit nur, was uns im Tiefsten antreibt.

Und zum Teil stimmt das ja auch. Das Universum – zumindest was die Biologie betrifft – ist dieses seltsame System, das davon lebt, dass jeder jeden frisst. Nur tun wir das auf eine Weise, durch die Ordnung und Kultur aufrechterhalten bleiben. Einige Spezies treffen ein Abkommen, einander nicht zu fressen – sie kooperieren, tun sich zu Gangs zusammen und verlegen sich darauf, andere Spezies zu verspeisen. Und wir Menschen sind bislang die erfolgreichsten Bündnispartner innerhalb dieses Gangster-Agreements. Wir sind die schlimmsten Raubtiermonster auf Erden. Wir vergreifen uns ständig an Kühen und Fischen und Pflanzen und Hühnern und allem anderen, aber wir tun es im Verborgenen – die meisten von uns sehen niemals, wie ihr Essen getötet wird. Was wir beim Metzger bekommen, ist ein Steak – mit Kühen hat das nichts zu tun. Und wenn wir Fisch essen, hat das vielleicht Ähnlichkeit mit Fisch, aber es ist nicht mehr der glitschige, zappelnde Fisch, der am Angelhaken hängt. Wenn du deinen Fisch aber selber fängst, merkst du schnell, dass der Fisch das nicht besonders mag. Und die meisten von uns vermeiden es, der unbequemen und beklemmenden Seite der Dinge ins Auge zu sehen.

Es ist sehr lohnend, der Sicht der Welt als eines Systems gegenseitiger Ausbeutung und maximaler Selbstsucht einmal auf den Grund zu gehen. Irgendwann in deinem Leben solltest du über zwei Dinge nachdenken. Erstens über den Tod. Denke an Schädel und Skelette, und stell dir vor, wie du dich schlafen legst und nie wieder aufwachst. Das ist zwar ein sehr düsterer Gedanke, aber wie Dünger, denn über den Tod nachzudenken ist ein ungeheuer fruchtbarer Nährboden für schöpferisches Leben. Lass zweitens die Vorstellung auf dich wirken, dass du vollkommen selbstsüchtig bist. Stell dir vor, dass es absolut nichts Gutes über dich zu sagen gibt und dass du ein vollständiger und unverbesserlicher Lump bist. Wenn du dich nun aber tief in das Wesen der Selbstsucht versenkst, was findest du da? Was heißt es, dich selbst zu lieben, deinen eigenen Vorteil zu suchen, ein Selbst zu sein, das sich selbst liebt? Es wird zu einem immer größeren Rätsel.

Auf welche Weise kenne ich *mich?* Ich kenne mich nur als ein Du. Wenn ich an etwas denke, das ich kenne oder mag, ist es immer etwas anderes als ich. Alles, was ich von einem selbstsüchtigen Standpunkt aus möchte, kommt von außerhalb meiner selbst. Es besteht eine Gegenseitigkeit – eine totale gegenseitige Abhängigkeit – zwischen dem, was wir das Ich nennen, und dem, was wir das andere nennen. Wenn du also vollkommen aufrichtig in Bezug auf deine Selbstliebe bist, die Sache beim Namen nennst und nicht so tust, als wärest du etwas anderes als genau das, was du bist – dann geht dir plötzlich auf, dass das Selbst, das du liebst, das Universum ist. Dir gefällt nicht alles daran – du bist noch immer ausgesprochen selektiv –, aber, im Ganzen gesehen, liebst du dich als das, was anders ist. Denn nur als das, was anders ist, hast du überhaupt ein Selbst.

Einer der bedeutsamsten Beiträge C. G. Jungs zur Psychologie ist das Konzept des Schattens. Jeder Mensch hat einen Schatten. Laut C. G. Jung besteht die Hauptaufgabe des Psychotherapeuten darin, den Schatten in die Persönlichkeit zu integrieren, dem Teufel die ihm zukommende Funktion zuzuweisen. Es ist immer der Teufel – der Schatten, der Verkannte, der Ausgestoßene, der Sündenbock, der Bastard, das schwarze Schaf –, der etwas erschafft. Das ist der generative Impuls. Im Drama braucht man einen Bösewicht, ein gewisses Störungselement. Und im gesamten Plan des Lebens braucht man den Schatten, weil es ohne ihn keine Substanz geben kann.

Es gibt eine interessante Verbindung zwischen Verbrechen sowie allen möglichen schlimmen Dingen und der Heiligkeit. Heiligkeit bedeutet aber nicht, gut zu sein; gute Menschen sind nicht zwangsläufig heilig. Ein heiliger Mensch ist jemand, der *heil* ist, *ganz*[9], jemand, der die Gegensätze in sich vereint hat. Und heilige Leute haben immer auch etwas leicht Unheimliches an sich – andere Menschen reagieren auf sie mit Befremden, so als ob sie sich nicht entscheiden könnten, ob diese Leute nun Heilige oder Teufel sind. Die ganze Geschichte hindurch haben Heilige stets für eine Menge Ärger gesorgt. Nimm zum Beispiel Jesus. Der Ärger, den Jesus verursacht hat, ist absolut unabsehbar – die Kreuzzüge, die Inquisition und weiß der Himmel, was noch alles. Genauso Freud. Beide sind unglaubliche Unruhestifter, aber auch große Heiler. All das gehört zusammen. Heilige sind wie das Meer – an einem schönen, sonnigen Tag liegt es besänftigend und großartig da, aber wenn Sturm aufkommt, ist es absolut furchterregend.

Jeder von uns ist ein Ozean. Und C. G. Jung erkannte, dass es einzig und allein darum geht, in unsere eigenen Tiefen vorzudringen und unsere eigenen Beweggründe mit einer grandiosen Aufrichtigkeit zu entdecken. Aber er wusste auch, dass niemand vollkommen aufrichtig sein kann – irgendwann gelangen wir bei der Erkundung unserer dunklen unbewussten Tiefen an einen Punkt, an dem wir uns abwenden und sagen: »Mir reicht's jetzt.« Und darin liegt ein gesunder Selbstschutz – wir können nun mal nicht vollkommen ehrlich mit uns selbst sein. Wenn wir uns das Geflecht unter

9 Alan Watts bezieht sich hier auf die etymologische Verwandtschaft der englischen Wörter *holy* (heilig) und *whole* (ganz), die zusammen mit dem deutschen *heil* und *heilig* auf dieselbe gemeingermanische Wurzel zurückgehen (Anm. d. Übers.).

dem Aspekt der Falle betrachten, dann ist die Täuschung – vor allem die Selbsttäuschung – essenziell.

Humor ist die Fähigkeit, über sich selbst zu lachen. Es gibt eine boshafte Form von Humor, bei der man auf Kosten anderer lacht, aber die tiefste Form von Humor ist das Gelächter über sich selbst. Warum lachen wir über uns selbst? Weil wir wissen, dass ein großer Unterschied besteht zwischen dem, was außen vor sich geht, und dem, was innen vor sich geht. Wenn du dir eine Stickerei betrachtest, dann bemerkst du, dass Vorder- und Rückseite sehr unterschiedlich aussehen, weil man beim Sticken Abkürzungen nimmt. Die Vorderseite ist ordentlich und die Rückseite chaotisch, und das ist auch die Weise, in der wir leben. Es ist, als würde man den Staub unter den Teppich kehren, bevor die Gäste kommen. Unser Leben ist voll solcher Aktionen, und wenn du glaubst, das sei bei dir anders, dann erliegst du einer Selbsttäuschung. Du versteckst dein Chaos bloß woanders, außerhalb deiner eigenen Wahrnehmung. Jeder nimmt Abkürzungen, jeder trickst, jeder schummelt, jeder hat ein Element von Falschheit und Betrug in sich. Das sehen wir auch überall in der Natur – Chamäleons, die ihre Farbe wechseln, Schmetterlinge, deren Flügel Augen zu tragen scheinen, Blumen, die Bienen überlisten. Stell dir vor, welche Folgen es hätte, wenn Blumen nicht Bienen überlisten würden.

Was entdeckst du, wenn du dir selbst wirklich auf den Zahn fühlst, wenn du deine Beweggründe erforschst, wenn du versuchst, das wahre *Ich* hinter alldem auszumachen? Das ist so, als würde man eine Zwiebel schälen und nach dem Kern suchen. Es folgt Schicht auf Schicht auf Schicht, aber wo ist die Mitte? Aus diesem Grund setzen Zen-Meister *Koans* ein, die eine vollkommene, aufrichtige, wahrhaftige Suche verlangen. Die Menschen überschlagen sich im Versuch, ein Koan zu lösen, aber der Meister kommt ihnen immer auf die Schliche, denn er durchschaut ihre Manöver und kann ihre Gedanken lesen. Du musst also wahrhaft suchen, aber ohne bestimmte Absicht. Aber wie sonst?

Wenn du in dem Gedanken feststeckst, dass die Welt eine Falle ist, in die es dich hineinzieht und der du nicht entkommen kannst, dann geh tiefer. Lass nicht locker, sondern geh radikal in das Gefühl hinein. Wenn du dich der Selbstsucht verdächtigst, dann frage radikal danach, was Selbstsucht bedeutet. Die Verwirrung entsteht zum großen Teil daraus, dass man den Gefühlen und Vorstellungen nicht auf den Grund geht. Die Menschen sagen, dass sie ewig leben wollen oder dass ihnen zu ihrem Glück dieses oder jenes neue Auto oder ein bestimmter Geldbetrag fehlt und so weiter, aber denke diesen Gedankengang einmal zu Ende. Wie wäre es, wenn diese Wünsche wirklich in Erfüllung gingen? Wenn du dich dabei ertappst, wie du dich in Fantasien über eine Person ergehst, die du begehrst, dann drehe die Stickarbeit um, und sieh dir die Rückseite an. Betrachte das ganze Chaos auf der Unterseite, aber lass dich nicht dabei erwischen. Tu es heimlich, denn auf der Vorderseite der Stickerei spielst du das Spiel, dass alles so ist, wie es sein soll. Das ist es, was dich menschlich macht, und es ist das, was dich komisch macht.

6
DAS GEWEBE ALS SPIEL

Wie bereits erörtert, sind unsere Sinne und unser Bewusstsein höchst selektiv. Wir suchen uns aufgrund bestimmter Spielregeln bestimmte Dinge als wesentlich heraus, und das Spiel, das wir die meiste Zeit über spielen, ist das Überlebensspiel. Aber wir vermasseln das Spiel, denn die erste Spielregel lautet, dass das Spiel ernst ist. Gib also acht. Wenn du nach widersprüchlichen Spielregeln spielst, hört das Spiel auf, sich zu lohnen. Du fängst an, dich immer mehr ins Zeug zu legen, und das Spiel ist es einfach nicht wert.

Wenn wir auf selektive Weise zuhören – auf selektive Weise fühlen –, dann entgehen uns die Muster im Hintergrund. Die Welt ist prinzipiell musterbildend, und wir sind musterbildende Organismen. Wenn wir zum Beispiel essen, verwandeln wir die Nahrung in die Muster der Knochen, der Muskeln, des Nervensystems. Und manchmal suchen wir bewusst nach Mustern – wir schauen durch ein Mikroskop, um die Muster der kleinen Welt zu entdecken; wir bewundern die Muster des Kosmos durch ein Teleskop; wir schmücken unser Zuhause mit den Mustern von Gemälden; und wir bewundern die Muster in der Natur – in den Meeren, den Wolken, im Vogelflug. Muster sind das Universum im Spiel. Auch wenn wir nicht mehr so viel singen und tanzen, wie wir es einst in unserer Kultur getan haben, sind unsere musterbildenden Körper ständig im Spiel begriffen – unser Herz, unsere Lungen, Augen, Kapillaren und so weiter führen im Grunde alle einen Tanz auf.

Können wir die Vorstellung von einem spielerischen Gewebe des Lebens akzeptieren? Als etwas nicht übermäßig Ernsthaftes? Wir sind in einem kulturellen Kontext aufgewachsen, in dem das Universum ein vollkommen ernsthaftes Oberhaupt hat. Nur in seltenen und obskuren Bezugnahmen innerhalb der jüdischen und christlichen Schriften finden wir die Vorstellung von einem tanzenden Gott. Hindus denken da ganz anders – Shiva und die anderen Gottheiten werden oft tanzend dargestellt. Aber in unserer Vorstellungswelt muss man sich um feierlichen Ernst bemühen, in der Kirche vollkommene Stille wahren, und der Himmel behüte uns davor, jemals zu lachen. Warum soll man nicht lachen? Ist Gott, der Allmächtige, ein so unsicherer Patron, dass ihm unbehaglich wird, sobald jemand lacht? Als ob Gelächter seine Macht infrage stellen würde? Aber das ist die Art und Weise, wie wir die letzte Wirklichkeit mythisiert haben. Gott ist der kosmische Großvater – ein gestrenger König, der vor allen Dingen ewige Ehrfurcht und Achtung verlangt.

Darum tun wir uns so schwer damit, den Gedanken an ein spielerisches Gewebe des Lebens als selbstverständlich zu akzeptieren. Denke dir das Universum als ein Kind, das ein anderes fragt: »Kommst du mit mir spielen?« Und wir sind im Zweifel und zögern. Wir glauben nicht, dass wir mit dem Universum spielen sollten. Vielleicht geraten wir da ja in schlechte Gesellschaft oder vielleicht finden wir, dass wir etwas anderes tun sollten – etwas Ernsthaftes, zum Beispiel für die Mutter den Abwasch erledigen. Im Übrigen geht es beim Abwasch um nichts anderes als ein Spiel. Du machst den Abwasch nicht aus einem ernsthaften

Grund – du wäschst ab, weil du willst, dass die Dinge hübsch aussehen. Oder wie man in Pennsylvania sagt: »It's for nice.«[10] Es ist so, wie du das Muster gerne haben möchtest.

Menschen werden aber entsetzlich zwanghaft in dem, was sie glauben tun zu *müssen;* sie glauben, das Arrangieren des eigenen Lebensmusters sei eine Art Verpflichtung oder Schuld, die man sich selbst oder anderen gegenüber hat. Eltern spielen mit ihren Kindern manchmal ein böses Spiel. Anstatt ehrlich zu sein, sagen sie: »Wir haben so viele Opfer für dich gebracht. Wir haben dich unterstützt, sind für deine Kleidung und Ausbildung aufgekommen, und du erweist dich als ein undankbarer kleiner Mistkerl.« Und das Kind fühlt sich schrecklich schuldig und bringt später seinen Kindern bei, sich ebenfalls schuldig zu fühlen. Unserer Erfahrung ist die Vorstellung eingepflanzt, dass die Existenz Schuld ist. Einige Existenzialisten vertreten die Ansicht, dass die Schuld ontologisch sei, dass man nicht wirklich Mensch sei, wenn man sich nicht schuldig fühlt.

Man kann die Menschen aber nicht zur Dankbarkeit erziehen, indem man ihnen Schuldgefühle macht. Vielleicht markieren sie Dankbarkeit, machen ein großes Theater darum, bringen ihren Dank und ihr Verpflichtungsgefühl zum Ausdruck, aber all das ist nicht echt. Und von Anfang an war das Schuldspiel ein einziger Schwindel. Dein Vater und deine Mutter hatten eine Menge Spaß dabei, dich in die Welt zu setzen – jeden-

10 Im Original als Ausdruck des »Pennsylvania Dutch« (Pennsylvania-Deutsch) bezeichnet, ein Dialekt, der in den USA zum Teil heute noch von Nachfahren deutscher Einwanderer des achtzehnten Jahrhunderts gesprochen wird (Anm. d. Übers.).

falls wollen wir das hoffen –, und sie wollten das auf möglichst unanständige Weise tun. Sie haben also keinen Grund, sich zu beklagen. Das Schuldspiel ist ganz und gar unaufrichtig.

Wenn Menschen nicht zugeben, dass sie Spielchen spielen – vor allem, wenn sie sie mit dir spielen –, dann sind sie nicht fair. Die Karten sind gezinkt. Und das Spiel wird von Leuten gespielt, die nicht wirklich begreifen, dass das Alltagsleben selbst ein Spiel ist. Es ist wirklich wichtig, sich das einzugestehen. Alle wahrhaft humanen Menschen geben zu, dass sie ein Spiel spielen – dass sie Schlingel, Schelme und Schwindler sind. Ich habe dich dazu gebracht, mir deine Aufmerksamkeit zu schenken. Das war eine Falle. Aber ich habe vor, es zu einer unterhaltsamen Falle werden zu lassen, damit du dich nicht so schlecht damit fühlst.

Wenn du in ein Konzert gehst und jemandem zuhörst, der Bach oder Mozart oder Beethoven spielt: Worum geht es dann in der Musik? Es geht um nichts anderes als die schöne Musik – all die verschiedenen Kombinationen von Klängen und Melodien mit ihrem auf- und absteigenden Verlauf. Genauso ist es mit der Existenz. Sie geht mal in diese Richtung, mal in jene, es gibt in ihr Hügel und Täler, Dunkles und Lichtes. Aber das ist nicht dasselbe, wie zu sagen, dass das Leben *nur* Humbug oder dass es *nur* ein Spiel ist.

Kennst du Jan van Eycks Gemälde »Das Jüngste Gericht«? In ihm ist alles enthalten. Im Himmel Gott der Vater, der Sohn und der Heilige Geist, die Jungfrau Maria und dazu die Apostel, alle in Weiß. Sie sitzen sehr feierlich als Komitee zu beiden Seiten eines Mittelganges, wie in der Kirche. Am vorderen Ende des Ganges sieht man den geflügelten Erzengel Michael in glanzvoller Rüstung, wie er im Begriff ist, sein Schwert gegen ein Skelett mit Fledermausschwingen zu erheben. Und unterhalb dieser Fledermausschwingen liegt die Hölle, in der alle Gräuel losgelassen sind. Nackte Körper – einige von ihnen recht ansehnlich – werden von Würmern gefressen, es gibt Dämonen, Raubvögel und alle möglichen schrecklichen Dinge. Und zweifellos hatte van Eyck mehr Vergnügen beim Malen des unteren Bildteils als bei der oberen Hälfte. Dasselbe gilt für diese Schelme Hieronymus Bosch und Pieter Bruegel den Älteren. Mit viel Liebe zum Detail malten sie eine jede schaurige und surreale Teufelei, auch wenn sie nicht zugeben konnten, dass sie es liebten.

Wenn du erwacht bist, lernst du ein besonderes Geheimnis: Das Gewebe ist auch ein Vorhang, ein Schleier. Es ist der Schleier, der das Antlitz Gottes vor den Engeln verbirgt. Uns wird nicht das Gesamtbild gezeigt. Aus demselben Grund erfreuen wir uns an einem guten Striptease – es bleibt immer etwas im Verborgenen. Immer gibt es noch etwas, das ein kleiner Schleier bedeckt zu halten hat. Das verstärkt den Eindruck des Geheimnisvollen: Was für ein Mensch ist die Tänzerin? Wie wäre es wohl, sie zu lieben? Hat sie vielleicht schlechten Atem? Du wirst es niemals wissen. All dem wirst du niemals ganz auf den Grund gehen.

Was ich hier zu vermitteln versuche, ist ein bestimmter Lebensstil – eine Lebenseinstellung. Ich nehme dich beiseite und sage: »Hör mal zu, die Dinge sind nicht das, was sie zu sein scheinen. Lass dir nichts vormachen. Da ist ein großer Schwindel im Gange, und wir alle sind in ihn verwickelt.« Ich denke einfach, dass alle das wissen sollten, damit sie es genießen können. Ich bin maßlos irritiert von Leuten, die alles tun, um sich möglichst schlecht zu fühlen. Sie geben sich alle Mühe, um ihr Leben noch elender zu machen! Ich erzähle dir all dies also nicht, um dir damit zu sagen, dass du auf der Hut sein solltest, dass dies eine ernste Angelegenheit ist und du dein soziales Bewusstsein entwickeln musst und so weiter. Nein. Denn wenn du all das tust, was dann? Nachdem wir die Hungrigen gespeist und die Nackten bekleidet, große Fortschritte in der Automatisierung und Technologie gemacht und die Armut gänzlich abgeschafft haben – was tun wir dann?

Um Freude zu verbreiten, musst du Freude in dir haben. Um Glück zu vermitteln, musst du – mehr oder weniger – glücklich sein. Das gelingt dir nicht, indem du glücklich *erscheinst,* sondern Dinge tust, die dich glücklich machen, und ein erfülltes Leben führst. Interessante Menschen sind Menschen, die *interessiert* sind. Ein Mensch, der über alle möglichen Dinge nachdenkt und von anderen Menschen und vom Leben fasziniert ist, wird dadurch zu einem faszinierenden Menschen. Ein Mensch hingegen, der nicht über andere nachdenkt, ist langweilig. Mit anderen Worten: Je mehr du an der Außenwelt Anteil nimmst, desto mehr wirst du bereichert. Wenn du aber versuchst, deine Persönlichkeit aufzuwerten, indem du einen Kurs besuchst, in dem man lernt, wie man Freunde findet oder auf Menschen Einfluss nimmt oder wie man zu einem »wahren« oder spirituellen Menschen wird oder was auch immer, dann klappt das nicht. So funktioniert das nicht.

Wenn ich ein monotones Geheul anstimme, in dem es keinerlei Rhythmus gibt, wird es nicht lange dauern, bis du mir sagst, dass ich damit aufhören soll. Das ist nervtötend – niemand will das hören. Oder du hörst irgendwann auf, diesen Ton wahrzunehmen, weil dein Bewusstsein ihn ausblendet. Wonach unser Gehör sich sehnt, ist die Unterbrechung, die Pause. Diese Klangpausen sind es, die den Rhythmus erzeugen, und komplexere Muster solcher Klangpausen erzeugen umso interessantere Rhythmen. Darin liegt für uns das Überraschende. Aber bei langweiligen Leuten kommt so etwas nicht vor. Sie setzen ihren Hut gerade auf, essen jeden Tag dasselbe, gehen jeden Tag in dasselbe Büro und so weiter. Es ist stets dasselbe Lied – tagein, tagaus.

Wenn du dich aber wirklich selbst ergründest und dich immer tiefer in dein eigenes Wesen versenkst, dann wirst du feststellen, dass du ein Rhythmus bist. Und damit nicht genug, wirst du entdecken, dass du ein Rhythmus bist, der einen Rhythmus erzeugt, und darunter ein weiterer Rhythmus, der einen anderen Rhythmus erzeugt. Alles ist Schwingung. Alles ist Rhythmus. Aber wo sind die Musiker? Wer schlägt den Takt? Sie sind verschwunden. Wir haben nach ihnen Ausschau gehalten, und sie waren einfach nicht mehr da, sind dann aber wiederaufgetaucht, als wir gerade weggeschaut haben. Aber jedes Mal, wenn wir sie zu Gesicht bekommen wollen, sind sie fort. Und das ist die Situation dieser Sache namens Leben.

TEIL 3

UNUMGÄNGLICHE EKSTASE

7
ANHAFTUNG UND KONTROLLE

Als Babys wussten wir nur, was wir fühlen, ohne einen Namen dafür zu haben. Als wir dann größer wurden, lernten wir, verschiedene Dinge und Ereignisse voneinander und uns selbst von allem anderen zu unterscheiden. Und das ist gut und schön so, solange wir nicht die Basis von alledem vergessen. Berge unterscheiden sich voneinander, aber ihre Basis ist dieselbe. Wir mögen verschiedene Namen für verschiedene Berge haben, aber es gibt keine Namen für ihre Basis, weil Worte nur der Unterscheidung dienen. Und es kann kein Wort – beziehungsweise keinen Begriff – zur Nichtunterscheidung geben. Wir können das natürlich fühlen, aber wir können es nicht *denken*. Wir spüren, dass wir bewusst sind, aber wir wissen nicht, was das Bewusstsein selbst ist, weil Bewusstsein in jeder erdenklichen Art von Erfahrung enthalten ist. Vermutlich weiß ein Fisch nichts von Wasser, da er das Wasser niemals verlässt.

Wenn wir jedoch ein bisschen größer werden, vergessen wir die Basis. Wir sind nun fasziniert, gebannt und verzaubert von all den Dingen, die uns die Erwachsenen hinhalten, und vergessen den Hintergrund. Schließlich glauben wir, es gäbe nichts Wichtigeres als all diese Unterschiede, die wir kennengelernt haben, und sind davon wie hypnotisiert. Wir versteifen uns auf plakative Unterscheidungen und glauben, es käme wirklich auf sie an. Im Buddhismus nennt man diese Art fehlgeleiteter Versteifung *Anhaftung*.

Bei der *Anhaftung* geht es nicht darum, dass man sein Abendessen genießt oder sich an Schönheit oder gutem Schlaf erfreut, es geht auch nicht um bestimmte emotionale Reaktionen wie Angst oder Trauer. All das sind natürliche Reaktionen unseres Organismus auf die Umwelt. Das Sanskritwort dafür ist *Klesha,* und eine bessere Übersetzung als »Anhaftung« wäre vielleicht das geläufigere Wort »Fixierung«. Wir sind auf dieses und jenes fixiert – wir versteifen uns auf etwas, sind blockiert oder können uns nicht aus einem Zustand vager Unentschlossenheit befreien. Das ist es, was mit dem Begriff *Klesha* gemeint ist. Wir haben diese Fixierungen in Bezug auf alle möglichen Dinge und werden von unseren Eltern und Tanten und Onkeln und Lehrern und Altersgenossen dazu angeleitet, auf etwas fixiert zu sein. Und zwei Hauptfixierungen, die man uns von klein auf beibringt, sind die Unterscheidung zwischen uns selbst und anderen sowie die Unterscheidung zwischen willkürlichen und unwillkürlichen Handlungen. Für ein kleines Kind ist das ungemein verwirrend. Zum Beispiel sagt man ihm, dass es schlafen soll oder aufs Klo gehen oder seine Eltern lieben oder aufhören, Angst zu haben, aber all diese Dinge sollen von selbst passieren. Dem Kind wird also befohlen, zu tun, was seinen Betreuungspersonen behagt, aber es soll spontan geschehen. Kein Wunder, dass wir alle so durch den Wind sind.

Als Reaktion darauf entwickeln wir etwas, das man das *Ich* nennt. Ich möchte deutlich machen, was ich unter dem Ich verstehe. Ich meine damit nicht etwas, das gleichbedeutend ist mit uns als einzelnem Lebewesen, sondern etwas mehr Abstraktes. Das Ich hat dieselbe

Funktion und Art von Realität wie eine Stunde oder ein Zoll oder ein Pfund oder ein Längengrad. Es dient der alltäglichen Verständigung. Wir haben ein Ich aufgrund der gesellschaftlichen Konvention, aber der Trugschluss, den wir alle begehen, liegt darin, diese Abstraktion so zu behandeln, als wäre sie etwas Reales und Physisches. Das Ich ist aber nur eine Ansammlung von Vorstellungen und Bildern, die wir von uns selbst haben. Offensichtlich sind wir dieses Gebilde ebenso wenig, wie die Vorstellung von einem Baum ein *Baum* ist.

Überdies ist das Bild, das wir von uns selbst in uns tragen, höchst ungenau und unvollständig. Mein Bild von mir ist ganz und gar nicht dein Bild von mir, und mein Bild von dir ist ganz und gar nicht dein Bild von dir. Außerdem lässt mein Bild von mir alle möglichen Informationen aus, die mein Nervensystem, meinen Blutkreislauf und meinen Stoffwechsel betreffen, sowie alle möglichen subtilen Beziehungen mit dem mich umgebenden menschlichen und außermenschlichen Universum. Mit anderen Worten: Das Bild, das ich von mir selbst habe – mein Ich –, ist eine Karikatur. Ich bin zu diesem Bild vor allem durch meine Interaktion mit anderen Menschen gekommen, die mir – direkt oder indirekt – gesagt haben, wer ich in dieser oder jener Hinsicht bin, und ich spiele dieses Bild meiner selbst in der Welt aus, und die Welt spielt es mir zurück.

Und von Anfang an sagt man uns, dass dieses Bild – dieses Gebilde – einheitlich sein muss. Für viele Menschen ist die Suche nach der Identität gleichbedeutend mit der Suche nach einem akzeptablen Selbstbild. *Welche Rolle soll ich spielen? Was ist meine Aufgabe im Leben?* Diese Fragen sind wichtig, aber sie sind äußerst irreführend, wenn sie nicht von tieferen Fragestellungen getragen sind.

Vielleicht protestierst du und sagst, dass du nicht glaubst, bloß eine Vorstellung zu sein. Vielleicht sagst du, dass du dich realer als nur das fühlst, dass du das Zentrum von etwas bist. Betrachten wir uns das also mal genauer. Wer bist du als dein Körper? Alles, was du von dir selbst sehen kannst, sind deine Füße und Beine, dein Bauch, deine Arme und Hände und ein undeutlicher Teil der Nase, wenn du ein Auge schließt. Und du gehst davon aus, dass du einen Kopf hast, weil jeder andere auch einen Kopf hat. Oder du hast in den Spiegel geschaut und darin das Spiegelbild deines Kopfes erblickt. Aber du siehst niemals wirklich deinen Kopf, ebenso wenig wie du jemals deinen Rücken siehst. Und so verlegst du dein Ich natürlich in diesen für dich unsichtbaren Teil deines Körpers, weil er es zu sein scheint, von dem alles kommt, und du kannst das *spüren*. Aber was ist es, das du spürst? Wenn ich klar und deutlich sehe – wenn meine Augen einwandfrei funktionieren –, dann sind meine Augen nicht ihrer selbst bewusst. Ich meine, solange ich keine Flecken sehe oder keine Sehschwäche feststelle, bemerke ich nicht, dass ich sehe. Wenn also mein Ich richtig funktioniert, warum sollte ich es als etwas wahrnehmen, das irgendwie *da* ist? Das wäre nur ein Hindernis – etwas, das uns im Weg ist –, zumal das Ich verdammt schwer zu handhaben ist. Das kann also nicht das sein, was wir *spüren*.

Was wir spüren, ist eine Art permanenter, habitueller Muskelanspannung. Und das ist es, was wir als Kinder gelernt haben, als man uns beigebracht hat, spontane Handlungen auf Befehl auszuführen. Wir verspüren diese Anspannung, sobald jemand zu uns sagt: »Sieh genau hin« oder »Hör zu«. Wir versuchen, unsere Muskeln einzusetzen, um unsere Nerventätigkeit zu fördern, was zwecklos ist und vielmehr die Nervenfunktion behindert. Wir halten den Atem an, kontrollieren unsere Emotionen, verkrampfen in Magen und Rektum, wir »reißen uns zusammen«. Diese permanente Anspannung heißt auf Sanskrit *Sankocha* – Kontraktion – und ist die Wurzel dessen, was wir das Ichgefühl nennen. Dieses Gefühl der Anspannung ist die körperliche Entsprechung unseres psychologischen Selbstbildes.

Naturgemäß taugt das Ich zur sozialen Kommunikation – ich bin diese Vorstellung von einem Wesen mit einem bestimmten Namen. Das funktioniert bestens, solange wir wissen, was wir tun, und es als das nehmen, was es ist. Aber wir sind so auf diese Vorstellung fixiert, dass uns schon die Andeutung, wir könnten möglicherweise auch anders fühlen, in Verwirrung stürzt. Wenn wir von Menschen hören, die ihr Ich überwunden haben, denken wir: »Meine Güte, wie haben die das nur geschafft?« So zu denken ist abwegig. Sie haben das Ich »überwunden«, weil es überhaupt nie vorhanden war. Du kannst ebenso wenig das Ich überwinden, wie du einen Laib Käse mit einem Längengrad zerteilen kannst.

Stell dir vor, du bist wieder ein Baby. Du weißt rein gar nichts. All diese Worte sind nur Geräusch. Versuch nicht, daran etwas zu ändern – streng dich nicht an. Natürlich verspürst du gewisse Spannungen im Körper, oder dir gehen Worte oder Gedanken durch den Kopf, aber das ist nur wie das Wehen des Windes oder wie ein Wolkenband, das über den Himmel zieht. Kümmere dich einfach nicht darum – nichts davon musst du hinter dir lassen. Nimm einfach wahr, was in deinem Körper und Geist vor sich geht, so wie du Wolken am Himmel wahrnehmen würdest. Nichts davon ist ein Problem. Schau und spüre und höre einfach, ohne etwas zu benennen. Und *wenn* du die Dinge benennst, ist auch das in Ordnung – beobachte dann einfach das. Du kannst hier nichts erzwingen. Du kannst nicht willentlich aufhören, zu denken oder die Dinge zu benennen. Das heißt nicht, dass du schlecht im Meditieren bist – es ist kein Zeichen des Versagens. Es macht nur deutlich, dass alles weitergeht, ganz von selbst. Es zeigt dir nur, dass ein individuelles, getrenntes Ich ein Hirngespinst ist. Du bist also wieder ein Baby. Du spürst, wie Dinge geschehen, weißt aber nichts von einem Unterschied zwischen diesen Dingen und dir. Noch niemand hat dir beigebracht, diese Unterscheidung zu treffen. Niemand hat dich gelehrt, dass die Dinge, die du vor dir siehst, sich mehr oder weniger nah oder fern vor deinen Augen befinden. Benennen wir all das, was du spüren und fühlen kannst, als *dieses*. Es ist all das, was geschieht. Es ist das, was die Chinesen Tao nennen oder die Buddhisten *Tathata* oder *Soheit*. Und es geschieht nicht mit *dir*, denn was bist *du?* Du bist nur ein Aspekt des Geschehens.

Wer also führt hier Regie? Eine seltsame Vorstellung – dass es jemanden oder etwas gibt, der oder das hier regiert. Als ob die Abläufe etwas außerhalb ihrer selbst erfordern würden, um sich zu steuern. Warum sollten die Abläufe nicht sich selbst steuern können? Wir sagen: »Beherrsche dich!« – als ob man einen Menschen in zwei Hälften teilen könnte, in das Selbst und einen anderen davon getrennten Teil, der vom Selbst zu beherrschen wäre. Wie soll diese Selbstbeherrschung vor sich gehen? Wie kann ein Nomen ein Verb steuern? Und doch haben wir den festen Aberglauben, dass dies möglich sei. Da gibt es diesen spontanen Vorgang namens Leben, der sich selbst steuert, sich selbst wahrnimmt – sich selbst wahrnimmt durch dich. Du bist eine Öffnung, durch die das Universum sich selbst erblickt. Und weil es sich durch dich selbst erblickt, gibt es immer einen Aspekt seiner selbst, den es nicht sehen kann. Und das führt zu einem Versteckspiel. Aber wenn du fragst: »Wer geht auf die Suche?«, dann gehst du immer noch von der Voraussetzung aus, dass jedes Verb ein Subjekt verlangt. Wenn du behauptest, dass Wissen einen Wissenden voraussetzt, dann wendest du bloß Grammatikregeln auf die Natur an. Viele Sprachen verwenden aber Verben ohne Nomen, und wenn du wirklich nach Akteuren suchst, die von Aktionen verschieden sind, dann kannst du sie nicht finden, ebenso wenig wie du einen »Stoff« auffinden kannst, der den Mustern der Natur zugrunde liegt. Was wir Stoff nennen, sind nur Muster im Unschärfebereich unseres Sehens.

Wir gebrauchen diese Wörter – Energie, Materie, Sein, Wirklichkeit, Tao, Universum. Wusstest du, dass *Universum* »eine Wendung« bedeutet? Jetzt bist du an der Reihe. Du wendest dich um, um dich selbst zu betrachten. Aber du kannst dich nicht zweimal umwenden, um das zu betrachten, was betrachtet! Wie man im Zen sagt: Du kannst es nicht fassen, und du kannst es nicht loslassen, und weil du außerstande bist, es zu verstehen, verstehst du es.

Das ist der Trick, den Gurus einsetzen, um dich sehend zu machen. All diese Prüfungen, denen sie dich unterziehen, dienen lediglich dazu, dich davon zu überzeugen, dass du nichts tun kannst, aber es geht nicht um ein »Überzeugen« im theoretischen Sinn. Ich bin kein Guru – ich biete keine persönliche spirituelle Unterweisung an –, darum ist es vielleicht keine so gute Idee, die Tricks der Gurus zu verraten; andererseits sind sie nur unter einer bestimmten Voraussetzung notwendig, nämlich wenn du glaubst, nach Japan gehen zu müssen, um bei einem Roshi Zen zu studieren. Du kannst dich abmühen und abmühen und abmühen, und du wirst das so lange tun, wie du das Gefühl hast, dass dir etwas fehlt. Und alle werden dich in diesem Glauben bestärken, weil auch sie das Gefühl haben, dass ihnen etwas fehlt. Und weil sie glauben, dass sie es durch diese oder jene Methode erlangen können, versuchen sie, dich davon zu überzeugen, dass ihre Methode die richtige ist.

Gurus machen sich das zunutze, um ihre Schüler in eine Zwickmühle zu bringen. Der Guru stellt Aufgaben, die zwar schwierig erscheinen, aber lösbar sind – das gibt dir das Gefühl, Fortschritte zu machen. Aber er stellt auch unlösbare Aufgaben, und diese sind es, die dich nicht mehr loslassen. Und die lösbaren Aufgaben veranlassen dich, dich den unlösbaren mit doppelter Anstrengung zu widmen. Vielleicht gibt es ja mehrere Grade oder Ebenen, über die du dich hocharbeiten kannst, so wie die Grade bei den Freimaurern oder im Judo; verschiedene Bewusstseinsebenen – etwas in dieser Art. Und weil dieses Gefühl, dass dir etwas fehlt, nicht weggeht, gehst du in Konkurrenz mit dir selbst und anderen, aber all das – die Anstrengung, der Konkurrenzkampf, die Suche – ist so, als würdest du nach deinem Kopf suchen. Du kannst ihn nicht sehen, also bildest du dir vielleicht ein, dass du ihn verloren hast. Und das ist der Punkt. Wir sehen nicht, was sieht, also glauben wir, dass wir es verloren haben. Also begeben wir uns auf die Suche nach uns selbst oder Gott oder Atman oder was immer, aber es ist das Eine, das wir nicht finden können – weil wir es schon sind.

Du kannst also nichts tun, um es zu finden. Und wenn du dir selbst sagst: »Okay, dann gibt es also nichts, das ich daran tun kann«, wozu war das alles überhaupt gut? Warum solltest du dich überschlagen, um festzustellen, dass es zwecklos ist? Weil du so ein seltsames Gefühl hast, dass dann etwas anderes passieren wird. Aber nicht einmal das funktioniert. Gar nichts funktioniert. Und wenn absolut nichts funktioniert, wo bist du dann? Die Welt bleibt nicht stehen – die Dinge ereignen sich weiterhin. Das ist es, wovon ich hier spreche: Es gibt dieses fortwährende *Sich-Ereignen,* wenn du nichts daran tust; und es gibt dieses fortwährende *Sich-Ereignen,* wenn du *nicht* nichts daran tust. Das ist der Punkt. Es geht weiter, egal worüber du nachdenkst oder nachgrübelst.

Du könntest das Determinismus nennen, lägest damit aber falsch. Niemand ist determiniert. Und wenn du unter Determinismus die Richtung verstehst, die das Geschehen aufgrund der Vergangenheit nimmt – die Vorstellung, dass die Vergangenheit Gegenwart und Zukunft bewirkt –, dann halluzinierst du. Die Gegenwart kommt nicht aus der Vergangenheit. Das kannst du selbst feststellen, indem du die Augen schließt und auf die Geräusche um dich herum achtest. Woher kommen sie? Du hörst, wie sie aus der Stille kommen – sie kommen und gehen wie Echos im Labyrinth deines Gehirns, das wir Gedächtnis nennen. Geräusche kommen nicht aus der Vergangenheit – sie kommen aus der Gegenwart und verlieren sich. Du kannst diesen Versuch auch über die Augen anstellen. Wenn du zum Beispiel jemanden im Fernsehen siehst – achte einmal auf die Hände. Wenn sie sich bewegen, glauben wir, die Bewegung sei durch die Hände bewirkt und die Hände seien zuvor da gewesen, sodass sie sich anschließend bewegen können. Wir sehen nicht, dass unsere Erinnerung an die Hände ein Echo davon ist, dass sie immer *jetzt* sind. Sie sind niemals *gewesen*, sie *werden* niemals sein – sie sind immer *jetzt*. Die Erinnerung an die Bewegung der Hände ist wie das Kielwasser eines Schiffs – das Kielwasser bewegt nicht das Schiff. Und die Vergangenheit bewegt nicht die Gegenwart, es sei denn, du bestehst darauf, dass sie es tut.

Schließlich wird dir klar, dass dieses Geschehen nicht *dir* geschieht, denn du bist das Geschehen. Das einzige Du, das es gibt, *ist* das, was vor sich geht. Spüre das, und vergiss die dummen Unterscheidungen, die man dich gelehrt hat, denn sie werden dir nicht dazu verhelfen, das Geschehen wirklich zu spüren. Und verstehe, dass all das nicht determiniert ist. Du wirst dann das seltsame Gefühl einer Synthese zwischen Tun und Geschehen haben – Tun ist ebenso sehr ein Geschehen, wie es das Geschehen ist, und das Geschehen ist ebenso sehr ein Tun, wie es das Tun ist. Das ist die tiefe Erfahrung, die manche Menschen – außerhalb des richtigen Verständnisses – dazu verleitet, sich selbst für Gott, den Allmächtigen, im jüdischen oder christlichen Sinne zu erklären. Du bist zwar allmächtig, aber nicht auf diese

Art und Weise. Ich bin allmächtig insofern, als ich das Universum bin, aber ich bin nicht allmächtig in meiner Rolle als Alan Watts, sondern allenfalls durchtrieben.

Lass uns von hier aus der Frage von Schmerz und unserer sogenannten Reaktionen auf den Schmerz nachgehen. Wenn du das Problem auf diese Weise betrachtest, wirst du einmal mehr sehen, dass sofort die Dualität gegeben ist von Schmerz einerseits und der Person andererseits, die den Schmerz erleidet. Damit sollte klar sein, dass ein großer Teil der Energie des Schmerzes aus dem Widerstand stammt, den man ihm entgegensetzt. Dieser Widerstand kann verschiedene Formen annehmen. Vielleicht versuchst du zum Beispiel, vor der Migräne wegzulaufen, und stellst bald fest, dass du das nicht kannst – dass sie absolut im Zentrum von allem zu sein scheint und der Schmerz dir folgt, wohin du dich auch wendest. Ein Großteil dieser Art von Schmerz ist doppelt problematisch aufgrund der vorwegnehmenden Angst, die wir vor ihm haben, und unserer Bewertung des Schmerzes. Zum Beispiel ist es im Krankenhaus tabu zu schreien, weil das Krankenhaus nicht für dich da ist, sondern für das Wohl der Belegschaft. Man tut alles dafür, um den Schmerz nach innen zu verlagern. Damit haben wir von Anfang an ein großes gesellschaftliches Problem, was unsere Reaktion auf alles Schmerzhafte angeht. Wenn zum Beispiel ein Kind etwas isst, das ihm nicht bekommt, und es sich übergibt, sagt jeder: »Igitt!« Aber das Erbrechen ist tatsächlich eine Entlastung – eine wohltuende Entlastung von den Beschwerden, die mit dem verdorbenen Magen einhergehen. So lernen die Menschen von ihren Eltern oder Lehrern, dass es ekelhaft ist, sich zu übergeben, ebenso wie sie lernen, dass Kot ekelhaft ist, ebenso wie sie lernen, dass alles unangenehm ist, was mit Krankheit und Tod zu tun hat. Aber es gibt in Wahrheit nichts grundlegend Verkehrtes daran, krank zu sein oder zu sterben.

Wer hat dir gesagt, dass es dir bestimmt ist, ewig weiterzuleben? Wer hat dir die Vorstellung vermittelt, dass es besser ist, immer weiterzumachen? Offensichtlich können wir das nicht – allein schon deshalb, weil wir dann zu viele würden. Wer also stirbt, tut damit etwas Ehrenhaftes, weil er Platz für andere auf dem Planeten macht. Nichts anderes ist praktikabel. Aber auch dann, wenn wir bis in alle Ewigkeit weiterlebten, würden wir schließlich feststellen, dass es nicht auf die Art und Weise geschieht, wie wir uns das vorgestellt haben. Warum sollte man sonst Kinder haben? Es sind unsere Kinder, in denen wir weiterleben. Wir übergeben ihnen das Zepter – du trägst es nicht für immer, sondern überreichst es einem anderen. Für die Natur ist es weitaus kurzweiliger, den Lebensprozess durch verschiedene Individuen fortzuführen, als für alle Zeiten dieselben damit zu betrauen.

Wenn wir das Leben im Sinne von Fortbestand und Nutzen betrachten, entgeht uns die Magie. Sieh dir Kinder an – jeder Tag ist für sie voller Wunder, weil sie einen unverbrauchten Blick für die Dinge haben, ohne nach Fortbestehen und Nutzen zu fragen. Selbst die Kratzer im Boden haben für ein Kind etwas Magisches. Und weil wir mit der Zeit aufhören, die Magie in der Welt zu sehen, taugen wir irgendwann nicht mehr für das Spiel der Natur, ihrer selbst gewahr zu sein, und sterben. Um nichts anderes geht es im Leben. Dann kommt jemand anders, weiß die Welt mit neuen Augen zu sehen, und das Selbstgewahrsein der Natur geht weiter als ein Spiel, das sich lohnt.

Es entspricht nicht unserer Natur, das Leben unbegrenzt auszudehnen. Dennoch leben wir in einer Gesellschaft, die uns auf Schritt und Tritt davon zu überzeugen versucht, dass der Tod etwas Schreckliches ist, dass man den Tod unter den Teppich kehren muss. Sieh dir zum Beispiel an, wie wir mit alten Menschen im Krankenhaus umgehen. Großmutter stirbt, sie ahnt, dass sie stirbt, aber Angehörige und Ärzte haben sich verschworen, Großmutter diese offensichtliche Tatsache vorzuenthalten. Aus irgendeinem seltsamen Grund glaubt die Familie, ihr Mut und Hoffnung machen zu müssen, also wird gelogen: »Du wirst sehen, es wird dir bald schon wieder besser gehen – in ein paar Wochen bist du bestimmt wieder auf den Beinen.« Gegenseitiges Misstrauen schleicht sich ein, denn sobald man das Spiel erst einmal auf dieser Ebene spielt, neigt man dazu, es auch auf anderen Ebenen auszutragen. Und Großmutter wird im Sterben alleingelassen – der Tod trifft sie plötzlich, unvorbereitet und so zugepumpt mit Betäubungsmitteln, dass er keinerlei spirituelle Erfahrung zulässt.

Als ich 1958 in Zürich war, traf ich auf einen höchst ungewöhnlichen Mann namens Karlfried Graf Dürckheim. Im Auftrag der Nazis hatte er nationalsozialistische Propaganda in Japan betrieben, wodurch er mit Zen in Berührung kam. Nach dem Krieg erlebte er im Gefängnis eine spirituelle Neugeburt, und schließlich kehrte er nach Deutschland zurück und eröffnete im Schwarzwald ein Meditationszentrum. Er widmete sich in seiner Arbeit Menschen, die während des Krieges eine spirituelle Krise durchgemacht hatten, und begegnete dabei immer wieder solchen, die im Angesicht des Todes das erfahren hatten, was er ein »natürliches Satori« nannte. Die Menschen hatten die Bomben fallen hören – sie hatten dieses spezielle Pfeifen vernommen –, und ihnen war bewusst, dass sie direkt auf sie zukamen. Nun, was da passierte, war, dass diese Menschen – die den Tod vor Augen hatten – es akzeptiert hatten. Und mit dieser Akzeptanz stellte sich das seltsame Gefühl ein, dass alles absolut klar ist, dass alles im Universum genau so ist, wie es sein soll – jedes Staubkorn im Weltall war genau am richtigen Platz. Und sie verstanden in diesem Moment vollkommen, was es mit alldem auf sich hat, ohne es aber in Worte fassen zu können. Es war eine tief greifende Erfahrung, die diese Menschen gemacht hatten, und so versuchten sie, mit ihren Familien über das zu sprechen, was sie gesehen und erlebt hatten, aber niemand hörte ihnen zu: »Du hast Schlimmes durchgemacht – wahrscheinlich hast du halluziniert.« So etwas in der Art. Aber Dürckheim hörte ihnen zu und glaubte nicht an Halluzinationen, sondern sah darin äußerst seltene Erweckungserlebnisse.

Dies ist die Chance, die uns der Tod bietet. Wenn du dem Tod mit offenen Augen und der Unterstützung von anderen Menschen entgegengehst, dann kann dir diese unglaubliche Sache passieren. Und von dieser Warte aus würdest du sagen: »Diese Chance hätte ich um nichts in der Welt versäumen wollen! Jetzt verstehe ich, warum wir sterben!« Wir sterben, weil uns der Tod die Chance bietet, zu verstehen, um was es im Leben geht, und wir können das nur erfahren, wenn wir loslassen, weil wir nur so in eine Situation kommen, mit der das Ich nicht umzugehen weiß. Wenn wir nicht mehr hypnotisiert sind, kann unser natürliches Bewusstsein klar sehen, wozu es dieses ganze Universum gibt. Aber wir verpassen diese Chance. Wir gehen dem Tod aus dem Weg, indem wir ihn institutionalisieren, anstatt für gesellschaftliche Akzeptanz ihm gegenüber zu sorgen und in ihm etwas Freudvolles zu sehen. Damit meine ich nicht, dass wir am Sterbebett ein ausgelassenes Treiben mit Luftballons und Präsenten brauchen; ich will damit nur sagen, dass wir einen anderen Umgang mit dem Tod brauchen. Anstatt ein langes Gesicht und eine traurige Veranstaltung aus ihm zu machen – wie es besonders unter Christen der Fall ist, die doch glauben, in den Himmel zu kommen –, sind wir es uns selbst schuldig, uns eine gänzlich neue Umgangsweise mit dem Tod zuzulegen.

Es ist verständlich, wenn manche Menschen sich bei ihrem Tod Sorgen um ihre Angehörigen machen. Aber niemand ist unersetzlich, und irgendwann kommt ein Punkt, an dem man sich sagen muss: »Es tut mir leid, aber ich sage mich von all meinen Pflichten los, weil es nichts mehr gibt, das ich tun kann.« Das ist eine Form des Loslassens. Wenn du alles auf diese Weise hinter dir lässt, passiert etwas Seltsames – dir geht auf, dass das Dasein für dich nicht weitergehen muss, um Bedeutung zu haben. Es braucht nicht länger als einen Augenblick zu dauern. Das zeitliche Quantum des Daseins hat wenig Wert. Wie lange kannst du den Atem anhalten? Wen interessiert das schon!

Wir müssen aber nicht einen Bombenhagel oder das Konzentrationslager über uns ergehen lassen. In eben diesem Augenblick können wir wie Sterbende sein. Wir können das Geheimnis des Lebens auf tiefe und authentische Weise verstehen, weil der Tod – in gewissem Sinne – die Quelle des Lebens ist. Im Wald fallen die abgestorbenen Blätter von den Bäumen zu Boden. Sie zerfallen und verrotten und werden zu Humus, aus dem neue Pflanzen wachsen. Das ist der natürliche Kreislauf.

Aber wir versuchen, diesen Kreislauf aufzuheben. Sieh dir an, was die Bestatter tun – sie machen den Leichnam für Würmer ungenießbar, als ob es gegen die menschliche Würde wäre, gefressen zu werden. Aber warum? Wir selbst essen alles andere und geben nichts zurück. Das ist ein Symptom unserer tiefen Desorientierung im Hinblick auf den Tod. Nicht genug damit, dass wir den Tod für eine Demütigung halten, wir schicken auch schwangere Frauen ins Krankenhaus, damit sie dort auf eine höchst unnatürliche und absonderliche Art und Weise entbinden. Immer mehr kommen wir dazu, die gesunden, unvermeidlichen und natürlichen Veränderungen, die mit dem Körper vor sich gehen, als etwas Krankhaftes zu betrachten. Bald werden wir auch noch den Geschlechtsakt auf OP-Tischen vollziehen müssen, um sicherzustellen, dass der ganze Vorgang hygienisch abläuft! Immer mehr haben bei allem, was uns betrifft, die Spezialisten ihre Finger im Spiel, während wir zugleich unser Leben immer weniger als unsere eigene Angelegenheit betrachten. Wir können nicht mal mehr sterben, ohne uns dafür ins Krankenhaus zu begeben und durch Schläuche ernährt zu werden und die Familienersparnisse dafür zu vergeuden. Wozu? Und es ist sogar ein Verbrechen, Selbstmord zu begehen. Das ist einfach absurd.

Werden wir aber konkret. Du wirst vielleicht sagen,

das sei ja alles gut und schön, aber wenn man dir erst einmal dein baldiges Ableben verkündete, würdest du unweigerlich nach einem Ausweg suchen und in Panik geraten. Und diese Panik angesichts des Todes wäre irgendwie unkontrollierbar – du hast einen Überlebensinstinkt, und dieser Instinkt macht sich als Panik bemerkbar. Vielleicht würdest du dich dieser Panik auch schämen, obwohl man dir doch gesagt hat, alles Menschenmögliche zu tun, um zu überleben. Vielleicht hättest du das Gefühl, dass du dem Tod gefasst und tapfer ins Auge sehen und *nicht* in Panik geraten sollst. Nun, wenn du in Panik verfällst und sie nicht in den Griff bekommst, dann ist auch das eine Chance. So wie Menschen im Augenblick ihres Todes zu tiefen Einsichten gelangen, weil sie rein gar nichts tun können, um ihn zu verhindern, so liegt auch in der Panik die Chance zur Erleuchtung. Wenn du aber denkst: »Ich *muss* aufhören, Panik zu haben«, dann wird all das in größerer Konfusion und Panik stattfinden – du bist dann im Widerspruch mit dir selbst.

Früher hat man ohne Unterlass über den Tod gepredigt, und katholische Mönche hatten einen menschlichen Schädel auf ihrem Schreibtisch. Zur Zeit des Barock waren die Grabsteine oft mit großartigen Reliefs versehen, die Skelette und Knochen darstellen. An der Via Veneto in Rom gibt es eine Kapuzinerkirche mit einer Krypta aus mehreren Kapellen, deren Wände gänzlich mit den Knochen verstorbener Mönche ausgekleidet sind. Tibetische Buddhisten praktizieren Friedhofsmeditation, wobei Trompeten aus menschlichen Oberschenkelknochen zum Einsatz kommen und rituelle Trinkschalen aus menschlichen Schädeln, die aufwendig in Silber und Türkis gearbeitet sind. Aus unserer heutigen Sicht ist all das morbid. Aber wo liegt das Problem? Was hält uns davon ab, uns regelmäßig auf diese Weise den Tod vor Augen zu führen? Vielleicht sagst du, dass der Tod dir Angst macht, dass du vom Gedanken daran Fracksausen bekommst. Na schön. Dann ist nicht der Tod das Problem – das Fracksausen ist das Problem.

Kümmern wir uns also um das Fracksausen auf dieselbe Weise wie um den Tod – versuche nicht, es abzustellen oder zu ignorieren, da es sehr wertvoll ist. Es wird dir nicht den Tod ersparen, aber du kannst von ihm dasselbe lernen wie vom Tod.

Allerdings ist der gesellschaftliche Druck, sich der Angst zu erwehren, gewaltig. Fracksausen ist einfach nicht zulässig. Was für eine Denkweise steckt dahinter? Ich glaube, in unserer Gesellschaft gehen wir davon aus, dass man unter Druck nicht funktioniert, wenn man Angst hat. Wer Fracksausen hat, so glauben wir, kann kein guter Soldat sein – man würde unter der Last seiner Angst einknicken. Das ist Unsinn. Tapfere Menschen sind oft diejenigen mit ziemlich viel Angst – mutiges Handeln folgt nicht unbedingt aus der Abwesenheit von Angst.

Außerdem glaube ich, dass wir das Fracksausen wegen seiner orgiastischen Aspekte unterdrücken. Extreme Gefühlszustände – Entsetzen, tiefes Leid und so weiter – gehen mit derselben Art physiologischer Schwingung einher wie ein Orgasmus, und wir kommen dadurch in Verlegenheit, weil es im Widerspruch zu unserem Bild von uns selbst als eines gefassten Menschen steht, der sich in der Gewalt hat. Wenn du, ohne den Kontext zu kennen, ein Foto von dir im Moment sexueller Erregung sehen würdest, könntest du nicht sagen, ob es der Ausdruck von Genuss oder Schmerz ist. Dein ganzes Sein ist von einer Vibrationswelle erfasst, als ob du von einem Gott besessen wärest, und das ist tabu.

Vielleicht denkt nun der eine oder andere, dass die Diskussion aus dem Ruder läuft, weil wir auf ein unbequemes oder »perverses« Thema zu sprechen kommen. Die zwei Grundformen sogenannter Perversion sind Sadismus und Masochismus, die beide Schmerz mit Ekstase verknüpfen. Auch wenn wir glauben, dass es sich bei dem Phänomen um etwas Krankhaftes handelt, ist es tatsächlich ziemlich weit verbreitet, und ich spreche hier von einer einvernehmlichen Situation, in der Sadisten und Masochisten aus freien Stücken zusammenkommen und einander perfekt ergänzen. Hier ist ein wichtiges Prinzip am Werk. Schmerz und das damit einhergehende Erbeben des Körpers ist mit Erotik assoziiert – die Symptome erhalten einen anderen Stellenwert. In der völligen Hingabe an die Situation ist es möglich, mit dem Geschehen zu verschmelzen – sich mit ihm vollkommen eins zu fühlen. Das ist es, wonach wir alle uns sehnen. Der Masochist ist jemand, der gelernt hat, sich gegen den Schmerz zu wappnen, indem er ihn erotisiert, aber dabei wird derselben Schwingung nur eine andere Bedeutung verliehen.

Alle unsere Erlebnisse bewegen sich in einem Spektrum von Schwingungen – Licht, Schall, Geruch, Berührungsempfindungen, Gefühle, alles. Unser Leben spielt sich innerhalb des Gewebes eines Wandteppichs ab, in dem Kette und Schuss all diese verschiedenen

Spektren unterschiedlicher Arten von Schwingung ausmachen. Ohne das eine gäbe es nicht das andere, weil beides erforderlich ist, um das Muster sichtbar zu machen. Wir sind Muster im Fadensystem eines Gewebes. Ohne die Verflechtung all dieser verschiedenen Spektren der Dimensionen gäbe es uns nicht. Wenn eine Schwingung einen gewissen Grad erreicht, denken wir, dass es zu viel ist, und wenn sie auf einen bestimmten Punkt abfällt, denken wir, dass es nicht genug ist. Am einen Ende ist sie so unmerklich, dass es schon einschläfernd ist, aber am anderen Ende kann es sich so anfühlen, als würde es uns zerreißen. Ein Mensch, der das erfährt, kann in Panik geraten, und wir sagen ihm dann, er solle sich entspannen und Ruhe bewahren. Ab einem bestimmten Punkt ist das aber nicht mehr möglich. Also sage ich ihm, er solle in die Spannung hineingehen, die Richtung des geringsten Widerstandes einschlagen – schreien, sich innerlich austoben, etwas in dieser Art. Es ist ohnehin einerlei, wenn das Leben mit uns Schlitten fährt, aber ich finde, man kann sich ebenso gut dem Geschehen überlassen, anstatt sich dagegen anzustemmen.

Ekstase ist unumgänglich. Es ist einerlei, auf welchem Weg wir dorthin gelangen. In gewisser Weise ist Ekstase das Wesen der Existenz – ein Universum existiert aus dem einfachen Grund, dass es ekstatisch ist. Um was geht es sonst bei diesem ganzen Feuerwerk? Wenn du weißt, dass alles seine Richtigkeit hat und die Situation in unvermeidlicher Ekstase besteht, dann machst du von alldem kein Aufhebens mehr. Und die Frage »Was soll ich tun?« wird hinfällig, was schon von Anfang an hätte so sein sollen, denn es hat niemals ein reales *Ich* gegeben, sondern nur ein Geschehen. Die Frage bringt dich zum Erlebnis selbst zurück, und nur von dort aus lässt sich die Frage beantworten. Wenn manche Leute das hören, machen sie sich sofort Sorgen, diese Auffassung könne dazu führen, dass wir alle komplett gleichgültig und teilnahmslos werden, und ich kann dir nicht garantieren, dass das nicht der Fall sein wird. Das kannst du nur selbst herausfinden, auch wenn es natürlich kein Ich gibt, das diesen Zustand erfahren kann.

8
HYPNOSE UND GEWÖHNUNG

Im Allgemeinen denken wir, dass Kinder – vor allem Säuglinge – den Erwachsenen unterlegen sind. Würde ein Erwachsener Anzeichen der undifferenzierten, nicht selektiven Wahrnehmung eines Säuglings zeigen, würden die Psychologen von »Regression« sprechen. Tatsächlich brauchen wir aber die Sicht des Säuglings als Basis der Sicht des Erwachsenen, denn wenn wir diese Basis nicht haben, nehmen wir die Erwachsenensicht – die selektive Wahrnehmung – viel zu ernst. Wir werden dann völlig davon vereinnahmt. Das ist so, als würde man Poker spielen und die Nerven verlieren, weil man vergessen hat, dass es nur ein Spiel ist, sodass man zu einem sehr schlechten Spieler wird. Im Leben spielen wir alle ein Spiel, haben das aber vergessen, weil uns der Blick des Säuglings verloren gegangen ist. Tatsächlich brauchen wir beide Sichtweisen – und das ist die Sicht eines Buddha. Wir kennen sie beide, sodass wir uns von den Erwachsenenspielen nicht täuschen lassen, obwohl wir uns bestens darauf verstehen. Wir nehmen sie einfach nicht allzu ernst.

Fragen wir danach, wie wir den Blick des Säuglings wiedererlangen können, so stellen wir die falsche Frage, denn sie stammt einzig und allein aus der Sicht des Erwachsenen. Mit der Art und Weise, wie ein Erwachsener die Dinge sieht, glaubt er, dass es ein *Ich* gibt, das unabhängig von allem anderen existiert, aber dieses Gefühl eines isolierten *Ich* ist bloß eine Konvention – es besitzt keine elementare Wirklichkeit. Und solange wir das nicht verstehen, sind wir orientierungslos. Die einzige Möglichkeit, den Blick des Kindes zurückzugewinnen, liegt in der Einsicht, dass du rein gar nichts dazu tun kannst – und nicht einmal *nichts* dazu tun kannst. Alle möglichen Sichtweisen dessen, was wir das *Ich* nennen, sind uns ausgegangen. Solange du es versuchst oder nicht versuchst, verstärkst du damit nur das Gefühl des abgetrennten Ich. Das stellt eine gewisse Schwierigkeit dar, zumindest sieht es danach aus.

Und nicht nur das Ich ist eine Illusion, sondern das gesamte Bewertungssystem, das wir auf alles und jedes anwenden. All diese Unterscheidungen, die wir in Bezug auf die Komplexität der Schwingungen vornehmen, die wir Leben nennen – all die von dem kollektiven Spiel der Gesellschaft geschaffenen Bewertungen –, sind Maya, Illusion. Es ist nur ein Spiel, wenn wir sagen, diese Sache ist gut und jene schlecht oder dieses Ereignis günstig und jenes ungünstig. Vielleicht denkst du, dass es unmöglich sei, dieser Hypnose zu entkommen – dass es undenkbar sei, nicht so zu denken. Natürlich musst du das denken. In dem Hypnoseverfahren wurde dir suggeriert, dass du dich anschließend an nichts erinnern kannst und dass all diese erlernten Regeln unantastbar sind. In dieser Weise wurden wir alle seit früher Kindheit hypnotisiert.

Das ist Teil der Verschwörung gegen uns selbst. Unsere Eltern können wir nicht dafür verantwortlich machen, denn sie wurden von ihren Eltern genauso hinters Licht geführt. Wir können das der Vergangenheit nicht anlasten. Wir schaffen die Wertsetzungen der Vergangenheit genau jetzt in der Gegenwart – um dann steif und fest an sie zu glauben. Amerikaner sind voller Schuldgefühle wegen der Art, wie sie ihre Kinder erziehen, aber wir müssen uns vollständig von der Vorstellung lösen, die Vergangenheit für die Situation verantwortlich zu machen, in der wir uns jetzt befinden. Wir müssen unser Denken umkehren und einsehen, dass die Vergangenheit immer *aus* der Gegenwart zurückfließt – das *Jetzt* ist der kreative Moment im Leben. Wenn du zum Beispiel jemandem vergibst, dann veränderst du die Bedeutung der Vergangenheit. Oder wenn du einen lateinischen Satz liest, in dem das Verb erst ganz zum Schluss kommt, wird dir erst dann die Bedeutung des Satzes klar. Die Gegenwart verändert immer die Vergangenheit.

Wenn du dir also sagst, dass du diese undifferenzierte, offene Art des Sehens nicht erreichen kannst, dann nimm diesen Gedanken nicht allzu ernst. Er ist nur eine Methode, um die Erkenntnis hinauszuzögern. Du kannst das weiter vor dir herschieben – das ist völlig in Ordnung. Es besteht kein echter Grund oder Zwang, die Illusion hinter sich zu lassen. Buddhisten haben nicht denselben Hang zum Missionieren wie Menschen aus dem Westen. Du musst nicht dringend »gerettet« werden, es sei denn, du glaubst das. Es sei denn, du bist vom Problem des Leidens so geplagt, dass du einfach einen Ausweg finden musst. Ansonsten eilt es nicht – es ist jede Menge Zeit. Vielleicht durchschaust du das Ganze, wenn du stirbst – im Augenblick des Todes wirst du sehen, dass alles nur Lug und Trug war. Lass dich also nicht von der Schwierigkeit, die Illusion zu durchschauen, entmutigen oder beirren. Das ist nur ein Ablenkungsmanöver und ziemlich bedeutungslos.

Spirituelle Lehrer werden dir sagen, dass es sehr viel Zeit braucht und sehr viel Übung, um zur Erkenntnis zu gelangen. Vielleicht ist das so, vielleicht auch nicht. Eigentlich ist das aber nebensächlich – eine Ablenkung. Wenn ich dir ein Buch empfehle und dir sage, dass es unglaublich schwer zu lesen ist, dass die Lektüre dich Jahre deines Lebens kosten wird und dir enorme Konzentration abverlangt, dann wirst du dadurch wahrscheinlich einfach das Interesse an dem Buch verlieren. Wenn ich aber sage: »Das ist ein echtes Ausnahmewerk. Einfach fantastisch. Ich beschäftige mich jetzt schon seit Jahren damit, und jedes Mal, wenn ich darin lese, bin ich so gefesselt, dass ich es nicht mehr aus der Hand legen kann!« – ist das dann nicht viel verheißungsvoller?

Wenn du sehen kannst, dass das Ich eine reine Fiktion ist – eine bloße Vorstellung von uns selbst, kombiniert mit einem Gefühl der Muskelanspannung, hervorgerufen durch den Versuch, aus dieser Vorstellung ein wirksames Mittel zur Kontrolle unserer Emotionen und zur Steuerung der Nerventätigkeit unseres Organismus zu machen –, dann wird deutlich, dass das, was wir unser *Selbst* nennen, überhaupt nichts zu tun imstande ist. Wenn wir das erkennen, folgt darauf eine Art Stille, in der es nichts zu tun gibt, außer zu beobachten, was geschieht. Was aber geschieht, ist das Beobachten selbst. Es gibt niemanden, der es getrennt davon beobachtet.

Und wie steht es mit den anderen Illusionen? Auch wenn sie mit der Illusion des Ich verknüpft sind, kann man das gesamte Wertsystem – was wichtig ist, gut, schlecht, angenehm, unangenehm und so weiter – infrage stellen. Nicht um das System zu zerstören, sondern um es als das zu sehen, was es ist. Vielleicht erhebst du hier wieder Einwände, weil du denkst, dass es eine kolossal schwierige Aufgabe sei, diese Bewertungen zu durchschauen, denn du bist sie ein Leben lang gewohnt, und je länger du etwas gewohnt bist, so denkst du, desto schwieriger sei es, daran etwas zu ändern. Das ist nur dann wahr, wenn du es glaubst. Es ist nicht wahr, wenn du es nicht glaubst.

Im Zen legt man großen Wert auf spontanes Handeln. Wenn etwas getan werden muss, sollte es sofort getan werden, ohne vorher groß darüber nachzudenken. Das ist ein typisches Merkmal von Leuten, die im Zen geschult sind – sie sitzen nicht herum und beratschlagen mit sich selbst, wie etwas zu bewerkstelligen ist, sie tun es einfach. Du brauchst also nicht lange zu fackeln, um dein ganzes Wertsystem infrage zu stellen – tu es einfach. Vielleicht hast du die Angewohnheit, jeden Mittag ein Roastbeef-Sandwich zu essen, aber du kannst dich jederzeit dafür entscheiden, eines mit Räucherlachs zu probieren, ohne darauf viele Gedanken zu verschwenden. Iss einfach eine andere Sorte Sandwich.

Wir sind konditioniert worden, diesen Komplex aus Schwingungen als gut, schlecht, angenehm, unangenehm und so weiter zu bewerten. Tatsächlich aber sind sie nichts anderes als Schwingungen. Versuchst du, eine von ihnen für sich zu betrachten, findest du sie nicht. Das heißt, wenn du nur Rot kennst, dann weißt du nicht, dass es Rot ist – Rot kennst du nur im Unterschied zu Gelb und Grün und Blau und Violett. Du weißt nicht, dass ein bestimmtes Geräusch laut ist, wenn du nichts von leisen Geräuschen weißt. Diese Vergleiche geben uns den Eindruck von einem Spektrum, in dem es viele Varianten gibt – ansonsten würden wir nicht darum wissen. Wir können also sehen, dass all die Bewertungen, die wir diesen Schwingungen anheften, willkürlich sind – es sind einfach Schwingungen. Und wenn du glaubst, dass all dies Unsinn ist, dann hast du recht. So funktioniert das Universum. Musik ist oft unsinnig – sie hat keinerlei Bedeutung, kann aber sehr interessant sein. Als Kind hast du dich häufig an völlig bedeutungslosen Dingen erfreut – zum Beispiel an diesen Türstoppern mit Federn, die *boing* machen. *Boing, boing, boing* – einfach faszinierend! Das Geräusch hat keinerlei Bedeutung – es ist einfach nur *boing*. Und wenn du dich ganz in dieses Geräusch vertiefst, kannst du das ganze Universum im *boing* sehen, weil jede Schwingung alle anderen voraussetzt.

Schwingungen üben eine solche Faszination auf uns aus, dass wir uns deswegen sogar in Gefahr begeben. Kinder stacheln sich immer gegenseitig dazu an, etwas Verbotenes zu tun, weil das Risiko von Entdeckung und Strafe das Spiel so aufregend macht. Aus demselben Grund fordern Erwachsene das Schicksal heraus, indem sie sich in alle möglichen waghalsigen Abenteuer stürzen – Fallschirmspringen etwa –, weil das eine bestimmte Schwingung mit sich bringt, die für sie äußerst interessant ist. Woher kommt die Lust an der Geschwindigkeit und so weiter? Das lässt sich nur verstehen, wenn man sich eine Schwingung genau betrachtet – zum Beispiel indem man ein Mantra, einen Satz oder den eigenen Namen endlos wiederholt. Nach einer Weile wird er bedeutungslos – er ist einfach nur noch ein Geräusch. Aber der Klang ist nicht *nur* ein Geräusch. Das ist nur die Einstellung von Erwachsenen gegenüber dem Erlebnis. Ein Kind hört nicht *boing* und denkt: »Das ist bloß ein Geräusch.« Ein Kind versteht, dass dieser Klang einfach fantastisch ist.

Die ganze Welt ist Energie im Spiel – ein Kaleidoskop des Unsinnigen. Du kannst dich ganz darauf einlassen, dich auf eine bestimmte Schwingung konzentrieren und erkennen, dass es um nichts anderes im Leben geht. Aber anderen wird das missfallen. Die Hüter des Spiels werden dir vorhalten, etwas sehr Gefährliches zu tun, oder sie nennen dich verrückt. Theologische Texte sind voller Furcht davor, dass das Universum sinnlos ist, und diese Furcht zieht sich durch unsere ganze Kultur, aber nur deshalb, weil die Menschen sich nicht trauen hinzusehen. Auch Menschen mit einer schweren Depression nehmen die Welt als sinnlos wahr, mehr noch: als einen Komplott des Schreckens. Wenn du dir vorstellst, dass alles mechanisch ist – dass wir im Grunde genommen nur fleischliche Computer in einem gewaltigen Uhrwerk sind –, dann erscheint dir die ganze Welt als fad und hohl, wie Plastik. Aber das ist immer noch eine Bewertung. Wenn du so von der Welt denkst, dann entwertest du das Mechanische zugunsten des Organischen, so wie wir uns nicht an Plastikblumen erfreuen, weil sie nicht duften. Aber die Welt ist weder organisch noch mechanisch und weder willkürlich noch unwillkürlich – sie ist einfach, was sie ist, jenseits der Kategorien unserer vergleichenden, selektiven Wahrnehmung. Wenn wir das durchschauen, erfahren wir das, was die Buddhisten Tathata oder Soheit nennen, assoziierbar mit dem englischen Wort *that*. *That, that, that*. Das ist es, was vor sich geht.[11]

In manchen meditativen Zuständen kannst du alles

11 Im Original verknüpft Alan Watts den Begriff *tathata* mit dem englischen *that* in einem Wortspiel: »Seeing through that, we experience what the Buddhists call suchness or tathata, based on the word *that*. That, that, that. That's what's going on.« (Anm. d. Übers.)

als *that* oder *das* sehen. Und du bewertest das nicht sofort als bedeutungslos, denn wenn du die Welt als Illusion betrachtest, kannst du dich immer noch dafür entscheiden, die Welt ganz und gar ernst zu nehmen, aber du wirst dabei immer im Hinterkopf haben, dass sie ein Spiel ist. So kannst du dich auf das Leben bis zur Absurdität einlassen, weil du weißt, dass es in Ordnung geht – es sind nur Schwingungen. Aus diesem Grund sind erleuchtete Menschen – sogar *Bodhisattvas* – nicht weltabgewandt und gleichgültig. Sie sind vollkommen frei darin, Gefühle und Anhaftungen zu genießen und zu erleiden. R. H. Blyth, der ein großer Mann des Zen war, schrieb mir einmal: »Wie geht es dir? Was mich betrifft, so habe ich Satori gänzlich aufgegeben und versuche nun, mich so intensiv ich nur kann an so viele Menschen und Dinge wie möglich zu binden.« Vielleicht verhältst du dich ja normalerweise vorsichtig im Leben, aber die Welt als *das* zu sehen ermöglicht dir, dich weit mehr auf sie einzulassen – zu fühlen, zu lieben und dich bedingungslos ins Geschehen zu stürzen. Allein schon die Illusion als solche wahrzunehmen macht es möglich, sich der Illusion hinzugeben.

Wenn du bei jemandem eine reservierte und abgekehrte Haltung gegenüber dem Leben bemerkst, so zeugt sie nur von der Angst, sich einzulassen. Ich habe dafür nicht besonders viel Verständnis. Was erwarten die Menschen? Dass jemand, der erleuchtet ist, dieses und jenes nicht mehr braucht? Dass er sich nicht an einer schönen Umgebung oder der Zuwendung des anderen Geschlechts erfreuen kann? Es scheint, dass manche spirituell orientierten Leute alles reinwaschen wollen, so wie sie den Planeten von dieser Krankheit namens

Leben reinwaschen wollen, um sich an einem hübschen sterilen Felsblock zu erfreuen. Ich meinerseits glaube an die bunte Vielfalt. Wenn wir an diesem Tanz der Illusionen teilnehmen wollen, dann aber richtig! Nehmen wir uns selbst nicht so verdammt ernst! Wir brauchen nicht reingewaschen zu werden von Flitter und Frivolität.

Es hängt alles davon ab, ob wir in der Lage sind, in der Meditation zu dem Punkt zurückzukehren, an dem es *that, that, that* ist. Verstehe mich hier nicht falsch. Ich meine damit nicht, Tag für Tag in einem Zustand der Erwartung daran zu arbeiten, im Meditieren besser zu werden – Meditation funktioniert so nicht. Tu es einfach. Im Laufe der Zeit wirst du schließlich diese Beschaffenheit der Welt erkennen. Im meditativen Bewusstsein wirst du sehen, dass nichts wichtiger oder weniger wichtig ist als irgendetwas anderes. Und so etwas wie Zeitverschwendung gibt es nicht, denn wozu sonst sollte Zeit gut sein, wenn nicht dazu, vergeudet zu werden? Sitze einfach, und tue nichts. Meditation ist die perfekte Zeitverschwendung.

9
HARMONISCHE AUFLÖSUNG

Bringen wir die Sache möglichst einfach auf den Punkt. Das Universum ist ein vergängliches System – wie eine Seifenblase oder Rauch oder Gischt. Es kommt und geht und löst sich auf, aber wir wollen das nicht. Wir wollen nicht aufgeben und die Auflösung mitmachen, aber was glauben wir zu erreichen, wenn wir uns festklammern und sträuben? Ich predige dir hier nicht, dass du aufgeben sollst. Ich möchte nur, dass du in Kontakt damit kommst, wie es sich in deinem Inneren anfühlt, wenn du dir die Aussicht auf das Nichts vor Augen hältst – dass diese ganze Angelegenheit nur eine vergängliche Blase ist. Wenn Menschen über den Tod nachdenken, überkommt sie zumeist ein Frösteln oder ein Gefühl von Einsamkeit und Bangigkeit, weil der Tod etwas Unbekanntes ist. Und das Beängstigendste am Tod ist, dass möglicherweise etwas nach ihm kommt und wir nicht wissen, was das ist.

Für Kinder und manch einen Erwachsenen erscheint die Welt voller Gefahren. Überall lauern Monster, und hinter jedem Monster der Tod – und das Ende all dessen ist die Auflösung. Im Großen und Ganzen füllt die Obrigkeit diese gefürchtete Leere mit Drohungen eher unspezifischer Natur, um die Kontrolle zu behalten. Solange wir uns von diesen Drohungen einschüchtern lassen und den Tod für ein Übel halten, lassen wir uns beherrschen. Aus diesem Grund mag keine Obrigkeit die Mystik. Mystiker haben verstanden, dass man, um etwas zu haben, nichts haben darf. Mystiker fürchten den Tod nicht, darum kann man ihnen keine Angst machen.

Was ist es, das wir fürchten? Was glaubst du, wie es ist, dich schlafen zu legen und nie mehr aufzuwachen? Es kann kein Zustand sein, als wäre man lebendig begraben oder für immer im Dunklen, denn das würde den Gegensatz von Licht und Dunkelheit voraussetzen. Vor Kurzem hatte ich ein höchst aufschlussreiches Gespräch mit einer jungen Frau, die blind geboren wurde. Sie weiß nicht, was Dunkelheit ist – das Wort ist für sie vollkommen bedeutungslos, weil sie niemals Licht gesehen hat. Siehst du in diesem Moment Dunkelheit hinter deinen Augen? Hinter dem Gesichtsfeld kannst du nicht Dunkelheit oder Licht sehen – da gibt es schlechterdings überhaupt nichts Wahrnehmbares. Stell dir also diesen Bereich der Leere, den wir Tod nennen, als das vor, was hinter den Augen liegt. Es ist dasjenige, worüber wir nicht nachdenken können.

Oder stell dir vor, dein Leben – dein ganzes Gefühl von Lebendigkeit und Bedeutsamkeit des Daseins – ist etwas, das nur einen kurzen Moment lang dauert. Es war nichts, bevor es begann, und wird nichts sein, nachdem es geendet hat. Das ist die denkbar einfachste Vorstellung, die du dir machen kannst – sie erfordert wirklich keine intellektuelle Anstrengung. Und wie geht es dir damit? Nehmen wir an, du fühlst Bedauern. Wem gilt dann dieses Bedauern? Wenn doch alles vorbei ist, wer ist dann noch da, um etwas zu bedauern? Wenn alles zu Ende ist, gibt es niemanden mehr, der Bedauern oder Glück erleben könnte. Schauen wir uns das aus der anderen Richtung an: Stell dir vor, all dies würde *niemals* ein Ende nehmen. Du steckst darin fest mit deinen immer wiederkehrenden Gefühlen von Bedauern und Glück und Gram, und das Ganze hört niemals auf – ein deprimierender Gedanke, nicht wahr? Wie wäre es also mit einem Kompromiss? Stell dir vor, das Ganze verschwindet komplett, um dann wieder von vorne anzufangen, und wenn es wieder von vorne losgeht, fühlt es sich genauso an, wie es sich jetzt anfühlt – nämlich dass all das nie zuvor geschehen ist.

Im hinduistischen Denken besteht das Universum 4 320 000 Jahre lang, bevor es vergeht. Dann beginnt es von Neuem und besteht für weitere 4 320 000 Jahre, bevor es wieder vergeht. Dann wiederholt sich das Ganze und wieder und wieder und wieder, und dieser Zyklus findet niemals ein Ende, aber unser Vergessen sorgt dafür, dass es nicht zu einer absolut unerträglichen Veranstaltung wird. Auf jeden Wellenkamm folgt ein Wellental. Die Hindus erkannten das und meditierten über *Moksha* – die Befreiung aus dem ewigen Kreislauf des Werdens und Vergehens. Und dann trat Buddha auf den Plan und lehrte seinen speziellen Ausweg aus dem *Samsara* – dem Rad von Geburt und Tod –, und andere traten auf und sagten: »Ist das nicht reichlich egoistisch von dir? Du machst dich davon, und was ist mit all den anderen?« Darum lehrte der Buddha, wie man zurückkehrt, um den anderen auf eine sehr ausgeklügelte Art und Weise zu helfen: Nirvana und Samsara gehören zusammen – sie bedingen einander. Daher bist du erst dann wahrhaft erlöst, wenn du das erkennst – Nirvana und Geburt und Tod sind ein und dasselbe.

Jede neue Inkarnation fühlt sich wie *diese* an. Würden wir in einem anderen Universum als Wesen von ganz anderer Gestalt reinkarniert werden, wäre das die Gestalt, die sich für uns normal anfühlt – so wie es sich für uns jetzt normal anfühlt, menschlich zu sein. Wir sind an diese Gestalt gewöhnt, also fühlt sie sich richtig an. Wären wir Spinnen, würden wir uns die anderen Spinnen um uns herum anschauen und sie für normal halten, während alle anderen Wesen für uns seltsam aussehen würden. Stell dir nur vor, wie wir für einen Fisch aussehen müssen – unbeholfen, plump und albern –, vor allem, wenn wir versuchen zu schwimmen. Jede Welt also, die entsteht oder entstehen *könnte,* erschiene uns so, wie uns jetzt gerade diese Welt erscheint, und jede Inkarnation – wie seltsam immer von unserer Warte aus – würde sich genauso anfühlen wie diese jetzige Inkarnation.

Jede Lebensform besitzt eine Art Wahrnehmung für überlegene und unterlegene Mächte. Wir Menschen sind uns für gewöhnlich keiner über uns stehenden Spezies bewusst, es sei denn, wir glauben, im Kontakt mit Engeln oder dergleichen zu stehen. Was uns als mächtiger erscheint, sind große Naturereignisse wie Erdbeben oder winzige Organismen wie Viren, auch wenn wir weder diesen noch jenen allzu viel Intelligenz beimessen. Wir fühlen uns dabei in der Mitte: Wir blicken durch ein Teleskop und nehmen den Weltraum als unermesslich viel größer wahr, und wir blicken durch ein Mikroskop, um Welten zu beobachten, die unendlich viel kleiner sind als wir, und so scheinen wir irgendwo in der Mitte zwischen diesen beiden Situationen zu stehen. Aber wir sind nicht mehr in der Mitte als irgendein anderes Wesen. Alles Wahrnehmungsfähige nimmt sich stets als irgendwie in der Mitte wahr. Alles, was irgendwo wächst, ist stets in der Mitte. Und die Mitte schließt immer die Gegensätze ein: Westen und Osten, Ober- und Unterseite, Anfang und Ende.

Wenn du dir also eines Zustandes bewusst bist, den du *Sein, Realität* oder *Leben* nennst, dann setzt das einen anderen Zustand namens *Nichtsein, Illusion, Irrealität, Nichts* oder *Tod* voraus. Du kannst vom einen nicht ohne das andere wissen. Und das Leben ist nicht das Leben ohne den Tod – das Wissen darum, dass es ein Ende hat, macht es gehaltvoll und *lebendig*. Lebendigkeit ist Veränderung und Bewegung. Nur in den Momenten des Übergangs spürst du wirklich einen Unterschied in deinem Leben – es geht bergauf, und du fühlst dich großartig; es geht bergab, und du bist frustriert und deprimiert. Und dieser Niedergang kann sich bis zu deinem Tod fortsetzen. Der Tod erscheint so endgültig, das Nichts so unwiderruflich und ewig. Aber was ist mit dem Nichts, das war, bevor es dich gab? Das ist es, was wir in unserer Logik ausgelassen haben. Wir haben uns selbst hereingelegt, indem wir dem Nichts Ohnmacht zugeschrieben haben. Aber ebenso wenig wie du von Form weißt ohne den Raum im Hintergrund, kannst du von einem Etwas – dem Leben – wissen ohne das Nichts. Man sagt: »Wenn du tot bist, dann bist du tot.« Leute, die das sagen, wollen dir mit der Vorstellung Angst einjagen, dass der Tod endgültig ist, dass es Wunschdenken ist, irgendetwas anderes zu glauben. Sie sagen dir, du solltest den Tatsachen ins Auge sehen. Welchen Tatsachen? Wie kann ich der Tatsache des »Nichts« ins Auge sehen, das definitionsgemäß keine Tatsache ist? Manche Physiker glauben, dass die Energie des Universums kontinuierlich abnimmt, sich immer mehr streut und in Strahlung verliert, bis nichts übrig bleibt,[12] und aus irgendeinem Grund sollen wir das deprimierend finden. Wenn man aber die These aufstellt, dass die letzte Realität das Nichts ist – woher stammt dann all das hier? Offenbar aus dem Nichts, und das bringt uns wieder zu der Frage, wie es hinter den Augen aussieht. Das ist in der buddhistischen Philosophie mit der Aussage gemeint, dass wir alle im Grunde nichts sind.

Huineng – japanisch Daikan Eno –, der sechste Patriarch des Zen, lehrte, dass unser Geist seinem Wesen nach rein sei. Er meinte damit nicht »unbefleckt«, sondern *unverstellt, leer*. Leerheit bedeutet für ihn nicht Entleertheit, sondern Erfülltheit, so wie leerer Raum erfüllt ist vom ganzen Universum – Sterne, Monde, Berge, Flüsse, gute Menschen, böse Menschen, Tiere, Insekten und so weiter: Sie alle sind in dieser Leerheit enthalten. Aus dieser Leerheit kommt also alles, und du bist sie. Was sonst könntest du sein?

Ich will damit sagen, dass diese ganze Furcht vor dem Nichts nur Hokuspokus ist. Das Nichts ist etwas, über das wir in der Spiritualität mehr sprechen sollten, aber die Menschen ignorieren es oder wehren sich dagegen. Aber darin liegt das Geheimnis. Das Geheimnis liegt immer dort, wo man es nicht sucht. Wo wurde Jesus Christus geboren – in einem Königspalast? Nein, sondern dort, wo ihn niemand vermuten würde – in einem Stall. Also solltest du über das Nichts meditieren. Ich weiß, dass es schwer ist, darüber nachzudenken, aber es wird dir leichter fallen, wenn du dich darauf besinnst, dass du das Nichts bist und warst, bevor du geboren

12 Gemeint ist der »Wärmetod« des Weltalls gemäß dem zweiten Hauptsatz der Thermodynamik (Anm. d. Übers.).

wurdest. Das ist ein äußerst wichtiger Punkt. Er ist das Geheimnis bei der ganzen Sache.

Wenn du anderen Leuten davon erzählst, werden sie dir so kommen: »In dieser Philosophie der Leerheit«, so werden sie sagen, »gibt es keinen Platz für Liebe und Freude, keinen Platz, um irgendetwas Erfreuliches zu gestalten«, und so weiter. Unsinn. Wenn du das Nichts wirklich ergründest, gibt dir das jede Menge Energie, sodass dir nichts mehr im Weg steht. Was immer du dann tust, kannst du mit Freude und großer Kreativität tun. Kreativität verlangt das Nichts, *wirkliches* Nichts – nicht eine Art Dunkelheit, so als ob man lebendig begraben wäre. Was ist das Nichts? Es liegt jenseits des Vorstellungsvermögens. Deine Fantasie erschöpft sich in dem Versuch, es zu erfassen.

Das ist es, wovon die Mystiker von jeher gesprochen haben. *Die Wolke des Nichtwissens,* eine Schrift, die im vierzehnten Jahrhundert von einem englischen Mönch verfasst wurde, beruht auf einem älteren Text namens *De mystica theologia,* im sechsten Jahrhundert verfasst von einem syrischen Mönch, der sich selbst Dionysius der Areopagit nannte. Es ist ein faszinierendes kleines Werk, das ich bereits im Jahr 1943 übersetzt habe. Es beschreibt Gott ausschließlich in Form von Verneinungen – nicht Licht, nicht Macht, nicht Geist, nicht Vater, nicht dieses, nicht jenes. Der Autor negiert einfach alles, was jemals über Gott gesagt worden ist, weil Gott unendlich ist und daher jenseits aller Fassungskraft liegt. Er schreibt: »Jeder, der glaubt, in einer Vision Gott gesehen zu haben, hat nicht Gott gesehen, sondern ein Wesen, das Gott geschaffen hat und das weniger ist als Gott.« Und er führt das in einer Weise aus, dass selbst der heilige Thomas von Aquin es ihm abgekauft hat. Jeder muss zugeben, dass Gott dasjenige ist, das keinen Urheber hat, und Dionysius der Areopagit macht das deutlich.

Wenn du die Vorstellung von einem leibhaftigen Gott vertrittst, dann greifst du zu kurz. Du hast dann nicht den vollen Nutzen von dieser Untersuchung. Wenn du darauf beharrst, dass etwas da sein muss – ein liebevoller Vater am anderen Ende oder eine Art Paradiesgarten –, dann lügst du dir selbst in die Tasche. Du musst bis zur vollständigen Leerheit durchdringen, zum wirklich absoluten Nichts am anderen Ende, allein darum geht es in dieser ganzen Unternehmung von Zen, Vedanta, Mystik und so weiter. Und ich denke, das ist das Einfachste, was ich dir überhaupt mit auf den Weg geben kann.

TEIL 4

DIE WELT ALS SOSEIN

10
DAS KOAN IM ZEN

Vorträge über Zen sind eine Art Schabernack. Im Zen geht es um eine Erfahrungsebene, über die sich nicht sprechen lässt. Genau genommen gibt es aber überhaupt nichts, über das sich angemessen sprechen lässt. Die ganze Kunst der Poesie besteht darin, zu sagen, was man nicht sagen kann – jeder Poet hat das Gefühl, dass immer etwas absolut Wesentliches fehlt.

Daher beschreibt Zen sich selbst als den Finger, der auf den Mond zeigt. In dem Sanskrit-Ausspruch *Tat Tvam Asi* – »Das bist du« – beschäftigt sich Zen mit dem »Das«. »Das« ist das Wort für Brahman – die absolute Wirklichkeit in der hinduistischen Philosophie –, und du bist sie, nur verkleidet, und zwar so gut verkleidet, dass sogar du es vergessen hast. Zen nimmt diese abstrakten Vorstellungen – Brahman, letzte Wirklichkeit, Urgrund des Seins, das große Selbst, die Leerheit und so weiter – und befasst sich mit einem sehr viel unmittelbareren Zugang zum Verständnis des *Das*. Das Wesen des Zen lässt sich in vier Stichpunkten zusammenfassen: direkte Vermittlung (jenseits von Texten und Überlieferung), jenseits von Sprache, unmittelbarer Verweis auf den Geist und Innewerden der eigenen Buddha-Natur (das Erwachen aus der normalen Hypnose, unter deren Einfluss fast alle Menschen wie Schlafwandler herumlaufen).

Woher dieses große Interesse am Zen? Ich habe mich das oft gefragt, zumal es in den Vereinigten Staaten vor allem nach dem Krieg mit Japan einsetzte. In erster Linie, denke ich, verdankt Zen seine Attraktivität seinem außergewöhnlichen Humor. In der Regel sind Religionen alles andere als humorvoll. Vielmehr sind sie ausgesprochen ernst. Wenn man sich aber die Zen-Kunst betrachtet oder Zen-Geschichten liest, dann ist da offenbar etwas im Spiel, das nicht ernst ist im gewöhnlichen Sinne des Wortes, auch wenn es durchaus ernst gemeint ist. Wovon sich Menschen aus dem Westen außerdem angesprochen fühlen, ist wohl die Tatsache, dass Zen nicht doktrinär ist – man muss hier nichts glauben –, und außerdem wird im Zen nicht viel moralisiert. Zen hat es überhaupt nicht besonders mit der Moral. Zen ist ein Forschungsgebiet wie die Physik, und du würdest von einem Physiker ja auch nicht erwarten, eine Autorität auf dem Gebiet der Moral zu sein. Wenn mit deinen Augen etwas nicht stimmt, dann gehst du zu einem Augenarzt – Zen ist so etwas wie spirituelle Augenheilkunde.

Ein weiterer Grund dafür, dass Zen westliche Studenten anspricht, liegt darin, dass sie einen großen Teil ihres Wissens über Zen von Daisetz Teitaro Suzuki, Reginald Horace Blyth und mir bezogen haben, Autoren also, die Zen in der Form des Chan-Buddhismus vermitteln, insbesondere aus seiner Blütezeit zwischen 700 und 1000 unserer Zeitrechnung. Diese Form unterscheidet sich stark von der Art Zen, wie man sie heute in Japan findet, in der das Zen-Studium durch Sitzen zum Fetisch gemacht wird. R. H. Blyth fragte einmal einen Zen-Meister, was er tun würde, wenn er nur noch eine halbe Stunde zu leben hätte. Würde er Musik hören? Sich betrinken? Spazieren gehen? Mit einer schönen Frau zusammen sein? Und der Meister sagte nur: »Zazen« – also Meditation im Sitzen praktizieren. An dieser Antwort störte sich R. H. einigermaßen, weil er davon ausging – wie ich selbst auch –, dass die Sitzmeditation nur eine Form ist, Zen auszuüben. Der Buddhismus kennt die vier Erhabenheiten oder vier edlen Haltungen – Liegen, Sitzen, Stehen und Gehen –, also muss es auch ein Zen im Gehen, im Stehen und im Liegen geben. Zum Beispiel sollte man sich auch darin üben, auf Zen-Art, also auf tiefe Weise zu schlafen. Das mag nach der alten westlichen Weisung klingen: »Alles, was deine Hand zu tun findet, das tue in deiner Kraft«[13] – aber das ist nicht dasselbe wie Zen.

Paul Reps, der ein hübsches Buch namens *Zen Telegrams* geschrieben hat, bat einmal einen Zen-Meister, den Buddhismus in einem Satz zusammenzufassen. Der Meister sagte: »Don't act, but act.« Und Reps war von dieser Antwort sehr angetan, denn sie klang ihm ganz nach dem taoistischen Prinzip des *Wu wei* – zu handeln im Bewusstsein, nicht von der Welt getrennt zu sein, zu erkennen, dass die Handlung kein Eingriff ins Geschehen, sondern ein Ausdruck des Universums ist. Aber der Meister sprach ein furchtbares Englisch, und Reps hatte ihn falsch verstanden, denn in Wahrheit hatte er gesagt: »Don't act *bad* act.« Das ist nun die Haltung, die im Laufe der Jahrhunderte *alle* Geistlichen entwickeln. Du gehst in die Kirche, und die Predigten laufen auf die Aussage hinaus: *Sei gut*. Und jedermann weiß, dass er gut sein sollte, aber kaum jemand weiß, wie. Oder auch nur, was »gut sein« bedeutet.

Ein Teil der Faszination, die Zen auf den Westen aus-

13 Prediger 9,10; nach dem Text der *Elberfelder Bibel* (Anm. d. Übers.).

übt, liegt also darin, dass es eine plötzliche Einsicht in etwas erlaubt, von dem man immer angenommen hatte, dass es Jahre um Jahre braucht, um es zu verstehen. Psychoanalytiker werden dir sagen, dass du in Ordnung kommen kannst, aber nur nach zahllosen Sitzungen – etwa zweimal die Woche über mehrere Jahre. Die Christen werden dir sagen, dass du, wenn du dich auf einen Weg spiritueller Disziplin begibst und dich dem Willen Gottes unterstellst, vielleicht die höchsten Stufen kontemplativer Andacht erklimmst, aber erst nach vielen Jahren des Gebets. Und die Buddhisten werden dir sagen, dass du nach vielen langen Jahren der Meditation und strenger Disziplin vielleicht genügend Fortschritte in diesem Leben machst, um im nächsten Leben weiter zu sein – vielleicht als Mönch – und in die Vorstufen der Buddhaschaft einzutreten, auch wenn es wahrscheinlich mehrere Inkarnationen braucht, um dahin zu kommen. Nicht so im Zen.

Die Zen-Literatur ist voll von Dialogen – auf Japanisch *mondo* – zwischen Lehrer und Schüler. Einmal gab ich einem Freund von mir ein Exemplar eines dieser Bücher, den *Mumonkan* – die »torlose Schranke«. Er sagte: »Ich habe kein Wort davon verstanden, aber ich fand es äußerst amüsant!« Diese Dialoge zwischen Lehrer und Schüler sind auf faszinierende Weise unverständlich, und die meisten von ihnen enden damit, dass dem Schüler ein Licht aufgeht. Ich sage »Schüler« und nicht »Mönch«, weil man im Zen für gewöhnlich kein lebenslanges Gelübde in Bezug auf Besitzlosigkeit, Keuschheit, Gehorsam und so weiter ablegt. Es geht eher zu wie in einem theologischen Seminar, in dem man eine bestimmte Zeit verbringt und anschließend wieder ins weltliche Leben zurückkehrt. Dennoch kann man weiterhin heiraten, Kinder haben und so weiter. Nur sehr wenige Absolventen der Zen-Schulung in einem Kloster werden zu *Roshis,* zu »alten Lehrern«. Der Roshi ist zuständig für die spirituelle Entwicklung der Schüler. Im *Mumonkan* beklagt sich ein Schüler beim Meister[14] darüber, noch keine Unterweisung erhalten zu haben, obwohl er schon eine Zeit lang im Kloster weilt. Der Meister fragt: »Hast du schon gefrühstückt?« »Ja«, sagt der Schüler. Der Meister erwidert: »Dann geh, und wasch deine Essschale.« Daraufhin erwacht der Schüler.

Nun denkst du vielleicht, die Moral dieser Geschichte bestehe darin, dass man sich um die nächstliegenden Aufgaben kümmern solle oder dass die Schale ein Symbol der Leerheit sei. Oder dass – weil Zen-Mönche ihre Essschale sofort nach dem Essen und ohne weitere Aufforderung mit Tee ausspülen – der Meister damit etwas sagen wollte wie: »Trage keine Eulen nach Athen«, oder wie man im Zen sagt: »Mach der Schlange keine Beine.« Doch die Pointe der Geschichte liegt sehr viel offener zutage, und das ist das Schwierige daran. So gesehen haben diese Geschichten Ähnlichkeit mit Witzen – man erzählt dir einen Witz, und wenn du den Witz verstehst, musst du spontan lachen. Wenn man dir den Witz aber erst erklären muss, ist das nicht dasselbe – dann ist dein Lachen nicht mehr spontan und vielleicht auch ein bisschen gekünstelt. Wovon diese Geschichten handeln, ist die plötzliche Einsicht in das Wesen des Seins, und das ist etwas, das sich nicht vortäuschen lässt.

14 Zhaozhou Congshen, japanisch Joshu Jushin (778–897), chinesischer Zen-Meister (Anm. d. Übers.).

In einer anderen Geschichte stand ein Meister namens Baizhang[15] vor der Aufgabe, unter seinen Schülern einen Vorstand für ein neues Kloster auszuwählen, also ersann er eine Bewährungsprobe. Er stellte einen Krug vor sich hin und forderte die Schüler auf: »Sagt mir, was das ist, ohne es einen Wasserkrug zu nennen.« Der älteste Mönch meinte: »Man könnte es nicht ein Stück Holz nennen.« Mit dieser Antwort war Baizhang jedoch nicht zufrieden. Dann trat der Koch des Klosters vor, warf den Krug um und ging fort. Baizhang ernannte ihn zum Klostervorsteher. Im Kommentar zur Geschichte heißt es im *Mumonkan:* »Vielleicht war der Koch doch nicht so klug, denn er gab eine leichte Aufgabe für eine schwere Aufgabe auf.«

In einer weiteren berühmten Zen-Geschichte sagt ein Meister[16]: »Als ich ein junger Mann war und nichts von Zen wusste, waren Berge Berge und Flüsse Flüsse. Als ich dann etwas mehr vom Zen verstand, waren Berge nicht mehr Berge und Flüsse nicht mehr Flüsse. Als ich dann tiefe Einsicht in die Zen-Lehre erlangte, waren Berge wieder Berge und Flüsse wieder Flüsse.« Mit anderen Worten: Sobald wir damit anfangen, die Dinge zu erklären – zum Beispiel wissenschaftlich oder philosophisch –, betrachten wir sie als getrennt und kausal, aber wenn wir tiefer blicken, sehen wir, dass nichts voneinander getrennt ist. Das Getrenntsein ist eine Illusion, und diese Geschichte nimmt darauf direkt Bezug. Im Zen spricht man von einer Tugend namens *mushin*

15 Baizhang Huaihai, japanisch Hyakujo Ekai (720–814), ein chinesischer Zen-Meister zur Zeit der Tang-Dynastie (Anm. d. Übers.).

16 Ch'ing-yüan Hsing-ssu, japanisch Seigen Gyoshi (660–740), chinesischer Zen-Meister (Anm. d. Übers.).

(»kein Geist«) oder *mumen* (»kein Gedanke«), was aber nicht bedeutet, dass es tugendhaft sei, jenseits aller Gedanken zu sein. Gemeint ist, sich nicht von Gedanken in die Irre führen zu lassen – sich nicht von den Formen der Sprache und der Vorstellungen, die wir der Welt aufprägen, hypnotisieren zu lassen, die Gedanken nicht mit der Welt selbst zu verwechseln.

In einer anderen Geschichte geht es um Bodhidharmas ersten Besuch beim chinesischen Kaiser Wu von Liang. Der Kaiser war ein großer Förderer des Buddhismus und sagte zu Bodhidharma: »Wir haben viele Klöster errichtet, zahllose Mönche und Nonnen geweiht und die heiligen Schriften ins Chinesische übersetzt. Worin liegt das Verdienst von alledem?« »Gar kein Verdienst«, sagte Bodhidharma. Über diese Antwort war der Kaiser wirklich bestürzt, denn der Buddhismus lehrt, dass solche Handlungen überaus verdienstvoll sind und eine bessere Wiedergeburt bedeuten, die letztlich Befreiung verheißt. Also fragte der Kaiser Bodhidharma: »Was ist dann das erste Prinzip des heiligen Dharma?« Und Bodhidharma antwortete: »Unendliche Weite, nichts von heilig«, oder: »In der unendlichen Weite gibt es nichts Heiliges.« Wiederum betroffen von dieser Antwort, fragte der Kaiser: »Wer ist es dann, der mir gegenübersteht?« Und Bodhidharma antwortete: »Ich weiß es nicht.« Darauf bezieht sich ein berühmtes Gedicht: »Blumen pflückend, auf die sich Schmetterlinge setzen, sagt Bodhidharma ›ich weiß es nicht‹.« Ein anderes Gedicht lautet: »Willst du wissen, woher die Blumen kommen – sogar der Gott des Frühlings weiß es nicht.«

Wer also behauptet, zu wissen, was Zen ist, der ist ein

Schwindler. Niemand weiß es. Ebenso wenig wie du weißt, wer du bist – mit dem ganzen Drumherum wie deinem Namen, deinen Kenntnissen, Zeugnissen und dem, was deine Freunde über dich sagen. Du weißt sehr wohl, dass du all das nicht bist. Die Schwierigkeit, zu wissen, wer du bist, ist dieselbe wie die, deine eigene Nase zu riechen. Es ist, als würde man einen sinnlosen Gegenstand in einem Raum voller Menschen platzieren – etwa einen Luftballon an der Decke. Wer den Raum betritt, nimmt von dem Ballon überhaupt keine Notiz. Genauso ist Zen – es liegt klar zutage. Ein Schüler fragte einmal seinen Meister Bokaju: »Wir müssen uns jeden Tag anziehen und essen, wie können wir von alldem loskommen?« – mit anderen Worten: Wie können wir der Routine entkommen? –, und Bokaju antwortete: »Wir ziehen uns an, wir essen.« Der Schüler sagte: »Das verstehe ich nicht.« Daraufhin sagte Bokaju: »Wenn du es nicht verstehst, dann zieh dich an und iss.« Joshu fragte den Meister Nansen: »Was ist der Weg?« – chinesisch Tao. Nansen antwortete: »Dein Alltagsgeist ist der Weg.« »Wie kann ich mich nach ihm richten?«, fragte Joshu, und Nansen antwortete: »Wenn du versuchst, dich nach ihm zu richten, verfehlst du ihn.« All diese Geschichten hängen miteinander zusammen, und ich möchte, dass du den Zusammenhang intuitiv erfasst.

Nach diesem Feuerwerk von Weisheiten möchte ich noch ein paar nüchterne Fakten zu Zen als historischem Phänomen anführen. Zen ist eine Unterabteilung des Mahayana-Buddhismus, also der Schule, die sich mit der Verwirklichung der Buddha-Natur in dieser Welt befasst – also nicht durch Verzicht auf Familie und Rückzug in die Berge zum Meditieren. Mit anderen

Worten: Zen steht in einer Tradition des Buddhismus, die das Alltagsleben nicht als Verstrickung betrachtet, sondern darum weiß, dass die Buddhaschaft mitten im Leben erlangt werden kann. Die zentrale Persönlichkeit im Mahayana-Buddhismus ist daher der Bodhisattva, also jemand, der ins Nirvana eingegangen ist, aber immer wieder freiwillig in verschiedenen Formen zurückkehrt, um anderen Wesen auf dem Weg der Erlösung zu helfen. Die Zen-Kunst stellt Bodhisattvas zuweilen als Prostituierte oder Landstreicher dar. Zum Beispiel zeigt eine Zeichnung von Sengai den berühmten und äußerst beleibten Bettelmönch Hotei – chinesisch Budai –, wie er beim Erwachen gähnt und sich rekelt, während er die Worte ausspricht: »Buddha ist tot. Maitreya [der kommende Buddha] ist noch nicht erschienen. Ich habe wunderbar geschlafen und nicht einmal von Konfuzius geträumt.«

Zen ist also indischer Mahayana-Buddhismus, übersetzt ins Chinesische, was bedeutet, dass er stark vom Taoismus und Konfuzianismus beeinflusst ist. Seine Anfänge hat Zen um das Jahr 400, zur Zeit, als Kumarajiva, ein großer Gelehrter, mit der Übersetzung der buddhistischen Sutras ins Chinesische betraut war. Kumarajiva und sein Stab von Übersetzern propagierten dabei die Lehre von der plötzlichen Erweckung. Das heißt, Erleuchtung ist ein momentanes Ereignis im Sinne eines Alles-oder-nichts. Oder wie es in einem Gleichnis heißt: Wenn der Boden des Eimers wegfällt, läuft das ganze Wasser heraus.

Bodhidharma – der erste Patriarch des Zen – kam erst später nach China. Der zweite Patriarch war Eka, ein ehemaliger General der Armee. Sein Nachfolger Sosan ist der Autor des *Xinxinming*, einer großartigen Zusammenfassung der Zen-Lehre in Versform. Auf ihn folgten Doshin – der nach der Legende mit vierzehn Jahren die Erleuchtung empfing – und Konin, der die *East Mountain Teachings* zur Vollendung brachte. Darauf folgte als sechster Patriarch schließlich Eno – besser bekannt unter seinem chinesischen Namen Huineng. Er gilt als der eigentliche Begründer des chinesischen Zen, als der Lehrer, der aus alldem eine Synthese schuf und Zen mit der chinesischen Mentalität zu einer Einheit verschmolz.

Huineng ist der Autor des *Plattform-Sutra*, das jeder Schüler des Zen kennen sollte. Einer seiner berühmten Aussprüche lautet: »Glaube nicht, Buddhaschaft zu erlangen, indem du den ganzen Tag sitzt und deinen Geist entleerst.« Das ist es nämlich, was die Zen-Schüler damals glaubten: dass der rechte Weg zum Erwachen darin bestünde, so unbewegt wie möglich zu sitzen – aber laut dieser Lehren wird man auf diese Weise zu einem steinernen Buddha, nicht zu einem lebendigen. Einem steinernen Buddha kann man auf den Kopf hauen, oder man kann ihn zertrümmern, ohne dass er etwas spürt, aber das ist nicht der Sinn der Sache. Wer glaubt, man müsse herzlos sein und alle Gefühle hinter sich lassen, um Erleuchtung zu erlangen – sodass man niemals die Beherrschung verliert, verstimmt oder deprimiert ist –, der hat hier gar nichts verstanden. Und Eno – alias Huineng – lehrte: »Wenn das dein Ideal von Erleuchtung ist, kannst du ebenso gut ein Stück Holz oder ein Stein sein.«

Gemeint ist damit, dass dein wahrer Geist unerschütterlich ist. Wenn du deine Hand durch die Luft bewegst, hinterlässt sie dabei keine Spur; wenn ein Schwarm Gänse sich im Wasser spiegelt, dann bleibt ihr Spiegelbild dort nicht haften. Der reine Geist des Zen – oder besser gesagt sein klarer Geist – ist also ein Geist, der an nichts anhaftet. Du bewegst dich einfach mit dem Strom des Lebens – du hegst keinen Groll oder bleibst in der Vergangenheit hängen. Das Leben ist die ganze Zeit im Fluss – das ist das Tao –, und du bist Teil dieses Flusses, ob dir das gefällt oder nicht. Es ist, als würden wir mit der Strömung treiben. Wir können gegen sie anschwimmen, wenn wir wollen, aber damit erschöpfen wir uns nur, während die Strömung uns dennoch mit sich fortträgt. Schwimmen wir dagegen *mit* der Strömung, machen wir uns ihre ganze Kraft zu eigen. Viele von uns tun sich freilich schwer damit, herauszufinden, in welcher Richtung die Strömung sich bewegt.

Eno starb im Jahre 713 und hinterließ fünf bedeutende Schüler, die ähnliche Lehren vertraten. Und wie es nun einmal zu sein pflegt, hatten diese fünf Schüler ihrerseits Schüler, und diese Schüler hatten ihrerseits Schüler und so weiter und so fort. Im Zen gibt es daher so etwas wie »Schulen« oder »Linien«. Einige von ihnen sind ausgestorben, andere bestehen bis auf den heutigen Tag. Heute lebt Zen vor allem in zwei Formen weiter – *Rinzai* und *Soto* –, von denen jede andere Schwerpunkte hat. Anhänger der Soto-Schule pflegen die Dinge gelassener anzugehen, während Anhänger der Rinzai-Schule in ihrem Ansatz rigoroser sind – die Arbeit mit Koans ist hauptsächlich im Rinzai vertreten.

Die Periode zwischen dem Tod des Patriarchen Eno im Jahre 713 und 1000 gilt als das Goldene Zeitalter des chinesischen Zen. Danach erlebte Zen in China einen

Niedergang und wurde mit taoistischer Alchemie und anderen Formen des Buddhismus durchmischt, insbesondere solchen, die Wert auf *Siddhis,* also übernatürliche Kräfte legen. All das verfehlt aber völlig, worum es im Zen geht. Allerdings gelangte mit Eisai im Jahre 1191 und mit Dogen um das Jahr 1227 eine sehr starke Zen-Strömung nach Japan. Vor dieser Epoche jedoch – das heißt im Goldenen Zeitalter – war die Hauptübung im chinesischen Zen das Gehen und nicht das Sitzen. Zen-Mönche waren große Wanderer – sie legten weite Strecken zurück und kamen durch viele Gegenden, um Tempel aufzusuchen und Meistern zu begegnen, die in ihnen den Funken der Erleuchtung entfachen könnten. Dieses Erwachen heißt auf Japanisch *Satori*, auf Mandarin *Wu* und verweist ebenso wie *Bodhi* im Sanskrit auf das Erwachen von der Illusion, ein abgetrenntes, in einem Hautsack eingesperrtes Ich zu sein. Mit anderen Worten: Du entdeckst, dass du das ganze Universum bist, und diese Entdeckung kommt plötzlich, als ein Schock – dein normaler Verstand wird augenblicklich umgekrempelt. Alles ist genauso wie zuvor, nur völlig anders, weil du weißt, wer du bist. Worüber zum Teufel hast du dir vorher Sorgen gemacht? Wozu dieser ganze Lärm um nichts und all das Getue? Nun, das war Teil des Spiels. Aus einem Blickwinkel betrachtet, ist all das Lärm um nichts und Getue, Getue, Getue. Aber wenn du erwachst, entdeckst du, dass das Getue nicht du warst – es war das Ganze, das *Es*. Und du bist es, und es ist es, und alles ist es, und es tut all das, was getan wird.

11
NICHTDUALITÄT IN AKTION

Ich möchte nun auf einen Aspekt des Zen zu sprechen kommen, den man »geradeaus gehen« nennt. Ein Schüler fragte einst den Meister: »Was ist das Tao?« – also »Was ist der Weg?« –, und der Meister antwortete: »Geh weiter.« Heute würden wir vielleicht sagen: »Mach voran!« oder »Komm zur Sache!«. Dieser Aspekt des Zen bezieht sich auf das Losgelöstsein – einen Geist zu haben, der nicht schwankt, zaudert oder lange fackelt. Wenn ein Zen-Lehrer seinem Schüler eine Frage stellt, erwartet er eine prompte Antwort, ohne langes Abwägen und Überlegen. Im Zen spricht man dann von einem Menschen, der »von nichts abhängt«. Gemeint ist damit jemand, der sich in seinem Tun nicht von Lehrsätzen, Theorien oder Überzeugungen leiten lässt.

Für uns ist es sehr schwierig, auf diese Weise zu agieren. Wir wurden dazu erzogen, zu glauben, dass es zwei Seiten an uns gibt: eine animalische Seite und eine menschliche – das heißt zivilisierte – Seite. Freud nannte diese beiden Seiten das Lustprinzip oder das Es und das gesellschaftlich bedingte Realitätsprinzip oder das Über-Ich, und aus seiner Sicht sind diese beiden Seiten der Person im ständigen Widerstreit. Theosophen sprechen von einem höheren, spirituellen Selbst und einem niederen, ich-orientierten Selbst. Und wenn man die Dinge auf diese Weise betrachtet, besteht das Problem des Lebens darin, das bessere Selbst die Führung über das niedere Selbst übernehmen zu lassen – so wie ein Reiter die Führung über sein Pferd übernimmt. Aber darin liegt das eigentliche Problem: Woher willst du wissen, ob das, was du für dein höheres Selbst hältst, nicht in Wahrheit das niedere Selbst ist, das sich verkleidet hat? Wenn ein Einbrecher ein Haus ausraubt und man die Polizei ruft, dann kommt sie zum Erdgeschoss herein, während der Einbrecher die Treppe in den ersten Stock hinaufflüchtet. Und wenn die Polizei ihm dahin folgt, steigt er weiter hinauf in den zweiten Stock und so weiter, bis er über das Dach entkommt. Genauso ist es, wenn wir uns als das niedere Selbst fühlen – das heißt als ein abgetrenntes Ich. Dann kommen die Moralisten und sagen: »Du sollst nicht selbstsüchtig sein.« Das Ich versucht dann, so zu tun, als wäre es gut, indem es sich mit einem höheren Selbst identifiziert.

Warum glaubst du, ein höheres Selbst zu haben? Hast du es gesehen? Weißt du, dass es da ist? Nein. Du willst einfach deine Pflicht erfüllen oder als ein vollwertiges Mitglied der Gesellschaft gelten. Aber all das ist nur ein großes Blendwerk. Wenn du nicht weißt, ob es ein höheres Selbst gibt, aber daran glaubst: Auf welche Instanz berufst du dich dabei? Buddhisten zitieren vielleicht den Buddha, Hindus berufen sich auf die Upanishaden, Christen auf Jesus. Der *Baltimore-Katechismus*[17] beginnt mit den Worten: »Uns ist aufgetragen, an den einen Gott zu glauben, den allmächtigen Vater, den Schöpfer von Himmel und Erde«, und Katholiken blicken auf Protestanten herab, weil sie die Bibel nach Gutdünken auslegen, ohne sich auf einen verbindlichen Kanon zu beziehen. Dabei wird aber die Tatsache übersehen, dass die Katholiken zuvor die Autorität der Kir-

17 Der offizielle Katechismus für Kinder in den Vereinigten Staaten, dessen erste Standardausgabe 1885 erschien (Anm. d. Übers.).

che in Fragen der Bibelauslegung anerkennen. Dir muss mit anderen Worten klar werden, dass du selbst alle Autoritäten schaffst, die du akzeptierst.

Im Zen kennt man keine Dualität eines höheren und eines niederen Selbst. Wenn du an das höhere Selbst glaubst, ist das nur ein simpler Trick des niederen Selbst. Wenn du glaubst, dass es kein niederes Selbst, sondern nur das höhere Selbst gibt oder dass das niedere Selbst nur dazu da ist, das höhere Selbst durchscheinen zu lassen, bestätigst du damit noch immer die Dualität. Wenn du glaubst, ein niederes Selbst zu haben – oder ein Ego, dessen du dich entledigen musst –, dann verstärkt nichts mehr die Illusion seiner Existenz, als wenn du dagegen ankämpfst. Diese sagenhafte Schizophrenie des Menschen – zu glauben, Reiter und Ross zu sein, eine Seele, die über einen Körper gebietet, ein Wille, der die Leidenschaften zu zügeln hat, und so weiter –, diese Art gespaltenen Denkens verschärft nur die Problematik. So werden wir nur immer tiefer gespalten. Auf diese Weise zu denken führt nur zu einem inneren Konflikt, der nie und nimmer aufzulösen ist. Du kennst entweder das wahre Selbst oder du kennst es nicht, und wenn du es kennst, dann hört dieses Etwas, das wir das niedere Selbst nennen, auf, ein Problem zu sein, weil es nur eine Fata Morgana ist. Du rennst nicht durch die Gegend und prügelst mit einem Stock auf Fata Morganas ein oder versuchst, ihnen Zügel anzulegen. Du weißt einfach, dass es sich um Fata Morganas handelt, und gehst mitten durch sie hindurch.

Wenn ich als Kind ungezogen war, sagte meine Mutter zu mir: »Alan, das bist nicht du.« So entwickelte ich in meinen besseren Momenten einen Begriff davon, wer ich *war* – in den Momenten nämlich, in denen ich mich daran erinnerte, was meine Mutter von mir erwartete. Diese Art Spaltung ist in uns alle gelegt. Und weil wir einen gespaltenen Geist haben, sind wir ständig im Zweifel: Stammt diese Entscheidung aus dem höheren oder dem niederen Selbst? Ist sie geistiger oder fleischlicher Natur? Ist sie von Gott oder vom Teufel eingegeben? Niemand kann das sagen, denn wenn du wüsstest, wie du dich entscheiden sollst, müsstest du es nicht. Du kannst darüber nachdenken, bis du schwarz wirst, ohne jemals auf eine Antwort zu kommen, denn die Probleme des Lebens sind so diffizil, dass jeder Versuch, sie mit vagen Prinzipien zu lösen, vollkommen aussichtslos ist – selbst wenn diese vagen Prinzipien die Form konkreter moralischer Weisung annehmen.

Es ist also wichtig, die Gespaltenheit des Geistes zu überwinden. Aber wie? Wo beginnen, wenn man bereits gespalten ist? Ein taoistischer Aphorismus lautet: »Wenn der Falsche die richtigen Mittel wählt, dann wirken die richtigen Mittel auf die falsche Weise.« Was also sollst du tun? Wie kannst du hier vorgehen? Vor allen Dingen musst du dazu überrumpelt werden.

Winthrop Sargeant interviewte einmal einen großen Zen-Meister in Kyoto. Der Mönch fragte ihn: »Wer bist du?«, worauf Winthrop Sargeant entgegnete: »Ich bin Winthrop Sargeant.« Aber der Mönch lachte. »Nein«, sagte er, »das meine ich nicht. Ich meine, wer bist du wirklich?« Das veranlasste Sargeant, alle möglichen allgemeinen Angaben zu seiner Person zu machen – dass er Journalist und Musiker sei und so weiter –, was der Mönch wiederum mit Gelächter quittierte. Schließlich kam der Mönch auf andere Themen zu sprechen, und von Sargeant fiel die Anspannung ab. Am Ende machte der Mönch eine witzige Bemerkung, worauf Sargeant lachen musste, und der Mönch sagte: »*Der* bist du also!«

Das Lachen war keine überlegte Antwort. Die Antwort eines nicht reflektierenden Geistes ist die Antwort eines Buddha-Geistes oder eines ungebundenen Geistes. Das ist aber nicht dasselbe wie eine schlagfertige Antwort, denn wenn du dich auf die Idee versteifst, schlagfertig zu antworten, dann wird die Idee der Schlagfertigkeit zu einer Art Hindernis. Dr. Suzuki antwortete auf eine Frage manchmal erst nach einer vollen Minute des Schweigens, und dennoch war es eine spontane Antwort, denn solange er schwieg, suchte er nicht krampfhaft nach einer Antwort – sein Schweigen und die ausbleibende Antwort brachten ihn nicht in Verlegenheit. Wenn du die Antwort nicht weißt, dann brauchst du nichts zu sagen. Du musst deswegen nicht in Verlegenheit geraten oder blockieren. Aber du kannst die Blockierung auch nicht überwinden, wenn du glaubst, etwas falsch zu machen, *wenn* du blockiert bist. Wenn du dir nicht das Geringste daraus machst, ob du dich blockiert fühlst oder nicht, dann bist du nicht blockiert. Nichts kann am wahren Geist haften bleiben – das wirst du selbst feststellen, wenn du den Fluss deiner Gedanken beobachtest.

Was wir den »Strom des Bewusstseins« nennen oder den »Fluss der Gedanken«, wird im Chinesischen durch die dreifache Wiederholung des Zeichens für »Gedanke« ausgedrückt: *nian, nian, nian* – Gedanke, Gedanke, Gedanke. Wenn du grübelst, folgt Gedanke auf Gedanke – die Gedanken gehen auf und ab wie Wellen. Und wenn die Gedanken wegfallen, ist es so, als hätte es sie nie gegeben. Wenn du das sehen kannst, dann siehst du auch, dass dein Geist an nichts anhaftet – du unterliegst nur der Illusion der Anhaftung. Vielleicht erlebst du eine wiederkehrende Abfolge von Gedanken, die dir das Gefühl von Beständigkeit vermittelt, aber das ist nur eine Illusion. Es liegt an unserer Art, Gedanken miteinander zu verknüpfen, wenn wir das Gefühl haben, dass es hinter unseren Gedanken einen Denker gibt, der die Gedanken denkt und lenkt. Aber die Vorstellung von einem, der denkt, ist nur ein Gedanke im Strom der Gedanken – Gedanke, Gedanke, Gedanke, Denker, Gedanke, Gedanke, Denker, Gedanke, Gedanke, Gedanke, Denker und so weiter. Und wenn das regelmäßig genug geschieht, unterliegst du der Illusion, dass es jemanden gibt, der unabhängig vom Strom der Gedanken, die kommen und gehen, denkt.

Auf diese Weise sind wir zu einem gespaltenen Geist gekommen. Wir glauben, es gäbe ein reales Wesen, das neben den Gedanken steht, unter ihnen eine Auswahl trifft, sie lenkt, ordnet und so weiter. Tatsächlich sind wir auf diese Weise gerade *nicht* in der Lage, unsere Gedanken zu kontrollieren. Je ausgeprägter die Dualität zwischen Gedanken und dem, der denkt, zwischen Gefühlen und dem, der fühlt, umso mehr wird der Strom der Gefühle in Selbstschutzmaßnahmen umgeleitet. Das Ganze wird immer mehr zu einer hängenden Schallplatte, um den angeblichen Denker in seinem Status abzusichern, zu bestärken und aufzublähen.

Wenn ich sage: »Gehe oder sitze, aber was immer du tust, eiere nicht herum«, was sage ich dann damit? Was für eine Art Aussage ist das? Wenn ich diese Frage stelle – *Was für eine Aussage ist das?* –, dann spreche ich über das Sprechen. Und das kann ich tun, vorausgesetzt, ich versuche es nicht, während ich die ursprüngliche Aussage mache. Wenn ich etwas über das sagen will, was ich gerade eben sage, muss ich es im Anschluss daran tun, richtig? Aber nicht zur gleichen Zeit. Ich kann dich nicht einen Narren nennen und im selben Atemzug zu dir sagen »Ich beleidige dich jetzt« – es sei denn, ich erfinde eine äußerst komplizierte Sprache, die sich während des Sprechens selbst erläutert. Ich sage das, um deutlich zu machen, wie wir (durch unseren gespaltenen Geist) in diese vollständige Konfusion geraten. Mitten im Satz denken wir darüber nach, ob wir mit unserer Aussage auch richtigliegen – mit anderen Worten: Wir fangen an herumzueiern. Wir geraten in eine Rückkopplungsschleife, und bei einem Übermaß an Rückkopplung spielt jeder Apparat verrückt. Wenn du dir den Unterschied zwischen Aktion und Akteur sehr bewusst machst und der Akteur ständig seine Aktionen kommentiert, während er agiert, dann kommt der Akteur niemals zurande. Wenn du mit einem Hammer einen Nagel einschlagen willst und dich im Zuschlagen fragst, ob das auch die richtige Stelle für den Nagel ist, dann haust du dir wahrscheinlich auf den Daumen – du bist dir beim Ausführen des Schlags selbst in die Quere gekommen.

Damit will ich nicht sagen, dass man seine Gedanken nicht kritisch hinterfragen soll. Findet dieses Hinterfragen aber statt, *während* du nachdenkst, dann wirst du davon nur völlig meschugge und konfus. Das ist mit dem Sanskrit-Ausdruck *Klesha* gemeint – ein in Konfusion befangener Geist. Diese Art von Konfusion ist spezifisch menschlich, weil wir über die Sprache verfügen, wobei ich dieses Wort in einem sehr weiten Sinn verwende – einschließlich der Worte, Bilder, Zahlen, Schriftzeichen und so weiter. Weil wir über alles sprechen können, können wir auch über das Sprechen sprechen, über das Denken sprechen und über uns selbst sprechen, so als könnten wir neben uns stehen und sagen: »Said I to myself, said I.«[18] Tatsächlich aber haben wir nur einen zweiten Gedanken formuliert, der den vorhergehenden kommentiert, während wir so tun, als wäre der zweite Gedanke ein ganz anderer als der erste. Und wir glauben daran, weil wir uns alle möglichen falschen Vorstellungen vom Gedächtnis machen – zum Beispiel, dass es eine Art Engramm sei, als ob man auf einer Tontafel etwas einritzt, um es später nachzulesen. Wir glauben, es gäbe so etwas wie eine bleibende Unterlage, auf der unsere Gedankengänge eine Spur hinterlassen.

Kommt dir das bekannt vor? Diese Vorstellung steht in direktem Bezug zu dem uralten Aberglauben, dass die Welt aus zwei Komponenten besteht – Stoff und Form. Das ist das keramische Modell des Universums. Gott formte Adam aus dem Staub der Erde. So gibt es Stoff einerseits und Form andererseits, die ihm aufgeprägt – aufgenötigt, aufgestempelt – wird, so wie man in Wachs ein Siegel drückt. Aber was ist Stoff unabhängig von der Form? Und was ist Form unabhängig vom Stoff? Niemand hat jemals ein Stück formlosen Stoffes gesehen, und niemand hat jemals ein Stück stoffloser Form gesehen – sie sind ein und dasselbe. Es ist unnötig, sie sich als verschieden zu denken.

18 Refrain aus dem Song »When I went to the bar« aus der komischen Oper *Iolanthe* von Sullivan/Gilbert (Anm. d. Übers.).

Es gibt ein Geschehen. Es gibt den Strom der Gedanken. Der Strom der Gedanken muss niemandem widerfahren. Die Erfahrung muss nicht auf jemanden treffen, der die Erfahrung macht. Es gibt nur einen Strom des Geschehens, von dem abseitszustehen und den zu beobachten wir uns selbst einreden, weil wir dazu erzogen wurden. In meinem Denken und meiner Erfahrung bin *ich* ein Objekt – ein sehr flüchtiges und vergängliches – und bist *du* ein Objekt, eines, das kommt und geht. Ich glaube, dass es ein von der Außenwelt umgebenes *Ich* gibt, und du glaubst dasselbe. Wenn du aber wirklich darüber nachdenkst – dass ich in deiner Außenwelt bin und du in meiner Außenwelt bist –, dann wirst du feststellen, dass alles eine einzige Welt ist, in der alles zusammengehört. Es gibt nicht so etwas wie *innen* und *außen* – es ist alles einfach das Geschehen. Daher ist es wichtig, die Illusion der Dualität von Denker und Gedanke loszuwerden.

Zen-Meister bedienen sich manchmal des Schreiens als Lehrmethode. Der Meister sagt: »Ich möchte von dir das Wort *Mu* hören und meine, was ich sage. Ich will nicht nur den Klang des Wortes hören, sondern den Menschen, der es ausspricht. Sag es jetzt.« Und der Schüler brüllt: *»Mu!«* Und der Meister sagt: »Nein. Das ist es nicht.« Und der Schüler brüllt noch lauter: *»Mu!«*, und der Meister sagt: »Das ist es noch immer nicht. Es kommt noch immer aus der Kehle und nicht aus dem Bauch.« Und so geht das endlos weiter, weil das richtige *Mu* niemals kommt, solange der Schüler noch zwischen dem richtigen *Mu* und dem falschen *Mu* unterscheidet.

Um entschlossen zu handeln, musst du es einfach tun. Aber die Menschen sind das nicht gewohnt, daher ist es nötig, einen geschützten Rahmen zu schaffen, in dem es möglich wird. Würden wir im normalen gesellschaftlichen Umgang ohne Überlegung handeln, brächte uns das in große Schwierigkeiten. Kämen wir wirklich der Aufforderung unserer Eltern nach, zum Beispiel stets die Wahrheit zu sagen, und würden wir wirklich aussprechen, was wir über andere Leute denken, brächte uns das wohl gewaltigen Ärger ein. Zen bietet aber eine Art Reservat, in dem man diese Art Verhalten einüben kann – und die Schüler werden zu Experten darin und lernen, es in allen Situationen anzuwenden. Zen-Meister bringen ihre Schüler daher in solche Situationen, die sie in normalen gesellschaftlichen Kontexten in Verlegenheit bringen würden. Zum Beispiel stellen sie ihnen unsinnige Fragen wie: »Was ist das Geräusch der einen klatschenden Hand?«, oder sie stellen unmögliche Aufgaben wie »Berühre die Decke des Zimmers, ohne dich von deinem Stuhl zu erheben« oder »Stoppe das Signal des in der Ferne fahrenden Zuges«. Wenn wir diese Fragen oder Aufgaben auf normale Weise interpretieren, sind sie unlösbar. Wir müssen unsere gewohnten Verständigungsmittel hinter uns lassen.

All diese Spiele, die wir spielen – Sprachspiele, Sozialspiele, Überlebensspiele –, sind als solche erst einmal gut. Aber wir nehmen sie so ernst, dass wir glauben, sie seien das einzig Wichtige. Zen will uns von dieser Vorstellung befreien, und dabei erkennen wir, dass es ein ebenso gutes Spiel wäre, tot umzufallen, wie weiterzuleben. Ist ein Blitz schlecht, weil er nur den Bruchteil einer Sekunde dauert? Ist ein Stern gut, weil er Jahrmilliarden existiert? Diese Art von Vergleich kann man nicht anstellen. Eine Welt von Blitzen und ein Universum voller Sterne gehören zusammen – kurzlebige und langlebige Wesen gehören zusammen. Das ist die Bedeutung des Gedichtes: »Blühende Zweige erscheinen von selbst – einige kurz, einige lang.«[19]

In einer Zen-Gemeinschaft wird spontanes Verhalten innerhalb gewisser Grenzen gefördert, und je mehr es den Schülern zur Gewohnheit wird, desto mehr werden diese Grenzen erweitert. Schließlich kann sich der Schüler auf die Straße begeben, sich wie ein wahrer Adept des Zen benehmen und dabei bestens zurechtkommen. Du weißt ja, was manchmal passiert, wenn sich zwei Menschen auf dem Bürgersteig begegnen. Sie weichen beide in dieselbe Richtung aus, erst in die eine, dann in die andere, und kommen so nicht aneinander vorbei. In dieselbe Art von Dilemma bringen Zen-Meister ihre Schüler. Sie schaffen eine Zwickmühle, um zu sehen, wie der Schüler sich aus ihr befreit.

Im Alltag zeigt sich ein deutlicher Unterschied zwischen den Menschen, die überwiegend in ihrer Mitte sind, und anderen, die ständig unter Anspannung und im Zwiespalt sind. Letztere wissen in keiner Situation so recht, wie sie sich verhalten sollen – sie kommen laufend in die Bredouille, weil ihr Leben zu sehr durchgeplant ist. »Du hast gesagt, dass du dann und dann das und das tust, und jetzt änderst du einfach deine Pläne und wirfst alles über den Haufen« – ist das nicht eine typische Ehestreitigkeit? Nicht, dass die geänderten Pläne wirklich ein Problem wären, es ist vielmehr das Unbehagen, das aus dem Mangel an Flexibilität her-

19 Haiku von Ryokan (1758–1831), ein Zen-Mönch, der aufgrund seiner Dichtung und Kalligrafie Berühmtheit erlangte (Anm. d. Übers.).

rührt. Wenn es nicht sehr auf den Zeitpunkt ankommt, zu dem wir dieses oder jenes tun, und jemand an einer Verzögerung Anstoß nimmt, dann nur deshalb, weil er aus der Pünktlichkeit einen Fetisch macht. Wir verwenden eine Unmenge Energie darauf, unser Leben den Vorstellungen anzupassen, die wir davon haben, wie es zu sein hat – Vorstellungen, denen unser Leben niemals entsprechen kann. Die Übung des Zen zielt darauf, uns dieser Vorstellungen zu entledigen.

In unserem Kulturkreis haben wir Komiker, die sich darauf verstehen, in gänzlich improvisierten Situationen Witze zu reißen. Und Zen ist eigentlich auch nichts anderes als eine Art Stand-up-Comedy, nur dass ein Zen-Meister sie in jeder Lebenslage betreibt. Um dazu aber in der Lage zu sein – und das ist ein Geheimnis –, muss man wissen, dass man nichts falsch machen kann. Das ist für uns nur sehr schwer zu begreifen, da wir uns seit der Kindheit an die Regeln eines Gesellschaftsspiels halten, das besagt, dass wir keine Fehler machen dürfen, immer das Richtige tun müssen, dass wir ein bestimmtes erwünschtes Verhalten hier und ein bestimmtes erwünschtes Verhalten dort an den Tag zu legen haben. Dieses Kindheitsspiel hat sich uns tief eingeprägt, und es ist schwer, darüber hinauszuwachsen. Noch ein anderes Spiel aus Kindheitstagen sitzt uns in den Knochen: Es besagt, dass es drei Sorten Menschen gibt: Oberklasse-, Mittelklasse- und Unterklasse-Menschen. Jeder will zu der oberen Liga gehören – sie leben am Stadtrand, fahren einen Mercedes, haben überall im Haus Perserteppiche, vor dem Haus einen kurz gemähten Rasen und all diese Dinge. Und niemand will zur Unterklasse zählen – Leute mit langen Bärten, die im

Hafenviertel leben, Bluejeans tragen und Marihuana rauchen. Die meisten von uns bewegen sich irgendwo in der Mitte und versuchen ständig, die soziale Leiter hinaufzuklettern, ohne sich jemals klarzumachen, dass die Oberklasse die Unterklasse braucht und die Unterklasse die Oberklasse.

Von diesem Konkurrenzspiel gibt es diverse Varianten – ich bin stärker als du; ich bin intelligenter als du; ich bin liebevoller als du und so weiter. Der Inhalt ist beliebig – aber das Statusspiel ist immer im Gange. Ein Zen-Schüler ist nun jemand, der aufgehört hat, das Statusspiel mitzuspielen. Die wahre Bedeutung des Mönchsdaseins besteht darin, nicht mehr zu versuchen, mit den Spießern mitzuhalten. Um Meisterschaft zu erlangen, muss man dahin kommen, nicht mehr Meister werden zu wollen. Dieses ganze Konzept, besser als jemand anders zu sein, ist völlig nutz- und sinnlos. In jedem von uns manifestiert sich das Wunder des Universums in derselben Weise wie in den Sternen, im Wasser, im Wind oder in den Tieren. Und du siehst, wie alle anderen am richtigen Platz sind, außerstande, etwas falsch zu machen, selbst dann, wenn *sie* auf ihre Weise glauben, etwas falsch zu machen, und ihre Form des Konkurrenzspiels spielen.

Wenn das Spiel also anfängt, dich zu langweilen oder dir Magenschmerzen zu bereiten, dann denkst du vielleicht darüber nach, aus dem Spiel auszusteigen, und beginnst, dich für so etwas wie Zen zu interessieren. Das ist aber nur ein Symptom dafür, dass du aus deiner alten Form herauswächst. Wenn du es leid bist, ein bestimmtes Spiel zu spielen, zieht es dich so selbstverständlich in eine andere Richtung, wie ein Baum einen neuen Ast austreibt. Und hoffentlich geschieht das dann, ohne in Kategorien von besser und schlechter zu denken – also ohne dir zu sagen: »Ich bin jetzt ein spiritueller Mensch, der sich um höhere Dinge kümmert; ich bin nicht wie diese Deppen, die sich mit Bier und Fernsehen zufriedengeben.« Es gibt verschiedene Möglichkeiten, das Leben zu leben, genauso wie es Krabben und Spinnen und Haie und Sperlinge und so weiter gibt. Du erinnerst dich an das schon zitierte Gedicht: »Blühende Zweige erscheinen von selbst – einige kurz, einige lang«? Der erste Vers des Gedichtes lautet: »In der Landschaft des Frühlings gibt es nichts, das besser oder schlechter wäre.« Wozu soll Überlegenheit auch gut sein? Die Eiche ist nicht besser als die Eichel. Zur Eiche heranzuwachsen ist für die Eichel nur ein Mittel, zu vielen Eicheln zu werden.

Es hat also auch gewisse Vorteile, zum Außenseiter in dem Sinne zu werden, dass man das Spiel der Gesellschaft nicht mehr ernst nimmt. Und auch wenn die Leute dir ständig in den Ohren damit liegen, das Spiel zu spielen, macht dir die Vorstellung, Fehler zu begehen oder das Falsche zu tun, keine Angst mehr. Mit anderen Worten, du wächst darüber hinaus, die Prägungen der Kindheit ins Erwachsenenalter zu übernehmen. Priester, Richter und Lehrer jeder Couleur nehmen Erwachsenen gegenüber gern dieselbe Haltung ein wie Eltern gegenüber ihren Kindern, indem sie ihnen vorschreiben wollen, was sie zu tun und zu lassen haben. Es mag ja sein, dass manche Kriminelle erst noch erwachsen werden müssen, aber das gilt nicht minder für manch einen Richter. Es gehören eben immer zwei dazu. Und wenn du das Spiel nicht mehr mitmachst, dann kannst du anfangen, auf neue Weise zu denken – in Polaritäten statt in Konflikten –, weil du es nicht mehr nötig hast, im Konkurrenzdenken stecken zu bleiben: Gut und Böse, Polizei und Verbrecher, Kapitalisten und Kommunisten, und all diese Konstrukte, die einfach nur kindisch sind.

Natürlich benutze ich hier eine Art Konkurrenzsprache, um die Grenzen des Konkurrenzspiels aufzuzeigen. Die Botschaft lautet etwa so: »Ich habe dir etwas zu sagen, und wenn du es begreifst, wird es dir damit sehr viel besser ergehen als zuvor.« Aber ich kann nicht zu einer bestimmten Gruppe von Menschen sprechen, ohne mich der Sprache, der Gestik, der Eigenheiten und so weiter dieser Gruppe zu bedienen. Zen-Meister versuchen, diese Situation zu umgehen, indem sie auf seltsame und überraschende Weise agieren, die für die Menschen einfach unverständlich ist. Das ist der wahre Grund dafür, dass Zen sich nicht erklären lässt. Dazu musst du aber aus dem Bewertungsspiel aussteigen – gute und schlechte Menschen, Insider und Outsider und so weiter –, und dieser Ausstieg gelingt dir nur, wenn du erkennst, dass all diese Gegensätze einander bedingen. Nehmen wir also an, ich wende mich an dich mit den Worten: »Ich habe dir etwas sehr Wichtiges mitzuteilen, etwas, das du dir unbedingt anhören musst.« Dann bin ich der Insider und du bist der Outsider. Freilich kann ich nicht den Lehrer spielen, wenn du nicht den Schüler oder Zuhörer spielst – mein Status und meine Position hängen vollkommen von dir ab. Das ist nicht etwas, das ich zuerst habe und du dann bekommst – dergleichen Dinge beruhen auf Gegenseitigkeit. Würdest du also nicht dem zuhören, was ich dir zu sagen habe, dann würde ich nicht zu dir sprechen. Ich wüsste nicht, was ich sagen soll.

Die Einsicht besteht also darin, dass die Dinge zusammengehören. Und wenn du das erkennst und dich nicht mehr mit anderen misst, dann machst du keine Fehler, weil du nicht hin und her überlegst. Als ich meine ersten Klavierstunden hatte, schlug mir die Klavierlehrerin jedes Mal, wenn ich eine falsche Note spielte, mit einem Bleistift auf die Finger. Folglich lernte ich niemals Notenlesen – ich hatte Angst vor dem Bleistift und zögerte daher bei jeder Note. Dergleichen Dinge graben sich in unsere Psyche ein. Auch wenn wir längst erwachsen sind und schon lange nicht mehr geschlagen und angebrüllt werden, haben wir doch noch immer das Echo von Vaters Gebrüll und Mutters Geschrei im Hinterkopf. Genauso gehen wir dann mit unseren eigenen Kindern um, und so setzt sich das ganze Theater immer weiter fort. Das soll nicht heißen, dass du deinen Kindern keine Vorschriften machen sollst, aber du solltest auch gewisse Vorkehrungen treffen, damit sie sich im späteren Leben davon befreien können – ich meine, ihr solltet eine Art Heilungsprozess durchlaufen, der sie von den negativen Folgen der Erziehung kuriert. Das kannst du aber nur, wenn du selbst erwachsen wirst, und da will ich mich selbst nicht ausnehmen.

Bei der ersten Begegnung machen Zen-Meister einen äußerst autoritären Eindruck. Sie gebärden sich als furchterregende Drachen, weil das die Leute abschreckt, die nicht den nötigen Biss haben, um die Arbeit auf sich zu nehmen. Hast du das aber erst einmal hinter dir, tritt eine sehr interessante Verwandlung ein. Der Meister wird zu einem liebevollen Helfer, und was der Schüler gegenüber dem Meister empfindet, gleicht mehr der Liebe zu einem Bruder als dem Respekt, den man seinen Eltern zollt. Meister und Schüler machen sich übereinander lustig, und zwischen beiden entwickelt sich eine sehr spezielle Art von Beziehung, die zwar nach außen hin von Autorität geprägt ist, sich nach innen aber bewusst ist, um welche Farce es sich dabei handelt. Befreite Menschen müssen ziemlich abweisend auftreten, weil eine Gesellschaft, die nicht wirklich an Gleichheit glaubt und sie praktizieren kann, diese Art von Beziehung als Bedrohung erleben würde. Es würde als äußerst subversiv gelten. Also kleiden sich Zen-Meister in Purpur und Gold, tragen ein Zepter und sitzen auf einem Thron. Die Außenwelt schaut dem zu und denkt: »Okay, das geht klar. Da herrschen Disziplin und Ordnung, dann ist ja alles bestens.«

12
IM GROSSEN ZWEIFEL

Nachdem ich die Grundprinzipien des Zen erläutert habe, möchte ich nun noch auf seine praktische Seite zu sprechen kommen. Ein typisches Zen-Kloster besteht aus einem Campus mit einer Vielzahl von Gebäuden und weist an den Eckpunkten verschiedene Tempel auf, die in alter Zeit von adligen Familien errichtet wurden. Als die Buddhisten in den Fernen Osten kamen, machten sie sich den Ahnenkult zunutze – die große Religion Chinas –, was sehr clever von ihnen war. Die buddhistischen Mönche hielten Zeremonien für das Seelenheil der Verstorbenen und eine günstige Reinkarnation der Ahnen ab. Eine der Hauptfunktionen japanischer Tempel besteht also im Totengedenken. In Japan gehen die Menschen nicht in einen Tempel wie wir im Westen in die Kirche – sie unternehmen Pilgerreisen zu den Tempeln, rezitieren Sutras und nehmen an Zeremonien anlässlich von Todesfällen und Hochzeiten teil, aber sie kennen keine Kirchengemeinden westlichen Stils. Unter den japanischen Immigranten in den Vereinigten Staaten, von denen viele die protestantischen Gebräuche nachahmten, änderte sich das alsbald, und viele der jungen Japaner verstehen heute kein Japanisch mehr und können mit den Sutra-Gesängen nichts anfangen.

In Japan werden die Tempel von Mönchen und ihren Familien unterhalten, und manche von ihnen tun sich damit zunehmend schwer. Um über die Runden zu kommen, richten sie auf dem Tempelgelände Restaurants oder Museen ein. Das Herz eines Zen-Tempels ist der *Sodo*. *So* bedeutet »Sangha«, also die mönchische Gemeinde, und *do* einfach Halle, und somit bildet der *Sodo* das Zentrum der Tempelanlage. Diese Halle umfasst eine Reihe von Räumen, und der Hauptraum, der eigentliche *Sodo,* ist ein lang gestreckter, weitläufiger Saal mit Podesten zu beiden Seiten und einem weiten Gang in der Mitte. Diese Podeste sind knapp zwei Meter breit und mit einer Anzahl von *Tatami*-Strohmatten belegt, jede etwa neunzig mal hundertachtzig Zentimeter groß, auf denen die Mönche schlafen und meditieren. Ihnen gegenüber befindet sich ein Wandregal, in dem die Mönche ihr gesamtes Hab und Gut verstauen, das aus nur wenigen Gegenständen besteht. In der Mitte der Halle befindet sich ein Bildnis des Bodhisattvas Manjushri – in Japan Monju genannt –, der das Prajna-Schwert, das Schwert der Weisheit, in Händen hält, das alle Illusionen durchschneidet. Zum *Sodo* gehören außerdem eine Küche, eine Bibliothek und weitere Räumlichkeiten für besondere Zeremonien. Er beherbergt auch die Quartiere des *Kancho* – des Abtes oder Klostervorstehers – und des Roshi, also des spirituellen Lehrers. Jedes Kloster ist mehr oder weniger unabhängig, insbesondere im Rinzai-Zen. Das heißt, unter den Klöstern besteht eine freundschaftliche Verbundenheit, aber es gibt nicht so etwas wie einen Papst, einen Erzbischof oder eine wie immer geartete Hierarchie. Im Soto-Zen sieht das etwas anders aus, aber im Großen und Ganzen kann man sagen, dass im Zen-Buddhismus der Kancho der eigentliche Chef des Klosters ist, während der Roshi die Respektsperson darstellt – er ist der Mann, den alle fürchten, jedenfalls nach außen hin.

Wenn du in einem dieser Klöster Zen studieren willst,

wird man es dir schwer machen oder sogar versuchen, dich davon abzubringen. Darin liegt also ein weiterer Unterschied zu christlichen Kirchen, in denen jeder willkommen ist. Der formale Ablauf ist wie folgt: Der angehende Schüler findet sich in traditioneller Pilgerkleidung vor den Toren des Zen-Klosters ein – gewaltiger Strohhut, schwarzer Umhang, weiße *Tabi*-Socken und vor allem hölzerne Sandalen. Außerdem trägt er eine kleine Schachtel mit sich, die Essstäbchen, Zahnbürste, Rasiermesser und andere wichtige Utensilien des täglichen Bedarfs enthält. Bei seiner Ankunft erhält der Schüler die Auskunft, dass das Kloster sehr arm sei, dass man sich die Aufnahme weiterer Schüler nicht leisten könne, dass der Meister alt und gebrechlich werde und anderes in dieser Art. Also muss der Schüler draußen warten, wird aber zu den Mahlzeiten hereingerufen, da keinem pilgernden Mönch die Gastfreundschaft verwehrt werden darf. Abends führt man ihn in einen besonderen Raum, und es wird von ihm erwartet, dass er dort die ganze Nacht wach bleibt, um zu meditieren. In alten Zeiten konnte das eine Woche oder länger so weitergehen, um den Schüler gründlich auf die Probe zu stellen.

Nimmt der Schüler diese erste Hürde, wird er zu einem Gespräch mit dem Roshi geladen. Wie gesagt: Von außen betrachtet, ist ein Roshi ein furchterregender Geselle mit einem grimmigen Auftreten und großer Direktheit. Der Roshi ist mit anderen Worten jemand, der dich sofort durchschaut. Wenn also der Schüler mit dem Roshi zusammenkommt, stellt ihm der Meister ohne Weiteres Fragen wie: »Was willst du?«, oder: »Warum bist du hergekommen?« Darauf erklärt der Schüler natürlich, dass er gekommen sei, um Zen zu studieren, woraufhin der Meister antwortet: »Wir haben hier nichts zu lehren. Im Zen gibt es nichts, das sich studieren lässt.« Und wenn der Schüler aufgeweckt genug ist, wird er begreifen, dass dieses »Nichts« das Eigentliche ist – das Universum, die Leerheit, *Shunyata* –, sodass er sich von der Antwort des Roshi nicht beirren lässt. Beharrt der Schüler an diesem Punkt auf seinem Wunsch, im Kloster zu bleiben, um zu arbeiten, zu meditieren und so weiter, wird er vermutlich probeweise aufgenommen.

Danach kann sich diese erste Unterredung noch für eine Weile fortsetzen. Vielleicht stellt der Meister nun eine Frage wie: »Warum willst du Zen studieren?«, und der Schüler antwortet darauf vielleicht etwas wie: »Weil ich mich vom Leiden und aus dem Kreislauf von Geburt und Tod befreien will.« Der Meister fragt: »Wer ist es, der sich vom Leiden befreien will?« Und das ist eine Zäsur – das erste Koan des Schülers. Das Gespräch kann aber auch auf unverfängliche Weise beginnen, indem sich der Meister nach dem Heimatort, der Familie und Ausbildung und so weiter des Schülers erkundigt. Aber inmitten dieser vermeintlich harmlosen Befragung platziert der Roshi dann das Koan – so etwas wie: »Warum gleicht meine Hand derjenigen Buddhas?« Und der Schüler weiß nicht mehr weiter. Das Wort *Koan* bedeutet »Fall« und fungiert genauso wie ein Präzedenzfall vor Gericht. Die meisten Koans beruhen auf Geschichten über Unterredungen zwischen den alten Meistern und ihren Schülern, einige können aber auch spontan zustande kommen. Das grundlegende Koan lautet jedoch immer »Wer bist du?«, und der Roshi wird bloße Worte nicht als Antwort gelten lassen.

Danach begibt sich der Schüler zum Hauptmönch – dem *Jikijitsu* –, von dem er die Klosterregeln erfährt, also wo sein Schlafplatz ist, wie die Meditation abläuft und so weiter. Die Mönche sitzen mit untergeschlagenen Beinen auf einem *Zafu,* dem traditionellen mit Kapok gefüllten Meditationskissen. Nach einer halben Stunde stehen alle auf und gehen eine Weile flott im Raum umher, bis sie sich auf ein Signal hin wieder in die Lotosposition auf ihren Kissen begeben. Bei dem ganzen Ablauf ist auf beiden Seiten des *Sodo* ein Mönch zugegen, der einen langen flachen Stock trägt. Sobald er bemerkt, dass einer der Mönche in sich zusammensinkt, schläfrig wird oder zu dösen beginnt, tritt er hinter ihn und schlägt ihm mit dem Stock auf die Schulter. Manche verteidigen diese Praxis mit der Erklärung, der Schlag stelle keine Bestrafung dar, sondern helfe dem Mönch dabei, wach zu bleiben.

Wer erstmalig *Zazen* übt – also die Meditation im Sitzen –, tut dabei erst einmal nicht viel anderes, als seine Atemzüge zu zählen, etwa von eins bis zehn, bis die Gedanken sich beruhigen. Beim Zazen bleiben Augen und Ohren offen. Der Blick ruht auf dem Boden, und man versucht nicht, Geräusche oder Gerüche auszublenden oder irgendetwas anderes, was um einen herum vorgeht. Keine dieser Wahrnehmungen wird unterdrückt. Mit der Zeit verlagert sich die Aufmerksamkeit vom Zählen der Atemzüge auf die Beschäftigung mit dem Koan, das dem Schüler vom Roshi aufgegeben wurde – *Was ist das Geräusch der einen klatschenden Hand? Wer warst du, bevor dein Vater und deine Mutter dich gezeugt haben? Hat ein Hund Buddha-Natur?* Dieser Art sind die Aufgabenstellungen.

Jeden Tag sucht der Schüler den Meister zum *Sanzen* (im Soto-Zen *Dokusan*) auf – also der Unterweisung –, um ihm seine Lösung des Koan vorzutragen. Diese Begegnung findet unter streng formalen Vorzeichen statt. Der Schüler wartet vor dem Raum des Meisters und schlägt dreimal eine Trommel. Der Meister antwortet, indem er eine Glocke ertönen lässt, woraufhin der Schüler eintritt, sich verneigt und das Koan laut wiederholt. Anschließend gibt er seine Antwort. Ist der Meister mit dieser Antwort nicht zufrieden, lässt er einfach wieder die Glocke ertönen, was bedeutet: »Die Unterredung ist beendet.« Vielleicht gibt der Roshi dem Schüler auch eine Hilfestellung oder aber stößt ihn noch tiefer in die Verwirrung.

Vom Schüler wird erwartet, dass er vollkommen authentisch ist, was nicht auf Kommando zu bewerkstelligen ist – zumal wenn man es mit einer Autoritätsperson zu tun hat, mit einer Vaterfigur, die noch mehr Autorität besitzt als der eigene Vater (was in Japan sehr viel heißen will). Von dir wird also verlangt, in Gegenwart dieses Tigers vollkommen spontan zu sein. Und während deine Antworten auf das Koan eine nach der anderen abgelehnt werden, gerätst du immer mehr in Bedrängnis und kommst in einen Zustand, den man den »großen Zweifel« nennt. An diesem Punkt nun versucht der Schüler alles, um zu einer Lösung zu kommen – manche Schüler sollen sogar den Meister mit einem Stein geschlagen haben –, aber nichts hilft. Ein Freund von mir, der in Kyoto Zen studierte, zog in seiner Not sogar einmal einen Ochsenfrosch aus seinem Kimono. Aber der Meister schüttelte nur den Kopf und sagte: »Zu intellektuell.« Er meinte damit: zu konstruiert, zu ausgedacht. Mein Freund hatte einfach nur das skurrile Gebaren anderer Zen-Leute imitiert, und damit kommt man natürlich nicht durch.

Dieser Verzweiflungszustand kann während des *Sesshin* in eine kritische Phase eintreten – einer intensiven Übungsperiode, in der die Mönche nur vier Stunden in der Nacht schlafen, den ganzen Tag über meditieren und sich zweimal täglich zum Sanzen beim Meister begeben. Es ist eine gewaltige Anforderung, die meist über fünf oder sechs Tage geht, während sich die Schüler in eine Art furiosen Geisteszustand hineinsteigern. Und im Verlauf dieser Intensivierung erschöpft sich die normale Art, die Dinge zu tun. Der Schüler tritt vor den Meister hin und zerbricht sich nicht mehr den Kopf, denn er sieht jetzt, dass es in Wahrheit niemals ein Problem gegeben hat. Er hat sich das Problem eingebildet und auf den Meister projiziert, der sich der Sache annahm, indem er den Schüler noch dümmer aussehen ließ als zuvor. Auf diese Weise erkennt der Schüler schließlich die prinzipielle Dummheit des Konkurrenzspiels, das die Menschen untereinander und mit dem Universum spielen.

Wer sagt, dass dem Leben beizukommen ist? Wieso glaubst du, vom Leben getrennt zu sein? Wie kannst du die Partie für dich entscheiden? Welche Partie? Diese Illusion von einer Partie, die zu gewinnen ist, wird durch das Koan aufgelöst. Es heißt, die Arbeit an einem Koan sei wie der Versuch eines Moskitos, einen eisernen Stier zu stechen – es gehört zum Wesen des Moskitos zu stechen, aber zum Wesen eines eisernen Stiers, nicht gestochen werden zu können.

Lässt nun der Roshi die Antwort des Schülers auf das

Koan gelten, geht das Ganze dennoch weiter. Es gibt fünf Klassen von Koans, und das war erst der Anfang, weshalb der Meister den Schüler dazu anhält, seine Anstrengungen zu verdoppeln. Das erste Koan war ein Fall aus dem Hinayana – dazu bestimmt, dem Schüler zum Erreichen von Nirvana zu verhelfen –, die anderen vier Klassen von Koans sind dagegen aus dem Mahayana und deshalb darauf angelegt, das Nirvana in die Welt zu bringen. Daher haben diese Koans mit Wundern zu tun – zum Beispiel, im fernen Timbuktu eine Kerze auszublasen – oder damit, wie Zen mit weltlichen Problemen umzugehen weiß. All das braucht seine Zeit, mal mehr, mal weniger. Manche benötigen dafür nur zehn Jahre. Nach Abschluss der Ausbildung kommen alle zusammen, und es gibt ein großes Spektakel, um dem scheidenden Mönch Ehre zu erweisen, der das Kloster verlässt, um ein *Upasaka*[20], Tempelvorsteher oder eines Tages sogar ein Roshi zu werden.

Das ganze System ist also homöopathisch. Es benutzt das Haar des Hundes, der dich gebissen hat, um die Bisswunde zu heilen. Wenn ein Mensch verblendet ist, kann man ihm seine Verblendung nicht ausreden. Auch noch so viele Worte werden niemanden davon überzeugen, dass das Ich eine Illusion ist – man *weiß* einfach, dass es da ist. Die einzige Möglichkeit, einem Toren seine Torheit vor Augen zu führen, besteht daher darin, ihn noch tiefer in sie hineinzuführen – wie William Blake sagt: »Der Narr, der auf seiner Narrheit beharrt, wird weise.« Ich kenne einige Psychiater, die sich dieser Methode be-

20 Wörtlich »Dabeisitzender«; ein buddhistischer Laienanhänger, der gelobt, die Fünf Silas (vgl. Kap. 15) einzuhalten, ohne jedoch das weltliche Leben aufzugeben (Anm. d. Übers.).

dient haben – zum Beispiel, einen stark Übergewichtigen noch fünfzehn Pfund zulegen oder einen Alkoholiker sich bis zum Delirium betrinken zu lassen. Aber es ist eine ziemlich verzweifelte Methode – und eine ziemlich gefährliche dazu. Ohne kundige Begleitung können Menschen unter dieser Belastung durchdrehen.

Diese Methode des Zen funktioniert also nur bei Leuten, die nichts anderes zufriedenstellt – sie *müssen* es einfach tun. Aus diesem Grund ist diese Methode auch nichts für die heutige Zeit, und deshalb sind die meisten japanischen Zen-Klöster relativ leer. Die Mehrzahl der Klöster, die heute noch offenstehen, ist in ihren überholten Traditionen erstarrt – und vieles von dem, was sie tun, ist bedeutungslos geworden. Nicht selten erwarten die Meister von ihren Schülern sogar, die Koans mit vorgegebenen Lösungen zu beantworten, wie es schon zu Zeiten Hakuins üblich war. Nachdem sie die richtige Lösung genannt haben, lesen sie eine Anthologie namens *Zenrin-kushu* – die »Spruchsammlung des Zen-Hains« –, um die Bedeutung des Koans herauszufinden. Kürzlich hat sich ein Mönch so sehr an dieser Praxis gestört, dass er damit drohte, alle Lösungen zu den Koans zu veröffentlichen, damit die Meister gezwungen wären, sich neue auszudenken. Ich kenne einen Roshi, der aus dem Stegreif Koans erfindet. Wenn ein Schüler zur Antwort ansetzt, sagt der Meister, sobald der Schüler den Mund öffnet: »Nein! Zu spät!«

Ein Teil der Problematik, die sich dem modernen Zen stellt, ist die archaische Sprache. Wer will denn heute noch etwas von Joshus *Mu*[21] wissen oder vom Geräusch

21 Ein Mönch fragte Joshu: »Hat ein Hund Buddha-Natur?« Joshu antwortete: »*Mu* [Nichts].« (Anm. d. Übers.)

der einen klatschenden Hand? Wenn du des Chinesischen kundig bist, kennst du vielleicht das Sprichwort »Eine Hand ergibt kein Klatschen«, woraus sich der Sinn des Koans erschließt. All diese alten Geschichten und Dialoge sind voll von Bezügen und Anspielungen, die nicht mehr in die heutige Zeit passen. Was nottut, ist also Modernisierung – mit Bezugnahmen auf Dinge, die *jetzt* stattfinden. In Japan hat man auch früher schon mit der Tradition gebrochen – das siebzehnte Jahrhundert war eine große Epoche der Demokratisierung der Kultur. Zum Beispiel hat Basho zu dieser Zeit die Gedichtform des Haiku entwickelt. Bis dahin war die Dichtkunst unverständlich und kraftlos gewesen, und man musste der Schicht gebildeter Literaten angehören, um sie auszuüben. Nun aber machte Bashos neue Form sie jedermann zugänglich. Poesie galt nun nicht mehr als etwas, das zur Veröffentlichung bestimmt war – man schrieb Gedichte auf Gesellschaften. All dies entstammte Bashos Naturgefühl – kleine, einfühlsame Momentaufnahmen des Naturgeschehens, und Basho war der Ansicht, dass jedem diese Kunstform offenstehen solle.

Zur selben Zeit, als Basho die Dichtkunst zu den Bauern brachte, machte ein Mann namens Bankei die Landbevölkerung mit Zen bekannt. Bankei vertrat ein völlig anderes System von Zen, das er *Fu-sho,* das Ungeborene, nannte. Es ist das, was nicht entstanden ist und niemals entsteht. Bankei erklärte, dass wir von unseren Eltern einen unsterblichen, ungeborenen Geist empfangen – den Buddha-Geist. Ein jeder besitzt ihn, und mehr als ihn brauchen wir nicht, um mit allem, was uns im Leben begegnet, zurechtzukommen. Als Beweis dafür nennt er unsere Fähigkeit, aus einer Vielzahl von

Geräuschen mühelos jedes einzelne herauszuhören – zum Beispiel wenn wir im Wald vom Gesang der Vögel umgeben sind. Wie kann etwas so Erstaunliches ganz von selbst geschehen? Diese Fähigkeit beruht auf dem Buddha-Geist, der ungeboren und daher unsterblich ist.

Es gibt eine Geschichte von einem Mönch, der zu Bankei kommt und sagt: »Was du lehrst, ist ja gut und schön. Aber jedes Mal, wenn ich mich mit meinem Buddha-Geist verbinde, schweift mein Geist ab.« Darauf entgegnete Bankei: »Wenn ich dir einen spitzen Stock in den Rücken stoße, spürst du dann etwa nicht den Schmerz? Also bist du nicht geistesabwesend.« In einer anderen Geschichte beklagt sich ein Schüler über seine eigene Trägheit und Unfähigkeit, auf dem Weg Fortschritte zu machen. Bankeis Antwort war: »Unsinn. Wenn du dich mit dem Buddha-Geist verbindest, brauchst du keine Fortschritte auf dem Weg zu machen und kannst auch nicht auf ihm zurückfallen. Sobald du das verstehst, hältst du dich nicht mehr mit solchen Zweifeln auf.« Bankei lehrte also, dass Gedanken aus den Untiefen unseres Geistes stammen. Da sie nichts real Existierendes sind, muss man nichts weiter tun, als sie auftauchen, einen Moment verweilen und wieder verschwinden zu lassen. Gedanken kommen und gehen ganz von selbst. Wir gehen nur dann in die Irre, wenn wir an ihnen festhalten.

Bankeis Unterweisung besagte also im Wesentlichen, dem natürlichen Geschehen seinen Lauf zu lassen. Wer seine Gedanken kommen und gehen lässt, so Bankei, verweilt im Buddha-Geist, und daher kommt es auf Disziplin und Zazen nicht besonders an. »Der ungeborene Buddha-Geist«, so sagt er, »hat absolut nichts damit zu tun, mit gekreuzten Beinen vor einem Räucherstäbchen zu hocken. Ob wachend oder schlafend, du bist ein lebendiger Buddha.« Bankei zielte also auf ein methodenfreies Zen – man kann meditieren, wenn man will, notwendig ist es aber nicht. Er lehrte, dass Meditation um der Erleuchtung willen wie der Versuch sei, einen Spiegel zu erhalten, indem man einen Ziegelstein poliert. Wer es unternehme, seinen Geist zu läutern, sei wie jemand, der versucht, Blut mit Blut abzuwaschen.

Bankei war der Abt des Klosters Myoshin-ji, wo er der Praxis, schläfrigen Mönchen einen Stockhieb zu versetzen, ein Ende machte, denn: »Auch ein schlafender Mönch ist ein Buddha, und man sollte nicht respektlos sein.« Sein Zeitgenosse Hakuin hatte acht Nachfolger, Bankei jedoch neun. Und manche meinen, das sei das eigentlich Bewundernswerte an ihm.

TEIL 5

DIE WELT ALS DAS SELBST

13
HINDUISTISCHE KOSMOLOGIE

Die Upanishaden sind die Essenz hinduistischen Denkens. Aus ihnen erfahren wir die Grundlage der gesamten indischen Philosophie – der »Atman« im Sanskrit oder das »Selbst« in unserem eigenen Sprachgebrauch. Dabei handelt es sich allerdings um das Selbst im weitesten und umfassendsten Sinn des Wortes – es ist *dein* Selbst, aber ebenso das *Selbst als solches,* die *Existenz als solche,* die *Gesamtheit allen Seins.*

Allerdings ist das nicht etwas, worüber sich logisch sprechen lässt. Zwar kann man darüber sprechen, aber so wie ein Dichter, der über alles sprechen kann, und die Upanishaden sind daher auch überwiegend Dichtung. Natürlich ist alles in der Welt – Messer und Gabeln, Tische und Stühle, Bäume und Steine – unbeschreiblich. Vom Standpunkt der Logik aber können wir über nichts etwas sagen, denn um über irgendetwas eine logische Aussage zu machen, müssen wir es einer Kategorie zuordnen. Kategorien sind Denkschubladen – wie zum Beispiel die drei Schubladen des Zuordnungsspiels Tier – Pflanze – Mineral. Ohne die eine Kategorie wissen wir nichts von der anderen. Um Schubladen zu haben, muss sich etwas innerhalb der Schublade befinden und etwas außerhalb der Schublade, und aufgrund dieser Kontrastmethode können wir eine logische Diskussion über Dinge führen. Daher sind alle Worte Etiketten – intellektuelle Schubfächer.

Wenn man aber untersucht, was wirklich *ist,* befindet man sich jenseits des Schubladendenkens und kann nicht mehr auf logische Weise über die Dinge sprechen. Natürlich kann man *ist* und *ist nicht* unterscheiden, allerdings nur auf sehr begrenzte Weise. Du könntest zum Beispiel sagen: »Ich habe einen Stift in meiner linken Hand, und ich habe keinen Stift in meiner rechten Hand«, und daraus die abstrakte Vorstellung von *Sein* und *Nichtsein* herleiten oder von *ist* und *ist nicht*. Geben wir uns aber mit diesem eingeschränkten Seinsbegriff nicht zufrieden, dann umfasst das *Sein* sowohl Beispiele für ein *ist* wie etwa Himmelskörper als auch Beispiele für ein *ist nicht* wie den Raum, der diese Himmelskörper umgibt, und beides gehört zusammen.

Ein durch und durch logischer Mensch würde sagen, dass der Begriff des Selbst – der Atman als die grundlegende Wirklichkeit, innerhalb deren alles existiert – bedeutungslos ist. Vom logischen Standpunkt aus ist er das auch. Nur weil sich etwas keiner logischen Kategorie zuordnen lässt, besagt das jedoch nicht, dass es nicht real ist. Das Selbst steht zur Welt etwa im selben Verhältnis wie die Membran eines Lautsprechers zur Musik – weder handelt die Musik, die aus dem Lautsprecher kommt, von der Membran, noch spricht irgendjemand vom Vorhandensein der Membran, aber sie ist es, die all das erst hervorbringt. Alles, was aus dem Lautsprecher kommt – all die verschiedenen Klänge und Geräusche –, sind Schwingungen dieser Vorrichtung. Dasselbe gilt für dein Trommelfell und deinen Sehapparat. Ebenso wie wir in Bezug auf Musik nach dem Tonträger wie Magnetband oder Schallplatte und so weiter fragen können, so können wir nach dem Träger all dessen hier fragen, und ein Hindu würde darauf antworten: »Es ist das Selbst.«

Es gibt dabei nicht nur ein einziges Selbst in einem solipsistischen Sinn. Der Solipsismus beruht auf der Vorstellung, dass du die einzige Person bist, die existiert, und jeder andere nur dein Traum ist. Niemand kann beweisen, dass es sich nicht so verhält, aber ich wäre gern bei einem Solipsisten-Kongress dabei, auf dem darüber debattiert wird, welcher der Teilnehmer wirklich anwesend ist. Der Atman ist aber komplexer, denn er besagt, dass jedes Selbst im Grunde *eines* ist. Über deinen ganzen Körper verteilt, gibt es Millionen von Nervenenden, und jedes davon ist gewissermaßen ein kleines Auge, weil alle Sinne im Grunde ein einziger Sinn sind. Sie sind unterschiedliche Formen von Berührung, und die empfindlichste Form von Berührung ist natürlich das menschliche Auge, gefolgt vom Ohr und den anderen Sinnen. Stell dir also vor, dass jedes Nervenende ein kleines Auge ist, das Eindrücke von der Welt empfängt und sie an das Zentralhirn weiterleitet. Ebenso kann jeder Mensch, jedes Tier, jeder Stein, jeder Grashalm und so weiter als ein Auge betrachtet werden, das aus dem zentralen Selbst nach außen blickt. Nun können wir zwar die Verbindung zwischen einem einzelnen Nerv und dem Gehirn erkennen, viel schwieriger ist es aber, die Verbindung zwischen einem Menschen und einem anderen zu sehen. Wir sind nicht wie Bäume im selben Boden verwurzelt, daher kann ich leicht den Eindruck gewinnen, nur das zu sein, was sich innerhalb meines Hautsacks befindet, und dass mein Selbst ein anderes ist als dein Selbst – mit anderen Worten, es sieht für mich so aus, als wären wir grundsätzlich voneinander getrennt. Gehen wir aber über diese rein physikalische Betrachtungsweise hinaus und blicken tiefer, wird es zu einer Art Denknotwendigkeit, dass es irgendein Etwas gibt, das den gemeinsamen Ursprung all dieser Universen und Galaxien bildet, und dieser Ursprung ist das Selbst oder was Hindus unter dem Atman verstehen.

Im hinduistischen Denken ist also jeder von uns das Ganze, und das ist eine verblüffende Perspektive. Den Hindus zufolge ist das Selbst – das große Selbst – Bewusstsein, aber natürlich nicht im Sinne unseres normalen Alltagsbewusstseins. Allerdings ist das Alltagsbewusstsein eine Form oder sagen wir eine Manifestation dieses größeren Bewusstseins, aber es gibt auch einen Aspekt des Bewusstseins, der nicht bewusst wahrnimmt, obwohl er hochgradig ansprechbar ist. Die Art, wie dein Herz schlägt, wie du atmest, wie dein Haar wächst – all das tust du, aber du weißt nicht, wie das vonstattengeht. In derselben Weise nun, wie deine bewusste Wahrnehmung sich all der anderen Vorgänge im Körper nicht bewusst ist, bist du dir auch nicht deiner Verbindung und letztlich der Identität mit dem grundlegenden Selbst bewusst. Blätter sterben ab und fallen vom Baum, und im nächsten Jahr gibt es mehr Blätter und mehr Früchte. Du und ich, wir sterben, und es werden mehr Babys geboren. Und selbst wenn die ganze menschliche Spezies ausstirbt, kannst du darauf wetten, dass es, über die zahllosen Galaxien verstreut, Wesen gibt, die sich als Menschen fühlen. Ebenso wenig wie du wahrnimmst, was deine Zirbeldrüse in diesem Moment tut, nimmst du die Verbindungen wahr, die uns alle miteinander verknüpfen – nicht nur hier und jetzt, sondern in alle Ewigkeit.

Wir nehmen das Selbst nicht wahr, weil das Selbst sich

nicht selbst zu betrachten braucht. Ein Messer braucht nicht sich selbst zu schneiden, Feuer muss sich nicht selbst verbrennen, Wasser braucht nicht sich selbst zu löschen, und Licht muss sich nicht selbst beleuchten. Im Grunde ist der Hauptpunkt der indischen Philosophie – insbesondere der Vedanta-Lehre –, dass es in gewisser Weise möglich sei, im tiefsten Sinne seiner selbst bewusst zu werden und zu verstehen, dass man die Gesamtheit ist. In der hinduistischen und buddhistischen Philosophie wird das als *Moksha* verstanden – Befreiung. Es ist die Befreiung von der Wahnvorstellung, dass du nur ein *armes kleines Ich* bist. Es bedeutet, aus dieser Form von Hypnose zu erwachen und zu erkennen, dass du etwas bist, was *getan wird* von diesem unermesslichen, unbeschreiblichen Selbst, das außerhalb der Zeit ist, keinen Anfang und kein Ende hat, weder Kontinuität noch Diskontinuität besitzt – das jenseits aller Einteilung in Kategorien ist. Wie es in den Upanishaden heißt: »Es ist nicht dies, es ist nicht jenes.« Alles, wovon du dir einen Begriff machen, was du dir vorstellen oder ausmalen kannst, ist nicht das Selbst. Um also das Selbst zu kennen, musst du alle Vorstellungen davon in deinem Kopf loswerden. Das soll nicht heißen, dass du dich aller Sinneseindrücke entledigen und in einem Zustand vollkommener Versunkenheit erstarren sollst. Wahres Moksha bedeutet, aus der meditativen Versenkung zurückzukehren und diese Alltagswelt genau so zu sehen, wie sie jetzt erscheint, dabei aber ganz klar zu erkennen, dass all dies das Selbst ist. Du wirst dir des gewaltigen Zusammenhangs bewusst, der alles miteinander verbindet. Du siehst, dass alles zusammengehört, und in gewisser Weise ist es das, was mit Relativität gemeint ist.

Relativität bedeutet Bezogenheit – zur Rückseite gehört die Vorderseite, zum Oben das Unten, zum Innen das Außen, zum Körper der Raum. Alles gehört zusammen. Und dabei ist es ohne Belang, ob etwas über lange oder kurze Zeit besteht – ein Moskito gehört so sehr zum gesamten Universum wie eine Galaxie. Vom Standpunkt des Selbst ist Zeit vollkommen relativ. Es ist alles eine Frage des Standpunktes oder – um einen wissenschaftlichen Ausdruck zu verwenden – des Vergrößerungsfaktors. Wenn du das, was du gerade vor Augen hast, stark vergrößert betrachtest, dann wirst du Moleküle sehen, und wenn du diese Moleküle unter noch stärkerer Vergrößerung betrachtest, dann wirst du zwischen den Atomen so unermesslich weiten Raum sehen, dass er der Entfernung zwischen der Sonne und den Planeten entspricht. Und dasselbe gilt auch für die Zeit. Es könnte gewaltige Universen mit ganzen Weltreichen, Schlachtschiffen, Palästen, Bordellen, Restaurants und Orchestern geben – und all das im Stecknadelformat. Und wiederum könnte sich unser ganzes Weltgeschehen in einer anderen Welt auf dem Kopf einer Stecknadel abspielen.

Die menschlichen Sinne reagieren nur auf einen sehr kleinen Ausschnitt des uns bekannten Wellenspektrums, und mit einer anderen Art von Sinnen würden wir eine ganz andere Welt wahrnehmen. Es gibt eine unendliche Zahl möglicher Schwingungen – ganze Welten innerhalb anderer Welten innerhalb anderer Welten. Mit Sinnen versehen zu sein und wahrzunehmen ist aber prinzipiell ein selektiver Prozess – er wählt bestimmte Schwingungen aus einer sehr viel größeren Bandbreite aus. Wenn du Klavier spielst, hämmerst du nicht mit beiden Händen auf sämtlichen Tasten herum, sondern triffst eine Auswahl. Die Wahrnehmung ist ebenfalls eine Art Klavierspiel. Du wählst bestimmte Dinge als bedeutsam aus – solche nämlich, aus denen sich Muster ergeben. Das ganze Universum scheint ein Spiel mit verschiedenen Mustern zu sein. Aber mit welchen Mustern es auch spielt – was immer es in welcher Dimension oder in welchem Maßstab von Raum und Zeit auch tut –, von all diesem Geschehen der Träger ist das Selbst.

Ein berühmtes Zen-Koan lautet: »Was war dein ursprüngliches Wesen, bevor dein Vater und deine Mutter dich gezeugt haben?« Das heißt, wer warst du, bevor du in dieses Leben hineingeboren wurdest? Es ist dieselbe seltsame Art von Frage wie danach, wie es wäre, schlafen zu gehen und nie mehr aufzuwachen oder aufzuwachen, ohne zuvor schlafen gegangen zu sein. Das ist sehr mysteriös, und wenn du anfängst, Fragen wie diesen nachzugehen, bekommst du das Gefühl, dass deine Existenz etwas höchst Seltsames ist. Seltsam deshalb, weil es dich gibt und ohne Weiteres auch nicht hätte geben können. Gäbe es dich auch, wenn dein Vater und deine Mutter einander niemals begegnet wären? Und wenn sie mit anderen Partnern zusammengekommen wären und mit ihnen Kinder gezeugt hätten, wärest du dann eines dieser Kinder? Natürlich wärest du das. Du kannst nur du sein, indem du jemand bist, aber jeder Jemand ist du – jeder Jemand ist *Ich*. Jeder fühlt das *Ich* auf dieselbe Weise. Es ist in uns allen dasselbe Gefühl, genauso wie blau überall blau ist. Diese *Ich*heit ist das Elementarste im Menschen und im Universum. Unser *Ich* wächst aus dem zentralen *Ich* wie ein Zweig aus einem größeren Ast eines gewaltigen Baumes, und deshalb werden die Hindu-Gottheiten auch mit so vielen Armen und Gesichtern dargestellt. Alle Arme sind die Arme des Göttlichen, alle Gesichter dessen Masken.

Mit anderen Worten, es gibt eigentlich nichts, worüber du dir Sorgen machen müsstest. Das Wesentliche am Ich ist unzerstörbar. All unser Kommen und Gehen, Glück und Unglück ist eine Art Fata Morgana. Und je mehr wir über all das wissen, je mehr wir über die Welt wissen und je durchsichtiger sie uns erscheint – umso mehr nimmt die Welt den Charakter von Rauch an. Wenn du Rauch in einem Sonnenstrahl betrachtest, erscheint er als ein Wunderwerk aus Wirbeln, bewegten Formen und Gebilden. Und dann löst er sich langsam auf. So ist es mit allem.

Diesem Sachverhalt kannst du nun mit zweierlei Haltungen begegnen. Zum einen kannst du all das als ein einziges Elend betrachten. In dir sind all diese Gefühle von Liebe und Verbundenheit und Lebensfreude, doch am Ende fallen dir die Zähne aus, deine Augen werden schlecht, du bekommst Krebs, eine Leberzirrhose oder dergleichen und gehst vollständig aus dem Leim. Und das ist einfach nur grässlich! Also beschließt du, dich an nichts zu hängen; du hast lieber keine Freude am Leben und hältst es dir vom Leib wie ein verschmähter Liebhaber. Andererseits kannst du in den Rauchgebilden aber auch etwas unbeschreiblich Schönes sehen, vorausgesetzt, du versuchst nicht, sie zu erhaschen. Du kannst in all dem etwas Wunderbares erblicken, solange du nicht versuchst, es festzuhalten und seiner habhaft zu werden, weil du es damit zerstörst. In genau derselben Weise gibt es nichts in der Welt der Formen, das du erhaschen oder festhalten kannst. Und wenn du das erkennst, ist die Welt der Formen wunderschön – *wenn* du sie loslässt.

Wenn hinduistische und buddhistische Philosophen von Loslösung sprechen, bedeutet das, sich diesem ganzen Geschehen zu überlassen und sich nicht dem Wandel zu widersetzen. Dann kannst du es dir leisten, dich ihm zu überlassen – du kannst es dir leisten, dich ins Leben zu stürzen, dich zu verlieben und in alles Mögliche verwickelt zu werden. Du kannst es dir leisten, solange du weißt, dass es eine Illusion ist, aber nicht in einem abwertenden Sinn des Wortes. An dieser Stelle wird das Hindu-Wort Maya entscheidend wichtig. Zwar bedeutet Maya »Täuschung« oder »Illusion«, aber es bedeutet auch Magie, Kunst, Begrenzung, Messung. Unsere Wörter *Meter* und *Materie* sind mit Maya verwandt; aber wenn wir heute von etwas »Materiellem« sprechen, denken wir dabei an etwas sehr Reales und gewiss nicht an eine Illusion. Nun ist aber jedes Messen eine Illusion, denn Meter sind nichts, was herumliegt und sich aufheben lässt. Meter und Kilos und Stunden sind genauso illusionär wie das Selbst. Das wirkliche Selbst ist nicht materiell – es ist *unerheblich*.[22] Das heißt, es existiert nicht im Hinblick auf einen Zweck, und das braucht es auch nicht. Welchen Zweck sollte seine Existenz auch haben? Das Wesentlichste im Universum ist also das Eine, das nichts zu besagen hat – das Eine, das absolut und vollständig nutzlos ist und mit dem es nichts auf sich hat.

22 Im Original ein Wortspiel aus *material* (materiell, real, wesentlich) und *(to) matter* (Materie, von Bedeutung sein): »The real self isn't material — it doesn't *matter*.« (Anm. d. Übers.)

Ein Zen-Meister[23] wurde einmal gefragt: »Was ist das Wertvollste in der Welt?« Und der Meister antwortete: »Der Kopf einer toten Katze.« – »Warum?« – »Weil niemand seinen Preis nennen kann.« Das Selbst – Brahman – ist also wie der Kopf einer toten Katze. Wenn du nun aber glaubst, dir einen Katzenschädel besorgen zu sollen, weil du das für besonders spirituell hältst und um dir damit etwas Gutes zu tun, dann zäumst du das Pferd vom Schwanz her auf. Und wenn du denkst, durch das Selbst zu einem besseren Menschen, zu einem allseits beliebten und nützlichen Mitglied der Gesellschaft zu werden, dann ist das, als wollte der Schwanz mit dem Hund wedeln. Das Selbst – Atman – zu kennen ist für niemanden gut, der versucht, sich damit etwas Gutes zu tun. Das ist etwa so, als würdest du dich im Spiel entspannen wollen, weil du denkst: »Das ist eine gute Übung für mich, eine Abwechslung von der Arbeit, die mir hilft, noch besser zu arbeiten.« Vor allem in Amerika glaubt man, sich auf diese Weise rechtfertigen zu müssen, alles wird aus einem ernsthaften Grund getan – und dahinter steckt das protestantische Gewissen. Spiel ist aber das, was man um seiner selbst willen tut – einfach aus Spaß daran. Und das Selbst existiert zum Spaß.

Arbeit ist etwas Ernsthaftes, und man tut sie aus einem bestimmten Grund, nämlich weil man glaubt, weiterleben zu müssen. Du musst arbeiten, um zu überleben, weil du glaubst, überleben zu müssen. Aber das musst du nicht. Diese ganze Geschichte muss nicht weitergehen, und aus diesem Grund geht sie weiter. Ich

23 Sengcan, japanisch Sosan, gest. 606, der dritte Patriarch des Chan in China (Anm. d. Übers.).

weiß, das klingt paradox, aber wenn man einmal darüber nachdenkt, ist das Leben voller Beispiele dafür. Wenn ich es darauf anlege, jemanden zu beeindrucken, gelingt mir das meistens nicht. Sobald du dich zu sehr ins Zeug legst, geht das in der Regel schief. Das eine göttliche Sein hinter der Welt ist also im Spiel begriffen, warum es auch heißt, dass Brahman nicht wirklich zur Welt *wird* – sondern Brahman spielt, die Welt zu sein, was etwas anderes ist, als *daran zu arbeiten*.

Zwar habe ich hier die Wörter »eines« und »zentral« in Bezug auf das Selbst benutzt, Hindus verwenden diese Sprache jedoch nur im poetischen Sinne. Das Selbst ist nicht *eines,* vielmehr wird das Selbst als *nichtdual* bezeichnet. Das Gegenteil von einem ist viele oder keiner, daher kann man das Selbst nicht als *Eines* bezeichnen, denn das ist eine ausschließende Vorstellung, und das Selbst schließt nichts aus. Mit *Advaita* – Nichtdualität – ist eine alles einschließende Art von Einheit gemeint. Man kann ein dreidimensionales Objekt auf ein zweidimensionales Stück Papier zeichnen, und ein Betrachter wird das Objekt aufgrund der perspektivischen Darstellung als dreidimensional auffassen, aber es ist eine Illusion. Die dritte Dimension kann niemals auf einer Ebene zum Ausdruck gebracht werden. Genauso wird mit dem Wort *Advaita* gerade das bezeichnet, was jenseits aller logischen Kategorien liegt.

Wir sind es gewohnt, das Wort *Spiel* als Gegensatz zum Wort *Arbeit* zu verstehen, und so betrachten wir das Spiel als etwas Belangloses und Arbeit als etwas Ernsthaftes. Das zeigt sich auch in unserer Sprache, etwa wenn wir sagen: »Du spielst nur mit mir.« Aber wir verwenden das Wort Spiel auch im ernsthaften Sinn:

»Hast du Heifetz Violine spielen hören?« In diesem Fall bezieht es sich auf hohe Kunst, meint aber dennoch Spiel. Wenn ich philosophiere – wie ich es jetzt tue –, ist das für mich eine Form von Unterhaltung, wobei ich hoffe, dass es für meine Zuhörer wie Musik klingt. Dabei bin ich nicht *ernst,* obwohl es mir ernst damit ist. Der Unterschied besteht darin, dass man mit feierlichem Ernst in Zusammenhängen spricht, in denen die Möglichkeit eines tragischen Ausgangs besteht. Die Dinge könnten eine böse Wendung nehmen, also setze ich eine ernste und gestrenge Miene auf wie ein Soldat bei der Parade oder wie jemand vor Gericht oder in der Kirche, wo es immer um hochwichtige Dinge geht, um Leben und Tod. Was uns zu der grundlegenden Frage bringt: »Ist Gott ein ernster Gott?« Und natürlich lautet die Antwort »nein«, weil es nichts gibt, womit es ihm ernst sein könnte. Und damit ist das höchste Selbst ziemlich nutzlos. Es ist unwesentlich, ohne Belang[24], weil es alle Wertsetzungen in Bezug auf besser und schlechter, höher und niedriger, gut und schlecht transzendiert. Es webt die Welt in einer Weise, dass Gut und Böse zusammenspielen wie die schwarzen und weißen Figuren in einer Partie Schach.

Kinder sind noch vollkommen in ihr Spiel vertieft. Auch Mathematikern, besonders den »höheren«, fehlt es völlig an Ernsthaftigkeit – ihnen ist völlig schnuppe, ob das, was sie tun, irgendeine praktische Anwendung findet. Sie befassen sich mit interessanten Rätseln und arbeiten daran, schöne und elegante Lösungen für diese Rätsel zu finden. Musiker spielen auf ihren Instrumen-

24 Im Original *immaterial;* vgl. Anmerkung 22 (Anm. d. Übers.).

ten Abfolgen interessanter Klänge. Und was tun Menschen, wenn sie nichts zu tun haben? Sie kommen zusammen und tun etwas Rhythmisches – sie tanzen, singen, spielen Spiele. Sogar im Würfelspiel liegt Rhythmus, wenn man die Würfel im Becher schüttelt und über den Tisch rollen lässt. Dasselbe gilt für das Mischen und Austeilen von Karten. Wieder andere stricken gerne. Es gibt jede Menge Beschäftigungen, bei denen wir das Erlebnis von etwas Rhythmischem genießen. Unser ganzes Dasein ist Rhythmus – Wachen, Schlafen, Atmen, Essen, Bewegung. Und was hat es mit all dem auf sich? Hat es wirklich Bedeutung? Führt es irgendwohin? Die ganze Welt ist im Grunde genommen ein Spiel.

Wenn du dir eine Schwingung betrachtest – zumal in Form einer Wellenbewegung –, dann wird dir auffallen, dass es nicht so etwas wie eine halbe Welle gibt. In der Natur kommen weder Wellenkämme ohne Wellentäler noch Wellentäler ohne Wellenkämme vor. Es gibt keinen Schall ohne die Intervalle zwischen den einzelnen Schallimpulsen. Dieses Wellenphänomen findet sich in allen Größenordnungen wieder – von schnellen Lichtwellen bis zu langsamen Schallwellen –, und es gibt alle möglichen Arten von Wellenvorgängen wie den Herzschlag, den Atemrhythmus, den Rhythmus von Wachen und Schlafen oder den Zyklus des menschlichen Lebens von der Geburt über die Reifejahre bis zum Tod. Je langsamer nun die Wellenbewegung ist, desto schwieriger ist zu erkennen, dass Wellenkamm und Wellental untrennbar zusammengehören, und auf diese Weise werden wir zu dem Versteckspiel verführt. Wir sehen, wie sich das Wellental immer tiefer und tiefer senkt, und glauben, das setze sich für immer so fort, ohne dass je wieder eine Aufwärtsbewegung zu einem Wellenkamm folgt. Wir vergessen, dass das Tal den Kamm voraussetzt und der Kamm das Tal. Es gibt nicht so etwas wie reinen Schall – Schall ist Schall/Stille. Licht ist Licht/Dunkelheit. Licht pulsiert – zwischen jedem Lichtpuls gibt es eine Dunkelphase.

Dieses Wechselspiel findet sich nun auch in der Art wieder, wie Hindus Weltzeitalter bemessen – nämlich nach *Kalpas,* einer Zeiteinheit, die 4 320 000 Jahre umfasst. Man sollte diese Zahl nicht zu wörtlich nehmen. Sie ist symbolisch gemeint und nicht als göttliche Offenbarung, die irgendwelche Voraussagen oder Prophezeiungen zulässt. Die Welt manifestiert sich jeweils für die Dauer eines Kalpa, eine Periode, die auf Sanskrit *Manvantara* heißt und während der Brahman Verstecken spielt – er versteckt sich in uns allen und tut so, als wäre er wir. Auf diesen Kalpa folgt dann eine Epoche namens *Pralaya,* die ebenfalls von der Dauer eines Kalpa ist und in der sich Brahman sozusagen aus dem Spiel herauszieht, die Welt vollständig auflöst und bei sich selbst in Frieden und Glückseligkeit Einkehr hält. Das ist eine sehr logische Vorstellung! Was würdest du tun, wenn du Gott wärest? Jedes Kind weiß, dass nichts mehr Spaß macht, als sich in Fantasieabenteuer zu stürzen, in andere Rollen zu schlüpfen und eine Welt der Illusion zu schaffen – also Muster. In der hinduistischen Gedankenwelt erscheint die Welt als der Traum der Gottheit und die Gottheit als doppelgesichtig: Das eine Gesicht ist in der Traumwelt befangen, und das andere Gesicht ist erwacht und befreit. Mit anderen Worten: Vom Standpunkt des Selbst aus – das heißt des höchsten Selbst – bestehen die zwei Kalpas gleichzeitig. Aber für den menschlichen Bedarf werden Pralaya und Manvantara in mythologischer Form als eine Abfolge, ein Nacheinander präsentiert.

Wenn du diesen Punkt verstehst, dann erkennst du, dass Bezugnahmen auf das *Danach* korrekterweise als Hinweise auf das *Darin* verstanden werden müssen – also einen Bereich, der tiefer liegt als das egozentrische Bewusstsein. Und wenn du dem egozentrischen Bewusstsein auf den Grund gehst, dann kommst du an seine Grenze, die sich in seinem Tod symbolisiert. Du vertiefst dich dann in das Selbst, das tiefer ist als bewusste Wahrnehmung, und versenkst dich so in die Ewigkeit. Es ist nicht so, dass du auf die Ewigkeit *zugehst*. Auf sie zuzugehen bedeutet *mehr* Zeit – immer mehr Zeit, in der die Dinge auf immer und ewig weitergehen. Aber nach *innen* zu gehen heißt, in die Ewigkeit einzutreten.

Wir können also metaphorisch vom immerwährenden Versteckspiel sprechen, in dem das Selbst mit sich selbst Verstecken spielt. Es vergisst, wer es ist, schleicht sich von hinten an sich selbst an und sagt: »Buh!« Und das ist ungeheuer spannend. Das Selbst tut so, als würde es ernst, so wie ein guter Schauspieler auf der Bühne. Und obwohl das Publikum weiß, dass es nur ein Spiel ist, was es auf der Bühne sieht, lässt es sich vom schauspielerischen Talent des Darstellers hinters Licht führen: Es weint und lacht und ist vor gespannter Erwartung ganz aus dem Häuschen. Es ist vollkommen eingenommen von einem Spektakel, von dem es eigentlich weiß, dass es nur ein Spiel ist. Das ist es, worum es hier geht. Brahman ist ein begnadeter Schauspieler mit einer so exzellenten Technik, dass er sogar sich selbst etwas vormacht und das Spiel für real hält. Wir alle sind Brahman, die ihre Rollen spielen und das Menschenspiel so gut beherrschen, dass Brahman ganz verzaubert ist. Und ebendies meint Verzauberung: unter dem Einfluss eines Zaubers zu stehen, unter Hypnose, einem Bann. Und diese Art Faszination ist Maya.

Dem liegt nun ein bestimmter Plan zugrunde. Schauen wir uns dazu die Gliederung eines einzelnen Kalpa an: Es besteht aus vier *Yugas* – Yuga bedeutet ein »Zeitalter«. Die Namen dieser vier Yugas oder Epochen – *Kritayuga* (beziehungsweise *Satyayuga*), *Tretayuga, Dvaparayuga* und *Kaliyuga* – entstammen einem Würfelspiel der Hindus, bei dem es vier Wurfmöglichkeiten gibt. Der beste Wurf ist eine Vier, entsprechend dem Kritayuga, dem ersten Zeitalter, das 1 728 000 Jahre währt. Der zweitbeste Wurf ist eine Drei, gemäß dem Tretayuga, das 1 296 000 Jahre dauert. Dann kommt das Dvaparayuga als Zweierwurf mit einer Dauer von 864 000 Jahren und zuletzt das Kaliyuga, als eine Eins der schlechteste Wurf, das 432 000 Jahre dauert. Der Ablauf ist nun folgendermaßen: Wenn die Welt anfänglich in Erscheinung tritt, ist alles prachtvoll, denn wenn du alles träumen kannst, was du nur willst, dann schwelgst du wahrscheinlich erst einmal in den üppigsten Traumgebilden. Sobald du aber im Tretayuga angekommen bist, fängt es schon ein wenig an zu hapern. Krita bildet ein Viereck – hier ist noch alles perfekt, und das Quadrat ist ein altes Symbol für Vollkommenheit. Aber Treta ist ein Dreieck, und etwas fehlt; eine gewisse Verunsicherung und Gefährdung kommt ins Spiel. Mit der Ankunft im Dvaparayuga sind die Mächte des Lichtes und der Dunkelheit einander ebenbürtig – sie bilden eine Dualität, ein Paar. Mit dem Eintritt ins Kaliyuga endlich gewinnen die Mächte der Dunkelheit die Oberhand.

Ziehen wir daraus nun die Summe, indem wir mit der »schlechten« Seite beginnen, also ein Drittel aus dem Tretayuga, eine Hälfte aus dem Dvaparayuga und ein Ganzes aus dem Kaliyuga. Rechnet man das in Zeitanteile um, ergibt die Summe des Schlechten knapp ein Drittel eines Kalpa. Was folgt daraus? Es handelt sich damit nicht um die Vorstellung von einem Kosmos, in dem Gut und Böse so ausgeglichen sind, dass nichts geschieht, sondern das Böse macht sich hier gerade ausreichend geltend, um dem Guten zuzusetzen. Man braucht ein gewisses Maß an Chaos, um das Ordnungsspiel gegen es spielen zu können. Gewinnt die Ordnung, ist das Spiel zu Ende; gewinnt das Chaos, ist das Spiel ebenfalls beendet; sind beide Mächte im Gleichgewicht, kommt es zum Stillstand. Auf diese Weise verliert das Chaos von Mal zu Mal, ist aber nie völlig besiegt. Es ist ein guter Verlierer. Und das ist ein Spiel, das den Einsatz lohnt. Wenn du Schach gegen jemanden spielst, den du jedes Mal besiegen kannst, wirst du bald das Interesse daran verlieren, genauso wie beim Spiel gegen jemanden, der jedes Mal dich schlagen kann. Wenn aber immer ein Rest an Ungewissheit bleibt und du hin und wieder gewinnst, ist es ein gutes Spiel.

Wie gesagt handelt es sich dabei um Zahlensymbolik, die nicht wörtlich zu nehmen ist. Laut der Mythologie befinden wir uns jetzt im Kaliyuga, das etwas mehr als dreitausend Jahre vor unserer Zeitrechnung begonnen hat. Demnach haben wir noch eine lange Zeit vor uns, sofern man das wörtlich nehmen will. Menschen haben aber wohl schon immer geglaubt, sich im Kali-Zeitalter zu befinden. Schon altägyptische Inschriften aus der Zeit um 6000 vor Christus besagen, dass die Welt unausweichlich vor die Hunde geht. Es scheint von jeher dieselbe Klage gewesen zu sein.

Bei dieser Mythologie gilt es aber, noch etwas anderes Wesentliches zu berücksichtigen. Brahman umfasst drei Aspekte – Brahma, das schöpferische Prinzip, Vishnu, das erhaltende Prinzip, und Shiva, das zerstörende Prinzip. Shiva – der in der hinduistischen Bilderwelt stets als Yogi dargestellt wird – kommt hier besondere Bedeutung zu. Er ist Vernichter im Sinne eines Befreiers – indem er zum Beispiel die Eischale zerbricht, um das Küken schlüpfen zu lassen, oder den Leib einer schwangeren Frau öffnet, damit ihr Kind geboren werden kann. Er ist auch die freisetzende Zerstörungskraft des Feuers, weshalb die Anhänger Shivas gern an den Ufern des Ganges meditieren, wo die Toten verbrannt werden, denn durch die Vernichtung wird das Leben beständig erneuert. Shivas Geliebte ist Kali, die noch weit schlimmer ist als Shiva selbst. Sie trägt auch den Namen Parvati, der ihren hellen Aspekt repräsentiert, während Kali den dunklen Aspekt verkörpert. Kali hat schwarze Haut und ist von großer Schönheit, aber ihre Zunge ist überlang, und ihre Eckzähne sind wie die Fangzähne eines Raubtiers. In ihrer rechten Hand hält sie einen Krummsäbel und in der linken einen abgeschlagenen Kopf an dessen Haaren. Sie ist also das, wovor es den meisten Menschen graut – das Allerfürchterlichste. Sie ist tiefste Finsternis, das Ende, das Prinzip vollständiger Nacht und wird manchmal als blutsaugende Krake dargestellt oder als weibliche Spinne, die ihren Gatten frisst.

Aber es gibt in Indien auch jene, die – wie etwa Sri Ramakrishna – in Kali die höchste Muttergottheit sehen. Für sie hat Kali zwei Gesichter: ein heiteres und ein entsetzliches, ein liebendes und ein vertilgendes, das der Erretterin und das der Zerstörerin. Eine Meditation auf Kali verhilft somit dazu, in den Abgründen der Dunkelheit das Lichtprinzip zu sehen. Mein Vorschlag für eine solche Meditation besteht darin, dich ins Meeresaquarium zu begeben und dich dort in den Anblick der Seeungeheuer zu vertiefen, die in dir am meisten Abscheu auslösen. Wenn du auf diese Weise meditierst, ist das, als würdest du Dünger auf dem Nährboden eines scheinbar morbiden und finsteren Denkens ausbringen, aus dem so etwas Helles und Lichtes entsteht. Auf diese Weise erkennen die Anhänger der Kali, dass sie die befremdlichste Rolle verkörpert, in die das höchste Selbst zu schlüpfen vermag – als Symbol der vollkommenen Entfremdung von sich selbst. Im kosmischen Versteckspiel zeigt sich das höchste Selbst hier mit seiner schlimmsten Fratze, so wie Kinder ein Spiel aus der Frage machen, welches von ihnen die hässlichste Grimasse schneiden kann. Mit der Zeit wird so alles immer schlimmer, und zwar bis zum Ende des Kaliyuga, wenn Shiva zu einer schwarzen Gestalt mit zehn Armen wird und einen Tanz namens *Tandava* aufführt, bei dem das ganze Universum in Feuer untergeht. Und wenn Shiva sich umwendet, um die Bühne zu verlassen, erblickst du auf der Hinterseite seines Kopfes das Gesicht Brahmas, des Schöpfers. Und damit beginnt alles von Neuem.

Hier sind also bestimmte Vorstellungen im Spiel, die

dem Westen sehr fremd sind, zunächst die Vorstellung von der Welt als einem Spiel. Im Unterschied dazu ist unser Herrgott von einem bitteren Ernst, und keiner der berühmten christlichen Maler hat Jesus jemals lachend oder lächelnd dargestellt. Er ist stets dieselbe tragische Figur mit einem Ausdruck in den Augen, der zu sagen scheint: »Wir müssen bald einmal ein sehr ernstes Wort miteinander reden.«

Die andere uns fremde Vorstellung ist die von der zyklischen Zeit. Die meisten von uns leben in der Vorstellung von einer linear verlaufenden Zeit, die auf den heiligen Augustinus und seine Bibelinterpretation zurückgeht. Eine Zeit lang war es in modernen Gelehrtenkreisen in Mode, im Judentum den Urheber unseres Geschichtsbegriffs zu sehen. Zur absoluten Verzweiflung der Historiker haben Hindus dagegen nicht das geringste Interesse an geschichtlicher Überlieferung – zumindest nicht bis vor Kurzem. In hinduistischen Texten findet sich einerlei Hinweis auf deren Alter, weil Hindus an biografischen Ereignissen allein im Hinblick auf ihre archetypische Bedeutung interessiert sind – als einer Wiederkehr der großen mythologischen Themen. Wenn also ein Dokument mit der Schilderung eines Abenteuers beginnt, das dem König Soundso widerfahren ist, den zur Zeit der Abfassung jeder kannte, dann wird in der Folgegeneration der Name des damaligen Königs kurzerhand in den des gegenwärtigen Königs geändert, da die Geschichte ohnehin generellen Charakter hat und man einfach den Namen eines Königs verwenden will, der jedem bekannt ist.

Im Gegensatz dazu waren laut Meinung unserer Gelehrten die antiken Juden in ihrem Denken historisch orientiert, da sie sich auf die Geschichte ihrer Abstammung von Adam und Abraham bezogen, auf das große Ereignis des Auszugs aus Ägypten und die triumphale Regentschaft König Davids. Als dann andere politische Kräfte zunehmend an Einfluss gewannen und es wieder bergab ging, versteifte man sich auf die Idee, dass irgendwann der Tag des Herrn anbrechen werde, an dem der Messias erscheint, um der Geschichte ein Ende zu setzen, woraufhin das Paradies wiederhergestellt wird. Das ist das lineare Konzept. Es gibt hier nicht die Vorstellung von einer Welt, die zuvor unzählige Male erschaffen wurde und wieder untergegangen ist, sondern es ist ein fortschreitender Weg von Anfang bis Ende. Und als der heilige Augustinus darüber nachdachte, erkannte er, dass die zyklische Zeitauffassung für das Christentum nicht infrage kommt – es würde bedeuten, dass Christus immer und immer wieder als Erlöser gekreuzigt würde. Was man *das eine, vollendete, vollkommene und ausreichende Opfer, die Tilgung der Sünden der ganzen Welt* nennt, konnte dieser Art nicht sein. Daher ist einmal genug.

Allerdings hat Augustinus dabei die Kategorien vermischt. Es ist wahr, dass es nur *ein* Opfer gibt, aber es liegt auf der Ebene der Ewigkeit. Auf der Ebene der Zeit können sich ewige Dinge unablässig wiederholen. Aber so wurde uns die Vorstellung von der linearen Zeit vermittelt, weshalb wir an einen Fortschritt glauben, der uns beständig und immer schneller in eine immer vollkommenere Welt trägt. Ich halte das für eine reichlich naive Vorstellung von der menschlichen Natur. Menschen neigen dazu, zu zertrümmern, was sie erschaffen, um zu sagen: »Fangen wir von vorne an.«

Es ist also nicht allzu realistisch, zu glauben, dass der Mensch immer besser und besser und besser wird, weil er dessen schnell müde wird und sich lieber dafür entscheidet, so böse wie nur irgend möglich zu sein. Dieses Element hat ohne Zweifel im Nazitum eine Rolle gespielt: Wie böse kann man sein? Wie brutal? Wie zerstörerisch? In uns allen gibt es dieses Element von Shiva-Kali – es ist immer vorhanden. Hindus betrachten die Welt daher mit einem abgebrühten Realismus, indem sie sowohl das Schreckliche als auch das Großartige sehen, Liebe und Raserei als zwei Seiten derselben Sache. Angesichts dieser endlos sich wiederholenden Zyklen kann man sich fragen, ob in all dem irgendwann Ruhe einkehren kann. Selbst Hindus fragen sich, ob Brahman all dessen nicht irgendwann müde wird, und die Antwort lautet: Nein, denn müde wird man nur dessen, woran man eine Erinnerung hat. Brahman braucht sich aber an nichts zu erinnern, weil es für das Selbst keine Zeit gibt, sondern nur ein ewiges Jetzt.

Das Geheimnis des Erwachens aus dem Drama – aus all den endlosen Zyklen – besteht in der Einsicht, dass allein die Gegenwart existiert. Sie ist die einzige Zeit, die es gibt. Wenn du erst einmal zu dieser Einsicht erwachst, dann endet die Langeweile, und du bist von den Zyklen erlöst – nicht in dem Sinn, dass sie verschwinden und du sie nicht mehr durchläufst. Du durchläufst sie auch weiterhin, weißt aber, dass sie nirgendwohin führen. Wenn du dich dem Rhythmus einer Musik hingibst, willst du sie ja auch nicht beschleunigen, um schneller zum Ende zu kommen. Den Musikgenuss hast du nur, wenn du die Zeit verlangsamst, dich zurücklehnst und das *Das* geschehen lässt. Jedes Detail des Lebens kannst du auf neue Weise sehen, indem du vollständig im Hier und Jetzt lebst, deine Augen voller Staunen öffnest und sagst: »Donnerwetter!«

14
INSIDER UND OUTSIDER

Das Selbst ist nicht etwas, in das wir hineingeraten, sondern das, aus dem heraus wir agieren. Wir sagen zwar, wir seien »zur Welt gekommen«, als hätten wir eine gänzlich andere Herkunft außerhalb der Welt. Aber wir entstammen dieser Welt, nicht anders als die Blätter dem Baum, an dem sie wachsen. Wir sind Ausdruck der Welt, und das Selbst ist die Grundlage, das Fundament dessen, was jeden von uns ausmacht. Bisher habe ich über das Selbst als Kosmos gesprochen, über die großen Zeitzyklen, in denen nach der hinduistischen Philosophie und Mythologie die Welt in Erscheinung tritt und wieder vergeht. Hier nun möchte ich über die Menschenwelt als das Selbst sprechen.

In der uns bekannten Geschichte des Menschen hat es drei Formen von Kultur gegeben: Jagd, Ackerbau und Gewerbe. Jagdkulturen gingen den anderen Kulturformen voraus, und Agrarkulturen entstanden, als Jäger in bestimmten Landstrichen sesshaft wurden und lernten, das Feld zu bestellen, was zu organisierten Gesellschaften führte. Wenn eine Kultur den Wechsel von der Stufe der Jagd zur bäuerlichen Lebensweise vollzieht, treten zwei wesentliche Veränderungen ein. Erstens ist in Jägergesellschaften jeder Einzelne noch Experte in allen Belangen der Kultur – er verbringt sehr viel Zeit allein in Wäldern, auf Hügeln und in Tälern und muss daher wissen, wie man Bekleidung anfertigt, Essen zubereitet, Unterstände baut, kämpft, reitet und all das. Wenn die Menschen aber innerhalb von Gemeinschaften sesshaft werden, beginnen sie, die Arbeiten untereinander aufzuteilen, da es im Zusammenleben praktischer ist, wenn jeder sich auf bestimmte Aufgaben spezialisiert.

Zweitens unterscheiden sich Jäger- und Agrargesellschaften weitgehend voneinander in Fragen der Religion. Innerhalb einer Kultur von Jägern ist die religiöse Hauptfigur der Schamane, und der Schamane ist ein wundersamer Mensch. Ich meine das nicht im Sinne von kauzig oder verschroben, sondern in einem älteren Wortsinn, in dem etwas von Magie mitschwingt. Ein Schamane ist ein Mensch mit einer besonderen Art von Sensibilität, der seine Initiation in den Schamanismus erfährt, indem er sich für lange Zeit in der Tiefe des Waldes oder auf den Höhen des Gebirges in die Einsamkeit zurückzieht. In dieser Isolation kommt er in Kontakt mit einer Bewusstseinsebene, für die wir alle möglichen Bezeichnungen kennen – die Geisterwelt, die Ahnen, die Welt der Götter oder wie auch immer. Das Wissen um diese Welt verleiht ihm Heilkräfte, Sehergaben und magische Fähigkeiten. Wesentlich zum Verständnis des Schamanentums ist dabei, dass die Initiation vom Schamanen selbst ausgeht, das heißt, er empfängt sein Wissen und seine Macht nicht aus den Händen einer Priesterkaste oder eines Gurus.

In Agrargesellschaften ist die religiöse Zentralfigur dagegen der Priester, und der Priester empfängt seine Autorität unweigerlich von einer Priestergemeinschaft oder einem bestimmten Guru – seine Macht ist mit anderen Worten tradiert. Tradition ist in der Agrargesellschaft von alles überragender Bedeutung.

Die ersten Siedlungen waren von Pfahlzäunen umgeben. Aus naheliegenden Gründen wurden diese einfachen Palisadendörfer häufig an Wegkreuzungen errichtet, denn wo Wege sich kreuzen, da kommen Menschen zusammen. Daraus ergaben sich die Anlage von vier Toren mit zwei einander kreuzenden Hauptstraßen und die Unterteilung in vier Stadtbezirke. Auffällig ist nun, dass die Hindu-Gesellschaft vier Kasten kennt, die auf einer grundlegenden vierfachen Arbeitsteilung beruhen – die Kaste der Priester, die Brahmanen; die Kaste der Herrscher und Krieger, die Kshatriyas; die Kaste der Kaufleute und Händler, die Vaishyas; und die Kaste der Handwerker und Arbeiter, die Shudras. Diese vier Stände repräsentieren die vier gesellschaftlichen Hauptrollen in der Welt der sesshaften Menschheit und sind sozusagen die Masken Brahmans innerhalb des Gesellschaftsspiels. Als neues Mitglied dieser Gesellschaft wird man in ein Kastenwesen hineingeboren, das verständlicherweise kein allgemeines Bildungssystem kennt, von dem die Ermutigung ausgehen würde, die eigene Rolle infrage zu stellen. Wer in einer Kastengesellschaft als Sohn eines Tischlers aufwächst, dem kommt niemals in den Sinn, etwas anderes als Tischler werden zu wollen – warum auch? Vielleicht wird man ein *besserer* Tischler als der Vater, mehr aber auch nicht, denn die tradierte Lebensweise gilt als selbstverständlich – es gibt daran nichts auszusetzen. Wie auch in Indien geschehen, bilden sich innerhalb dieses Gesellschaftstyps im Laufe der Zeit aber alle möglichen Komplikationen, Rituale und Verbote heraus, die das System starr, schwerfällig und ungerecht werden lassen.

Davon aber abgesehen, durchläuft jeder, der in dieser Gesellschaftsform aufwächst, innerhalb seiner eigenen Kaste eine Entwicklung. Man beginnt als Schüler oder

Lehrling – als *Brahmacharin* – und wird schließlich zum *Grihastha,* also Haushaltsvorstand. Als solcher hat man zwei Pflichten zu erfüllen: *Artha,* die Bürgerpflichten wie die Teilnahme am sozialen Leben der Gemeinschaft, und *Kama,* die Kultivierung der sinnlichen und ästhetischen Genüsse und des Schönheitssinnes – dazu zählen Liebeskunst, Schönheitspflege, Kleidung, Kochkunst und dergleichen. Das *Kamasutra* ist daher das Buch der Liebe – die große Anleitung in der Liebeskunst, die jeder junge Hindu mit Erreichen der Pubertät gelesen haben sollte, um sich in der Liebe nicht wie ein Banause aufzuführen. Dann gibt es noch das *Arthashastra,* das Lehrbuch für die Kaste der Kshatriyas. Für alle Kasten aber besteht jenseits der Stufe des Grihastha die Pflicht zur Erfüllung des *Dharma,* das im Sanskrit viele verschiedene Bedeutungen hat – unter anderem Gesetz, Gerechtigkeit, Ordnung, Tugendhaftigkeit, vor allem aber auch Methode. Wenn also von Buddhadharma die Rede ist – der Lehre des Buddha –, ist damit »Methode« gemeint, nicht etwa »Gesetz«. Als Mitglied dieser Art von Gesellschaft muss man also ebenfalls dem Dharma Genüge tun, das heißt den rituellen, ethischen und moralischen Spielregeln der Gemeinschaft.

Sind diese Stadien durchlaufen, alle Pflichten erfüllt und hat der älteste Sohn die Nachfolge als Haushaltsvorstand angetreten, kann man in ein ganz neues Lebensstadium eintreten – das des *Vanaprastha*, des »Waldeinsiedlers«. Hier schließt sich also der Kreis: Der Mensch verlässt als Jäger die Wälder, wird in Gemeinschaften sesshaft und vertieft sich in die Gesellschaftsspiele der Welt, die jedermanns Dharma oder

Pflicht sind. Und nach der Erfüllung dieser Pflichten geht er zurück in den Wald und wird ein Asket, ein *Samana* – ein Wort, von dem man annimmt, dass es mit *Schamane* verwandt ist.[25] Der Einzelne spielt also ein Leben lang das Spiel der Welt und zieht sich dann aus ihr in die Einsamkeit zurück, um herauszufinden, wer er in Wahrheit ist.

Warum? Weil wir ein Rollenverständnis – ein Maskenverständnis – von uns selbst haben und andere Menschen uns sagen, wer wir sind. In jeder sozialen Interaktion, mit jeder noch so beiläufigen Bemerkung erklären wir anderen ständig, wer sie sind. Alles läuft darauf hinaus. Die Art und Weise, wie ich mich dir gegenüber verhalte und du dich mir gegenüber verhältst, sagt mir, wer ich bin, und sagt dir, wer du bist. Du liest diese Worte oder hörst mich reden, und indem du das tust, erklärst du mich zu einer Art Lehrer und erklärst dich selbst zu einer Art Schüler. Ob auf der Arbeit oder zu Hause, jeder erzählt dir durch bestimmte Erwartungen an dein Verhalten, wer oder was du bist, und als vernünftiger und sozial eingestellter Mensch wirst du diese Erwartungen auch erfüllen.

Der Samana oder Vanaprastha praktiziert nun zunächst *Mauna* – das heißt, er legt für die Dauer eines Monats oder auch eines Jahres ein Schweigegelübde ab. Nach etwa vier Wochen hört man auf, in Worten zu denken, und das ist eine sehr eigentümliche Erfahrung. Man sieht Dinge, die man nie zuvor gesehen hat, weil man aufhört, die Welt denkend zu begreifen und zu klassifizieren, womit alle Sinneswahrnehmungen unge-

25 Diese Etymologie ist umstritten (Anm. d. Übers.).

heuer an Intensität gewinnen – ein Sonnenuntergang ist um vieles lebendiger, Blumen sind prächtiger. Die ganze Welt wird lebendig. An diesem Punkt läuft der Vanaprastha Gefahr, alle moralischen Kategorien aus den Augen zu verlieren, weshalb er sich auf die Suche nach einem Guru begibt, der sich der gesamten Yogadisziplin unterzogen hat und ihn davor bewahren kann, in ernste Schwierigkeiten zu geraten. Aus diesem Grund sagt man, dass ein Guru, der einen Schüler akzeptiert, für dessen persönliches Karma verantwortlich wird – Karma in seiner Bedeutung als »Handlung«, aber auch als »Handlungsergebnis«. Der neue Vanaprastha legt alles ab, was ihn als ein bestimmtes Individuum kennzeichnet, so auch seinen Namen und seine Kleidung. Stattdessen legt er ein gelbes Gewand an oder einen Lendenschurz oder geht ganz nackt. Oft bedeckt er sich auch mit Asche und lässt sein Haar verfilzen. Er legt keinen Wert mehr auf sein Äußeres, da er nun außerhalb der Gesellschaft steht.

Wir haben hier also einen bemerkenswerten Mikrokosmos – eine politische und gesellschaftliche Analogie der Manifestation und Auflösung der Welt, des Selbst, das spielt, wir alle zu sein, und das, sobald jeder Einzelne Moksha erreicht, *als Einzelwesen* erkennt, dass es das Selbst ist. Das Kind, das geboren wird, repräsentiert das Selbst, das in die Welt kommt, für eine Weile in ihr herumspielt und sie wieder verlässt – in die Wälder geht, zurück zur Natur, wie wir sagen würden. Nun steht aber der Vanaprastha, wenn er der Welt den Rücken kehrt, auf einer höheren Entwicklungsstufe als ein Mensch in einer Jägergesellschaft, der noch auf einer primitiven Stufe steht. Der Vanaprastha geht nicht einfach dorthin zurück, von wo er gekommen ist – er nimmt in einer Aufwärtsspirale eine analoge Position ein, aber auf einer höheren Ebene. Was er auf dem Weg dahin erlangt hat, ist Selbsterkenntnis. Es ist witzlos, glücklich zu sein, ohne es zu wissen – wir brauchen eine gewisse Resonanz. Ich-Bewusstsein[26] ist ein Echo im Kopf – ein Echo dessen, was wir tun, aber ohne Wissen darum täten, wenn es kein Echo gäbe. Ich-Bewusstsein ist also neurologische Resonanz.

Allerdings kann Resonanz, wenn wir sie nicht richtig handhaben, auch zu einem Problem werden. Man kann es mit endlosen Echos zu tun bekommen. Wenn du in eine große Höhle trittst, »Hallo!« rufst und in der Ferne unaufhörlich dein »Hallo!« widerhallen hörst, dann ist das äußerst irritierend. Dieser Art ist die Bredouille, in die das Ich-Bewusstsein geraten kann. Wenn ich ständig darüber nachdenke, ob ich auch richtig gehandelt habe, und mir permanent in dieser ängstlich kritischen Weise meiner selbst bewusst bin, dann wird meine Resonanz übermächtig, und das macht mich schließlich völlig konfus. Wenn man aber einsieht, dass das Ich-Bewusstsein begrenzt ist, dass die Selbstwahrnehmung uns nicht davor bewahren kann, Fehler zu begehen, dann können wir lernen, trotzdem spontan zu sein, und das Echo genießen.

Nachdem er also im Laufe seines Lebens ein Ich-Bewusstsein ausgebildet hat, wird der Vanaprastha wieder zum Kind. Er erlangt zurück, was Freud das »ozeanische Gefühl«[27] des Kindes nannte, das Gefühl, mit dem

26 Im Original *self-consciousness;* vgl. Anm. 2 (Anm. d. Übers.).
27 Die Verwendung des Begriffs bei Freud geht auf eine Anregung von Romain Rolland zurück (Anm. d. Übers.).

Universum eins zu sein. Es ist jedoch nicht das ozeanische Gefühl eines Kindes, sondern das eines Erwachsenen. Die Psychoanalytiker treffen diese Unterscheidung nicht, weil ihnen zufolge alle ozeanischen Gefühle regressiver Natur sind. Aber ein reifes ozeanisches Gefühl ist von einem unreifen ozeanischen Gefühl genauso verschieden wie eine Eiche von einer Eichel. Und dieses Gefühl des vollkommenen Einsseins mit dem Kosmos kann sich einstellen, ohne dass du dabei die Spielregeln der Gesellschaft in Bezug auf dich selbst außer Acht lässt. Mit anderen Worten: Es bedeutet nicht, dass du deine Adresse, deine Telefonnummer und deinen Vornamen vergisst – du kannst dich weiterhin an all das erinnern *und* bei Bedarf das Spiel spielen, wohl wissend, dass es ein Spiel ist.

Wie kann der Einzelne nun aber einsehen, dass er das universale Selbst ist? Wie kann eine Person, die dem Eindruck erliegt, ein gesondertes Ich zu sein, das in einem Hautsack gefangen ist, zur Einsicht gelangen, Brahman zu sein? Das ist nun eine seltsame Art von Frage, denn sie verweist auf eine Reise, die dich an den Ort bringt, an dem du schon bist. Natürlich kann es sein, dass dir nicht bewusst ist, schon dort zu sein, aber du bist es. Und wenn du eine Reise an den Ort unternimmst, an dem du schon bist, wirst du an viele andere Orte kommen, und vielleicht findest du dann durch dein langes Unterwegssein heraus, dass all diese Orte nicht das sind, wonach du gesucht hast. Dann geht dir vielleicht auf, dass du von Anfang an schon dort warst. Das ist der Dharma oder die »Methode«, wie ich das Wort gern übersetze. Es ist die Methode, die alle Gurus und spirituellen Lehrer anwenden, und deshalb sind sie allesamt Schelme, wenn auch in einem äußerst wohlmeinenden Sinn des Wortes.

Warum *Schelme?* Weil es unglaublich schwer ist, wenn nicht unmöglich, sich selbst zu überrumpeln. Jemand anders muss das für dich übernehmen, und aus diesem Grund ist ein Guru oder Lehrer oft notwendig. Es gibt viele Arten von Gurus, aber unter den menschlichen Gurus gibt es zwei Sorten: die orthodoxen Gurus und die Beatnik-Gurus. Die orthodoxen Gurus gehen mit dir den althergebrachten Weg; Beatnik-Gurus nehmen sich deiner anhand ziemlich ausgefallener Methoden an – es sind Schlitzohren. Auch Freunde können als Gurus fungieren. Außerdem gibt es nicht menschliche Gurus wie Situationen oder auch Bücher. Immer aber ist es der Job des Gurus, dem Suchenden auf wirksame Weise deutlich zu machen, dass er schon hat, wonach er sucht.

Zu erkennen, wer man wirklich ist, nennt man in der Tradition des Hinduismus *Sadhana,* was »Disziplin« bedeutet. Sadhana ist die Form von Lebensführung, die nötig ist, um sich von der Illusion frei zu machen, nichts als ein in einer Haut steckendes Ich zu sein. Sadhana umfasst auch den Yoga. Das Wort *Yoga* ist eine Ableitung aus der indogermanischen Wurzel *yuj* mit der Bedeutung »vereinigen«, auf die auch das deutsche »Joch« und das lateinische »Konjunktion« zurückgehen. Genau genommen bedeutet Yoga »Zustand der Vereinigung« – der Zustand, in dem das individuelle Selbst, auf Sanskrit *Jivatman,* entdeckt, dass es letztlich Atman ist, was gleichbedeutend ist mit Brahman. Ein Yogi ist demnach jemand, der diese Vereinigung realisiert hat. Im Allgemeinen wird das Wort *Yoga* aber nicht in dieser

Weise gebraucht, sondern es beschreibt eine Meditationspraxis, durch die man in diesen Zustand der Vereinigung kommt. In diesem Sinne ist ein Yogi ein Reisender oder Suchender auf dem Weg zu dieser Vereinigung. Natürlich gibt es streng genommen keine Methode, um dorthin zu kommen, wo man schon ist. Mit keiner noch so intensiven Suche wird man das Selbst ausfindig machen können, weil jede Suche nach dem Selbst dessen Abwesenheit voraussetzt. Danach zu suchen heißt also, es von sich zu stoßen, und wer sich eine Disziplin auferlegt, um es zu erlangen, schiebt seine Erkenntnis hinaus.

Es gibt eine berühmte Zen-Geschichte über einen Mönch, der in Meditation sitzt. Der Meister[28] kommt des Weges und fragt: »Was tust du da?«, und der Mönch antwortet: »Ich meditiere, um ein Buddha zu werden.« Daraufhin hockt sich der Meister neben ihn, nimmt einen Ziegelstein in die Hand und beginnt, ihn zu reiben. Als nun der Mönch fragt, was er da tue, antwortet der Meister: »Ich poliere den Ziegelstein, um einen Spiegel daraus zu machen.« Darauf sagt der Mönch: »Auch noch so viel Polieren wird aus dem Ziegelstein keinen Spiegel machen.« Und der Meister erwidert ihm: »Und noch so viel Zazen wird aus dir keinen Buddha machen.« Im modernen Japan kommt diese Geschichte allerdings nicht besonders gut an.

Nimm an, ich erzähle dir, dass du jetzt, in diesem Moment, das große Selbst bist – Atman. Vielleicht ist dir diese Vorstellung in intellektueller Hinsicht irgendwie sympathisch, aber du fühlst es nicht. Also suchst du

28 Dahui Zonggao, japanisch Daie Soko (1089–1163), chinesischer Meister des Chan (Anm. d. Übers.).

nach einer Methode, um es zu fühlen – einer spirituellen Praxis, die dich dahin bringt. *Eigentlich* willst du es aber gar nicht fühlen, weil du Angst davor hast. Deshalb unterziehst du dich dieser oder jener Praxis, um es aufzuschieben. So kannst du dir sagen, dass du noch einen weiten Weg vor dir hast, um vielleicht irgendwann, nachdem du lange genug gelitten hast, der Einsicht wert zu sein, dass du der Atman bist. Wozu der Aufschub? Weil das Gesellschaftssystem, in dem wir aufgewachsen sind, uns einredet, dass wir uns alles hart erarbeiten müssen und der Preis aller guten Dinge das Leiden ist. Aber das ist eine reine Verzögerungstaktik. Wir haben Angst davor, hier und jetzt die Wahrheit zu erkennen, und wenn wir wirklich den Mumm hätten, würden wir sie jetzt sofort vor uns sehen. Aber da beschleicht uns sofort die Angst vor der eigenen Courage, schließlich haben wir unsere Rolle als armes kleines Ich zu erfüllen. Um etwas so Erhabenes wie ein Buddha zu werden oder ein *Jivanmukta* – ein Mensch, der zu Lebzeiten Befreiung erlangt hat –, müssen wir es uns durch Leiden verdienen.

Zu diesem Zweck hat man alle möglichen Mittel und Wege ersonnen: Du kannst dich einer strengen Disziplin unterziehen und Kontrolle über deinen Geist erlangen oder allerlei außergewöhnliche Dinge tun – etwa rektal Wasser zu dir nehmen oder mit der Nase eine Erdnuss einen Berg hinaufschieben. Aber all diese kolossalen Dinge haben absolut nichts mit der Erkenntnis des Selbst zu tun. Die Erkenntnis des Selbst hängt grundlegend davon ab, es gut sein zu lassen – so wie man zu jemandem sagt, der einen großen Zirkus um etwas macht: »Komm, lass gut sein.« Und manche schaffen das auch – sie lachen über sich selbst, weil ihnen plötzlich aufgeht, dass sie sich selbst zum Narren gehalten haben, und lassen es gut sein.

Genau das also ist der Job des Schelms namens Guru, des spirituellen Lehrers: dir dabei zu helfen, es gut sein zu lassen. Und gelingt ihm das nicht, wird er dir mit allen möglichen Übungen kommen. Und wenn du schließlich all der Disziplin, Qual und Frustration überdrüssig bist, schmeißt du vielleicht alles hin und erkennst, dass du von Anfang an dort warst, wo du hinwolltest, und dass es im Grunde gar nichts zu erkennen gab. Der Guru ist sehr clever. Er läuft nicht predigend durch die Gassen und erzählt aller Welt etwas von Läuterung – er sitzt unter einem Baum und wartet. Die Leute kommen zu ihm mit ihren Ansinnen und Problemen, und der Guru konfrontiert sie mit der Art von Antwort, die er in ihrer Situation für angemessen hält. Hast du nun eine dünne Schale und lässt dir leicht deine Maske abnehmen, probiert es der Guru bei dir auf die einfache Tour. Er wird sagen: »Lass gut sein, Shiva! Tu nicht so, als wärest du dieser Typ hier. Ich weiß eh, wer du bist!« Die meisten Menschen haben aber eine sehr dicke Schale, die nicht so leicht zu knacken ist, sodass der Guru sich etwas einfallen lassen muss.

Um Yoga zu verstehen, solltest du das *Yogasutra* von Patanjali lesen. Es beginnt mit den Worten *Atha yoga-anushasanam:* »Nun beginnt die Unterweisung im Yoga, die auf Erfahrung beruht.« Das ist der erste Vers, und laut der Kommentare zum Text besagt das »Nun« (*atha*) in diesem Zusammenhang, dass ein anderweitiges Vorwissen vorausgesetzt ist. Von einem Anfänger im Yoga wird erwartet, ein zivilisierter

Mensch zu sein – also sich zuvor in den Lebenszielen des Artha, Kama und Dharma einer Disziplin unterzogen zu haben. Einem Tölpel bringt man keinen Yoga bei. Von ihm wird auch erwartet, sich in Fragen der Politik, der Sinneskünste und der Gerechtigkeit auszukennen. Der nächste Vers lautet *Yogash chitta-vritti-nirodhah:* »Yoga ist der Zustand, in dem die Bewegungen im Bewusstsein zur Ruhe kommen«, und das kann vielerlei bedeuten – die Wellenbewegungen des Geistes zum Stillstand zu bringen, einen vollkommen ruhigen Geist zu erlangen, das Denken vollständig einzustellen oder den Geist allen Inhalts zu entleeren. Wie das bewerkstelligen? Das *Yogasutra* benennt dazu konkrete Schritte: *Pranayama, Pratyahara, Dharana, Dhyana* und *Samadhi.*

Pranayama bedeutet, den Atem zu beherrschen; Pratyahara ist die einleitende Konzentration, bei der man seinen Geist und seine Sinne nach innen wendet; Dharana ist eine intensivere Form der Konzentration auf ein Objekt; Dhyana – dasselbe Dhyana, aus dem auch das Wort *Zen* stammt – bedeutet tiefe Vereinigung von Subjekt und Objekt; und Samadhi schließlich ist das Erlangen nicht dualistischen Bewusstseins.

Zuerst lernst du also, deinen Atem zu beherrschen, und der Atem ist eine eigentümliche Angelegenheit, da er sowohl als ein willkürliches als auch als ein unwillkürliches Tun aufgefasst werden kann. Du kannst spüren, dass du atmest, kannst aber auch spüren, wie der Atem dich atmet. Im Yoga gibt es alle möglichen ausgefallenen Atemtechniken, die zu üben spannend ist, weil man ziemlich high davon werden kann. Das *Yogasutra* versorgt dich also mit allen möglichen Tricks, und wenn du aufgeweckt bist, kann dir hierbei schon einiges klar werden.

Wer weniger aufgeweckt ist, muss weiter an seiner Konzentration arbeiten. Dabei lernst du, den Geist auf einen Punkt zu konzentrieren, und das kann absolut faszinierend sein. Hier eine Möglichkeit, das auszuprobieren: Wähle einen Gegenstand mit einer glänzenden Oberfläche, etwa aus Kupfer oder Glas. Richte nun deinen Blick auf einen der Lichtreflexe, zum Beispiel von einer Kerze oder einer Glühlampe, aber ohne den Blick zu fokussieren, sodass du einen verschwommenen Lichtkranz siehst. Wenn du nun genau auf die Struktur dieses unscharfen Lichtscheins achtest, kannst du darin ein ganz bestimmtes Muster ausmachen. Wechsele nun wieder zum scharfen Sehen und blicke in ein helles Licht. Versenke dich ganz darin, lass dich hineinfallen wie in einen tiefen Schacht, an dessen Ende dieses intensive Licht erstrahlt. Vertiefe dich ganz in dieses Erlebnis.

Und während du in diese Übung versunken bist, weckt dich der Guru plötzlich mit der Frage auf: »Wozu tust du das?« Und du stammelst etwas von deinem Wunsch nach Erkenntnis, weil wir in einer Welt leben, in der wir uns mit dem Ego identifizieren, woraus nur Probleme und Leiden erwachsen. Und der Guru fragt: »Das macht dir Angst?« Und du antwortest: »Ja.« Darauf erwidert der Guru: »Dann beruht deine ganze Yogapraxis auf Angst – sie ist nichts als eine Flucht. Wie weit in der Erkenntnis glaubst du durch Angst zu kommen?« Also denkst du dir: »Dann muss ich Yoga eben ohne Angst als Motiv praktizieren.« Und währenddessen beobachtet dich der Guru die ganze Zeit. Er ist ein höchst sensibler Mensch und weiß genau, was in dir vorgeht – er kennt jeden deiner Beweggründe. So setzt er dir den Floh ins Ohr, ein reines Motiv zu entwickeln, was bedeutet, deine Emotionen auf sehr tiefer Ebene unter Kontrolle zu bringen. Also versuchst du, keine unreinen Gedanken zu hegen. Du bemühst dich redlich und schaffst es vielleicht, möglichst viele unreine Gedanken zu unterdrücken, und dann stellt der Guru dir eines Tages die Frage: »Warum unterdrückst du deine Gedanken? Was bezweckst du damit?« Und du stellst fest, dass du dich bei deinem Versuch, einen reinen Geist zu haben, von einem unreinen Motiv hast leiten lassen. Du hast es aus demselben alten Grund getan. Von Anfang an war es die Angst, und du wolltest dem Universum ein Schnippchen schlagen.

Am Ende erkennst du, wie verrückt dein Geist ist, der sich immer nur im Kreis dreht. Alles, was dein Geist tut, um der Falle zu entkommen, lässt ihn nur tiefer in sie hineinrutschen. Jeder Schritt in Richtung Befreiung bindet dich fester. Mit Leim an der einen Hand und Federn in der anderen stehst du vor dem Guru, der dich in die Hände klatschen lässt und dann auffordert, die Federn abzuzupfen. Je mehr du dich abmühst, der Aufgabe nachzukommen, desto heilloser wird der Schlamassel, den du dabei anrichtest. Und während du dich dieser Prozedur immer mehr hingibst, konstatiert der Guru deine Fortschritte: »Heute hast du die achte von vierundsechzig Stufen erreicht. Gratulation!« Und wenn du bei der vierundsechzigsten Stufe angekommen bist, weiß der Guru die Sache in die Länge zu ziehen, denn du bist so versessen darauf, ans Ziel zu kommen, als gälte es, einen Preis zu gewinnen oder eine respektable Position zu ergattern, um endlich jemand zu *sein*. Von Anfang an war das dein Beweggrund, wobei es hierbei natürlich spirituell zugeht. Zwar ist es dir nicht um weltliche Reputation zu tun, aber um die Anerkennung Gottes und der Engel – es ist dieselbe Chose auf einer höheren Ebene.

Also legt der Guru weiter seine Köder aus, und der Schüler springt darauf an, bis er irgendwann dahinterkommt, dass er sich immer schneller in einem Hamsterrad dreht. Er macht immense Fortschritte, die nirgendwohin führen. Auf diese Weise trickst der Guru dich aus. Er traktiert dich mit diesen Methoden, bis du schließlich herausfindest, dass du – als ein Ich, als das, was du normalerweise deinen Geist nennst – ein einziger Schlamassel bist. Und du bekommst es einfach nicht hin. Du bekommst es mit keinem der Mittel hin, die dir bislang dafür angeboten wurden. Du kannst dich jetzt zwar konzentrieren – all das verlangt eine enorme Konzentrationsfähigkeit; aber du merkst, dass du dich aus den falschen Gründen konzentriert hast, und es gibt keine Möglichkeit, es aus dem richtigen Grund zu tun.

Es ist die Methode, deren sich Krishnamurti bediente. Auch er war ein sehr cleverer Guru, ebenso wie Gurdjieff, obwohl dieser das Spiel auf andere Weise spielte. Er verlangte von seinen Schülern ständige Selbstbeobachtung ohne einen einzigen Moment der Geistesabwesenheit. Auch die japanischen Schwertmeister gehen so vor. Die erste Lektion besteht darin, jederzeit vollkommen präsent zu sein, weil man nie wissen kann, wann und von wo der Angriff erfolgt. Und was passiert, wenn du versuchst, permanent auf der Hut zu sein? Du *denkst* darüber *nach*, auf der Hut zu sein – bist es aber nicht. Damit wirst du für einen Gegner zum leichten Opfer. Der Trick besteht also darin, einfach wach und entspannt zu sein. Dann sind alle Nerven auf Empfang, und sobald der Angriff erfolgt, bist du bereit.

Im Zen vergleicht man das mit einem Fass Wasser. Das Wasser steht im Fass, und sobald man ein Loch in das Fass schlägt, läuft das Wasser einfach heraus. Es braucht darüber nicht nachzudenken. In derselben Weise ist auch der Geist, wenn er in der richtigen Verfassung ist, bereit, in jeder Richtung zu reagieren, ohne dabei angespannt oder zögerlich zu sein. Und sobald etwas geschieht, ist er prompt da, weil er nicht erst eine falsche Erwartung zu korrigieren hat, aus welcher Richtung der Angriff erfolgt. Wenn du auf einen Angriff aus der einen Richtung gefasst bist und er aus der anderen kommt, dann musst du dich erst umorientieren, und bis du so weit bist, ist es schon zu spät. Sitze also in der Mitte wie das Wasser im Fass, und erwarte den Angriff nicht aus einer bestimmten Richtung.

Das gilt nun ganz genauso vom Yoga. Du kannst noch so wachsam, konzentriert und präsent sein, aber all das wird dich nie etwas anderes lehren können, als was *nicht* zu tun ist – wie du deinen Geist *nicht* einsetzen sollst, weil er dich sonst immer stärker bindet. Du musst es einfach geschehen lassen, wie beim Einschlafen. Du kannst nicht *versuchen* einzuschlafen. Ebenso wenig kannst du versuchen, deine Nahrung zu verdauen, du musst die Verdauung geschehen lassen. Und auch mit der Befreiung verhält es sich nicht anders – du musst dein Erwachen geschehen lassen. Nur wer selbst herausfindet, dass es hier nichts zu erzwingen gibt, kann aufhören, etwas erzwingen zu wollen. Aber die meisten Menschen wollen das nicht glauben. Sie sagen: »Das klappt bei mir nicht. Ich stehe zu sehr am Anfang. Ich bin nur ein armes kleines Ich, und wenn ich mich nicht dahinterklemme, wird nichts passieren.« Es gibt Leute, die sich sogar noch auf der Toilette mächtig anstrengen – sie glauben, sich ihre Entleerung erarbeiten zu müssen, weil sonst nichts passiert. All das beruht aber auf einem Mangel an Glauben, an Vertrauen ins Leben. Wie bringst du Menschen dazu, dem Leben zu vertrauen? Du musst sie überlisten. Da sie den Sprung ins Wasser scheuen, musst du sie hineinschubsen. Und wenn sie sich absolut dagegen sträuben, nehmen sie vorher Unterricht im Kunstspringen, lesen Bücher darüber, machen Trockenübungen oder probieren auf dem Sprungbrett lange die richtige Absprunghaltung aus, bis ihnen endlich jemand in den Hintern tritt.

Im gesamten Bereich des Yoga und der spirituellen Praxis ist ein gewaltiges Taktieren im Gange. Es ist wirklich zum Erstaunen. Eines der Spiele besteht darin, deinen wunden Punkt zu finden, was trefflich funktioniert, da jeder Mensch eine Schwachstelle hat, deren er sich schämt und an der sich ansetzen lässt. Wir glauben, andere könnten uns ansehen, dass wir in unserem tiefsten Inneren heillos verdorben sind. Im großen Wettstreit der Religionen macht man sich das zunutze. Wenn du zum Beispiel nach jahrelanger Therapie zu einem Katholiken kommst, wird er vielleicht sagen: »Diese ganze Therapiearbeit ist ja gut und schön, aber bei Weitem nicht ausreichend.« Oder du gerätst als Katholik unter Buddhisten und bekommst da zu hören: »Der Katholizismus lehrt zwar einige Kerntugenden, aber weder geht er den Dingen auf den Grund, noch hat er ein ausgefeiltes Meditationssystem, wie der Buddhismus es kennt.« Oder du gehst als Buddhist zu einer Gruppe von Hindus, die dir sagen werden: »Der Buddhismus hat ja manches für sich, und man kann mit ihm eine sehr hohe Bewusstseinsebene erreichen, aber es gibt noch eine sehr viel höhere, auf die er mitnichten hinführt.« Und so geht es überall auf der Welt zu – jeder beansprucht für sich, im Besitz einer Spezialität zu sein, die den anderen abgeht.

Ist nun all das ein Schwindel? Geht es hier nur darum, Anhänger zu ködern? Einerseits ja. Andererseits wollen sie testen, ob du ihnen in die Falle gehst. Man nennt das *Upaya* – »Kunstgriff«. Und wenn du erst einmal auf dieses spezielle Etwas hereinfällst, das angeblich an der nächsten Ecke auf dich wartet, dann haben sie dich. Oder vielmehr: Du bist dir selbst auf den Leim gegangen und musst dich nun an diesem und jenem abarbeiten, bis du merkst, dass man dich zum Narren gehalten hat. Und man hat dich zum Narren halten können, weil du einen Narren aus dir hast machen lassen. Du warst noch nicht dort angekommen, wo du bist, du hattest nicht den Mumm, du selbst zu sein, *das* Selbst zu sein. Immer sollst du hier das Gefühl haben, dass es noch etwas anderes gibt, ein Dahinter, etwas Höheres und Besseres. Aus diesem Grunde ist die Freimaurerei so erfolgreich. Es gibt dreiunddreißig Grade, und du kannst dein ganzes Leben damit zubringen, diese Stufen hinaufzuklettern. Je mehr Grade, umso besser! Woanders kennt man Hunderte und hat damit einen enormen Zulauf, weil sich die Befreiung auf diese Weise immer weiter aufschieben lässt. Aber wenn sie kommt, ist sie die

Sache eines Augenblicks. Ob du dreißig Jahre spirituelle Praxis in sie investierst oder drei Minuten – es ist dieselbe augenblickliche Befreiung.

Die mittelalterliche Gesellschaft Europas ist mit der Hindu-Gesellschaft Indiens insofern vergleichbar, als sie Einzelnen die Möglichkeit bot, aus dem Spiel auszusteigen. Sie begegnete Einsiedlern, Mönchen und Nonnen mit Ehrerbietung und gewährte ihnen Unterstützung. Anders aber als in Indien, wo ein Wechsel in die Kaste der Brahmanen ausgeschlossen war, konnte man innerhalb des europäischen Klassensystems gesellschaftlich aufsteigen, indem man Geistlicher wurde, was gleichbedeutend damit war, des Lesens und Schreibens kundig zu sein. So konnte man als Leibeigener in ein Kloster eintreten, Mönch werden oder es sogar bis zum Erzbischof bringen und mit dem Adel Umgang pflegen. Es war die einzige Möglichkeit, die Kaste zu wechseln. Zugleich brachte die Alphabetisierung das europäische Kastenwesen allmählich zu Fall, weil jetzt die Idee der freien Berufswahl aufkam – man übte nicht mehr automatisch den Beruf der Eltern aus.

Aus dem Spiel auszusteigen ist nun nichts, was in der heutigen Gesellschaft Unterstützung fände. Als Minderheit stellt sich die mächtige katholische Kirche, zusammen mit einigen anderen religiösen Institutionen, zwar noch immer hinter das Mönchs- und sogar das Einsiedlertum. Aber es ist unmöglich, sich auf eigene Faust aus dem Gesellschaftsspiel herauszuziehen, ohne auf große Schwierigkeiten zu stoßen. Vor allen Dingen macht dich das zu einem schlechten Konsumenten. Leute, die nicht zur arbeitenden Klasse zählen und ihr Studium hinschmeißen, weil sie es für überflüssig halten – sogenannte Beatniks oder Gammler –, sind in der bürgerlichen Welt nicht gern gesehen. Diese Aussteiger kaufen nicht die richtige Sorte Auto, wodurch der Autohändler nichts an ihnen verdient; sie besitzen keinen Rasen, sodass man ihnen keinen Rasenmäher verkaufen kann; und sie haben auch keine Geschirrspülmaschine und dergleichen, weil sie solche Dinge nicht brauchen. Außerdem tragen sie Bluejeans und so weiter, weshalb sie auch der lokalen Bekleidungsbranche ein Dorn im Auge sind. Sie besitzen nur weniges und führen ein sehr einfaches Leben, und das macht sie zum öffentlichen Ärgernis. Es wird von dir erwartet, ein kompliziertes Leben zu führen und das richtige Auto zu fahren, das dich als vollgültiges Mitglied der Gesellschaft ausweist und deinen Status signalisiert.

Warum wird das in unserer Gesellschaft zu einem so großen Problem? Zu allen Zeiten hat es eine kleine Minderheit von Aussteigern gegeben, aber es sind die unsicheren Gesellschaften, die ihnen gegenüber am wenigsten Toleranz zeigen. Diese Gesellschaften sind sich der Gültigkeit ihrer Spielregeln so wenig gewiss, dass sie von jedem die Teilnahme am Spiel verlangen. Das ist nun aber ein Dilemma. Du kannst niemanden zur Teilnahme am Spiel verpflichten, weil du damit einforderst, was nur auf freiwilliger Basis geschehen kann. In den Vereinigten Staaten lautet aber die Regel: »Jeder muss spielen.« Auch in den meisten anderen demokratischen Ländern gilt die allgemeine Spielpflicht, weil man auf sehr unsicherem Grund steht. Früher war es der Adel oder der Klerus, der uns sagte, was zu tun und zu lassen ist. Heute ist – zumindest theoretisch – jeder Einzelne für sein Tun und Lassen verantwortlich, muss für sich selbst entscheiden, und das ist erschreckend. Jeder hält etwas anderes für richtig, und darum sind wir alle verunsichert. Das ist der Grund, warum wir immer mehr zu Konformisten werden. Ausgeprägter Individualismus führt immer zum Konformismus. Die Menschen bekommen es mit der Angst zu tun, sie rotten sich zusammen, tragen alle dieselbe Art Kleidung, und alles wird langweilig und eintönig.

Unser Demokratiemodell steht von Anfang an unter einem falschen Vorzeichen. In der Bibel heißt es: »Denn vor Gott sind alle Menschen gleich.« Dabei handelt es sich ursprünglich um eine mystische Aussage, die einer bestimmten Bewusstseinsebene entspricht und bedeutet, dass aus der Sicht Gottes alle Menschen *göttlich* sind. Im Versuch, dieser mystischen Wahrheit eine alltagstaugliche Bedeutung zu geben, wurde deren ursprünglicher Sinn zu einer Karikatur von Mystik verkehrt, indem er nun nicht mehr besagt: »Vor Gott sind alle Menschen gleich«, sondern: »Alle Menschen sind gleich *unwert*.« Aus diesem Grund haben wir eine harsche Bürokratie und ein harsches Polizeiwesen, müssen wir überall anstehen und wird jedermann wie ein Lump behandelt. Es ist ein Zerrbild der Demokratie, und eine Gesellschaft wie diese, in der jedermann als minderwertig betrachtet wird, mündet im Handumdrehen im Faschismus, und zwar aufgrund ihrer Angst vor dem Outsider.

In einer freien und entspannten Gesellschaft liebt und verehrt man den Outsider. Hier weiß man, dass er etwas für uns tut, wozu wir selbst nicht die Manschetten haben. Der Outsider lebt in den Bergen auf dem höchsten Gipfel menschlicher Entwicklung – sein Bewusstsein ist eins mit dem Göttlichen, und es ist einfach großartig, einen erwachten Menschen um sich zu wissen, durch den man sich ein bisschen besser fühlen kann. Wir brauchen solche Leute mit Durchblick, auch wenn sie unser Spiel nicht mitspielen. Die menschliche Gemeinschaft wird dadurch sehr gestärkt, weil es dem Staat unmissverständlich zu verstehen gibt, dass es mehr gibt als den Staat. Aus demselben Grund hielten sich weise Monarchen nicht nur einen Geistlichen, sondern auch einen Hofnarren, der in dieser Hinsicht sehr viel mehr leistet als ein Geistlicher. Der Hofnarr erinnerte den König daran, dass er nur ein sterblicher Mensch ist, dass es Mächte und Welten gibt, die weit, weit über seinen Machtbereich hinausreichen. Für einen demokratischen Staat ist das schwer zu begreifen, weil er seiner selbst nicht sicher ist. Daher ist es heutzutage nahezu unmöglich, seine Staatsangehörigkeit abzulegen. Oder wie Henry David Thoreau es formulierte: »Wohin du dich auch in die Einsamkeit zurückziehst, die Menschen werden dich aufspüren und dazu nötigen, Teil ihrer trostlosen Gemeinschaft schräger Gesellen zu sein.«

TEIL 6

DIE WELT ALS LEERHEIT

15
DIE BUDDHISTISCHE METHODE

In gewissem Sinne ist Buddhismus für den Export zurechtgestutzter Hinduismus. Der Hinduismus ist nicht nur eine Religion, er ist eine ganze Kultur – ein Sozial- und Rechtssystem, das alles umfasst von den Umgangsformen über die Art zu wohnen bis hin zur Ernährung oder den Künsten. Hindus trennen nicht zwischen Religion und den anderen Bereichen des Lebens – Religion ist für sie kein Spezialfach. Und wo Religion und Kultur untrennbar zusammengehören, ist es sehr schwierig, allein den kulturellen Aspekt zu exportieren, weil er dann mit den Traditionen, Gewohnheiten und Gebräuchen anderer Völker in Konflikt gerät. Fragt man also nach den wesentlichen Anteilen des Hinduismus, die sich für den Export eignen, so lautet die Antwort, dass diese zusammengenommen annähernd den Buddhismus ergeben.

Der Kern des Hinduismus ist nicht irgendein Dogma oder eine besondere Disziplin, sondern Moksha – das Erlebnis der Befreiung. Sie lässt dich erkennen, dass du auf einer Ebene eine Illusion bist, auf einer anderen aber das, was man das Selbst nennt – das eine Selbst, das alles Seiende ist. Und das Universum ist das Spiel des Selbst, das in alle Ewigkeit mit sich selbst Verstecken spielt. Solange es sich versteckt, tut es das so gut, dass es vorgibt, wir alle und sämtliche Dinge auf der Welt zu sein, nur wissen wir davon nichts, solange das Selbst sich *versteckt*. Wenn es aber *sucht*, betritt es einen Weg des Yoga, auf dem es erwacht und der Schleier von seinen Augen fällt.

Auch im Buddhismus ist das Erwachen die einzig wichtige Erfahrung. Buddha ist ein Titel, kein Name. Das Wort geht auf die Sanskrit-Wurzel *budh* zurück, die manchmal die Bedeutung von »wissen« annimmt, besser aber mit »erwachen« übersetzt wird. Davon abgeleitet ist *bodhi* – der Zustand des Erwachtseins –, daher heißt Buddha »der Erwachte«. Der Mensch namens Buddha ist nur einer unter unzähligen Buddhas, denn die Buddhisten sind sich ziemlich sicher, dass unsere Welt nur eine von Milliarden ist und dass in all diesen Welten Buddhas auftreten und wieder verschwinden. Hin und wieder jedoch erscheint in der Welt, was man einen großen Buddha nennen könnte – ein sehr bedeutsamer Buddha. Der historische Buddha in unserer Welt – Gautama – war einer dieser großen Buddhas. Es heißt, er sei der Sohn eines Fürsten gewesen, der um 600 vor Christus über einen Landstrich an der Grenze zwischen dem heutigen Indien und Nepal herrschte. Die Lebensgeschichte Buddhas ist so weit bekannt. Wer aber im alten Indien ein Buddha – oder *der* Buddha – genannt wurde, trug damit den Titel eines sehr erhabenen Wesens. Ein Buddha gilt als über allen Göttern und Engeln stehend, weil andere erhabene Wesen wie diese noch immer im Rad des Werdens gefangen sind – in den Fesseln des Karma. Diese Wesen durchleben weiterhin den Kreislauf von Tod und Wiedergeburt, weil sie noch immer nach Existenz dürsten – oder in hinduistischer Terminologie: Das Selbst spielt noch immer das Spiel, nicht es selbst zu sein.

Nach sieben Jahren extremer Askese, in denen er fastete, auf einem Bett aus Nägeln ruhte, auf zertrümmerten Steinen schlief und sich anderen Praktiken unterzog, um die Ichhaftigkeit zu überwinden, sich von allem loszusagen und sein Verlangen nach Leben auszulöschen, erkannte Buddha schließlich die Vergeblichkeit all seines Bemühens. Eines Tages gab Gautama seine strenge Askese auf und nahm eine Schale Milch von einem Hirtenmädchen entgegen, das in der Nähe sein Vieh weiden ließ. Plötzlich fiel alle Anstrengung von ihm ab; er ließ sich unter einem Baum nieder und sah, dass er mit all seinem Tun auf dem falschen Weg gewesen war. Die Katze lässt das Mausen nicht, und auch durch noch so viel Askese wird man mit dem Glauben, ein Ich zu sein, nicht zu einem wahrhaft selbstlosen Menschen. Solange du glaubst und das Gefühl hast, nichts als ein in einem Hautsack eingeschlossenes Ich zu sein, gibt es keinen Weg zu wahrhaft selbstlosem Handeln.

Nun lässt sich Selbstlosigkeit allerdings simulieren. Du kannst die höchsten Gipfel der Selbstlosigkeit erklimmen und bleibst dennoch durch die goldenen Fesseln deiner guten Taten an das Rad des Werdens gefesselt, nicht anders als schlechte Menschen durch die eisernen Fesseln ihrer Missetaten. Das zeigt sich in unterschiedlichster Form – vom spirituellen Dünkel derjenigen, die glauben, im Besitz der einzig wahren Lehre zu sein, bis hin zum Hochmut jener, die umgekehrt für sich in Anspruch nehmen, die Toleranz, Aufgeschlossenheit und Liberalität in Person zu sein – was auch nur ein Spiel ist namens *Wir sind toleranter, aufgeschlossener und liberaler als ihr alle*. Das egozentrische Sein sitzt immer in der eigenen Falle.

Der Buddha erkannte, dass all seine Yoga-Übungen und asketischen Exerzitien nur ein Versuch waren, der

Falle zu entkommen, seine eigene Haut zu retten und für sich selbst Frieden zu finden. Er sah ein, dass es ein unmögliches Unterfangen war, weil der Beweggrund den Plan vereitelte. Er erkannte, dass es keiner anderen Falle zu entkommen gilt als sich selbst – Falle und Gefangener sind ein und dasselbe, und sobald man das versteht, gibt es keine Falle mehr. Es war dieses Erlebnis, was ihn zu dem führte, was er den Dharma nannte, zu seiner Methode. Nun darf man auf keinen Fall außer Acht lassen, dass die Methode des Buddhismus dialektisch ist. Der Buddha lehrte nicht ein Dogma in dem Sinne, wie es das Christentum, das Judentum oder der Islam tut. Der ganze Buddhismus ist ein offener Diskurs, und was die meisten Menschen für seine Grundlehren halten, sind nur die Anfänge eines Dialogs.

Der Buddha formulierte seine Lehren auf möglichst einprägsame Weise – alle buddhistischen Schriften sind voller mnemotechnischer Kniffe, wozu auch die Gruppierung in eingängigen Zahlen gehört, wie etwa die Vier Edlen Wahrheiten: *Duhkha, Trishna, Nirvana* und *Marga.*[29] Von diesen vier beschäftigte ihn am meisten die erste, Duhkha, was so viel bedeutet wie Leid, Schmerz, Frustration und anhaltendes Unbehagen. Es ist das Gegenteil von *Sukha,* was Glück, Seligkeit, Freude und so weiter bedeutet. Das Problem, das sich dem Buddhismus stellt, ist also Duhkha: die Tatsache, dass wir leiden, und weil wir das nicht wollen, halten wir nach jemandem oder etwas Ausschau, der oder das uns

29 Die Vier Edlen Wahrheiten werden meist gleichbedeutend mit Dukkha, Samudaya, Nirodha und Marga (Magga) benannt: die Natur des Leidens (Dukkha), die Ursache des Leidens (Samudaya), das Beenden des Leidens (Nirodha) und der Pfad, der zur Beendigung des Leidens führt (Marga) (Anm. d. Übers.).

vom Leiden erlösen kann. Das ist das Problem, mit dem die Menschen zum Buddha kommen. Und worauf er sie nun als Erstes verweist, ist der Zusammenhang zwischen Duhkha und zwei anderen Phänomenen: einerseits *Anitya* und andererseits *Anatman*. Anitya (»nicht ewig«) bedeutet Unbeständigkeit, Fluss, Wandel. Es gibt nichts in der Welt – in der Welt der Materie, der Seele und des Geistes –, an dem wir uns festhalten, an das wir uns klammern könnten. Nichts. Und nicht genug damit, dass es nichts gibt, an dem wir uns festhalten könnten – nach der Lehre vom *Anatman* oder Nicht-Selbst gibt es auch kein *Ich,* das an etwas festhalten könnte. Mit anderen Worten: Alles Festhalten am Leben ist wie das Haschen nach Rauch mit einer imaginären Hand. Hast du das einmal verinnerlicht, braucht dir niemand mehr zu sagen, dass du dich nicht an etwas klammern sollst. Der Buddhismus ist seinem Wesen nach nicht moralistisch. Ein Moralist ist jemand, der andere, die sich noch als ein Ich fühlen, dazu anhält, selbstlos zu sein. Daher sind die Anstrengungen des Moralisten immer und ausnahmslos vergeblich. Seine ganze Leistung besteht darin, Dreck unter den Teppich zu kehren.

Die zweite der Vier Edlen Wahrheiten betrifft die Ursache des Leidens. Trishna bedeutet wörtlich Durst und wird häufig mit Verlangen, Begehren, Festhalten oder Anklammern übersetzt oder – um einen modernen Ausdruck aus der Psychologie zu verwenden – Blockierung. Wer blockiert ist, wer schwankt und zaudert und nicht weiß, was zu tun ist, der befindet sich – im strengen buddhistischen Sinn – im Zustand der *Anhaftung*. Er steckt fest. Aber ein Buddha steckt niemals fest – er weiß nicht, was es heißt, konsterniert zu sein. So wie Wasser ist ein Buddha immer im Fluss. Und versuchst du, das Wasser durch einen Damm aufzustauen, steigt es nur immer höher, bis es überfließt. Der Buddha sagte nun, dass Duhkha in Trishna, das Leiden im Begehren seinen Ursprung hat – wir leiden, weil wir der Welt verhaftet sind. Und wir sind der Welt verhaftet, weil wir nicht erkennen, dass die Welt Anitya ist und Anatman. Versuche also, wenn du es vermagst, an nichts festzuhalten.

Damit stellt sich nun sofort ein neues Problem. Der Schüler, der in den Dialog mit dem Buddha eingetreten ist, wird auf verschiedene Weise versuchen, sein Verlangen aufzugeben, und dabei sehr schnell erkennen, dass er nun danach verlangt, nicht zu verlangen. Und wenn er mit diesem Problem zum Meister kommt, wird der sagen: »Versuche einfach, so viel von deinem Verlangen aufzugeben, wie du kannst. Übernimm dich nicht.« Das ist der Mittlere Weg des Buddhismus. Es ist die Mitte zwischen den Extremen strenger Askese und der Genusssucht, aber es ist auch ein mittlerer Weg in einem sehr subtilen Sinn. Das bedeutet: Verlange nicht danach, mehr von deinem Verlangen aufzugeben, als dir möglich ist, und wenn das für dich ein Problem darstellt, dann verlange nicht danach, mehr von deinem Verlangen aufgeben zu *können,* als dir möglich ist. Mit anderen Worten: Sobald der Schüler auf den Mittleren Weg zurückkehrt, lässt er damit eine extreme Situation hinter sich.

Die dritte der Vier Edlen Wahrheiten ist Nirvana – das eigentliche Ziel des Buddhismus. Es ist der Zustand der Befreiung und entspricht damit dem, was die Hindus Moksha nennen. Nirvana (aus der Wurzel *nivritti*) heißt eigentlich »ausgeblasen«, und manche glauben, es bedeute, die Flamme des Begehrens auszublasen, jedoch halte ich die Bedeutung *ausatmen* für richtiger. Im indischen Denken ist *Prana* – der Atem – das Lebensprinzip. Genauso unmöglich nun, wie den Atem anzuhalten und dabei am Leben zu bleiben, ist es, am Leben selbst festzuhalten. Beides wird mit der Zeit unerträglich, und wer versucht, das Leben festzuhalten, verliert es. Und was in aller Welt hat es für einen Sinn, weiterleben zu wollen, wenn das Leben nur eine Last ist? Aber das ist es, was die Leute tun – sie verwenden enorme Anstrengungen darauf, einen bestimmten Lebensstandard aufrechtzuerhalten, und bringen sich damit in große Schwierigkeiten. Du kaufst dir ein schönes Haus am Stadtrand, und als Erstes säst du einen schönen Rasen, und dann musst du diesen verdammten Rasen andauernd mähen, dir teure Geräte und Maschinen anschaffen, und im Handumdrehen steckst du zu tief in Schulden, um an deinem Garten noch Freude zu haben. Du verbringst deine gesamte Zeit damit, Geld zu verdienen und Rechnungen zu begleichen. Es ist ein einziges Trauerspiel, aber das bedeutet es, am Leben festzuhalten. Nirvana bedeutet, loszulassen – auszuatmen. Und wenn du deinen Atem ausströmen lässt, kehrt er zurück. Nirvana heißt nicht, zu verlöschen oder in eine gestaltlose Leere zu entschwinden – es ist ein Bewusstseinszustand, ein Zustand der Loslösung, der bedeutet, im Hier und Jetzt des Lebens zu sein.

Die schwierigste der Vier Edlen Wahrheiten ist Marga, ein Sanskritwort, das »Weg« oder »Pfad« bedeutet. Buddha lehrte den Achtfachen Pfad zum Erreichen des

Nirvana, der in drei Gruppen zusammengefasst wird: *Drishti*[30], *Sila* und *Smriti* – Einsicht, Verhalten und Meditation.[31] Jedem der acht Pfade ist das Wort *samyak* vorangestellt, das fast immer mit »recht« übersetzt wird. Das ist aber eine sehr schlechte Übersetzung. Zwar kann samyak in bestimmten Kontexten »recht« bedeuten, aber es hat noch ganz andere Bedeutungen wie »ganz«, »vollständig«, »allumfassend«. Außerdem bedeutet es »dem Mittleren Weg entsprechend« im Sinne von Zentrum oder Schwerpunkt. Demzufolge lehrte Buddha mit dem Achtfachen Pfad den Mittleren Weg der Betrachtungsweise, den Mittleren Weg der Einsicht in den Dharma, den Mittleren Weg der Rede und so weiter.

Gerade im Hinblick auf *Sila,* die buddhistische Lehre vom Verhalten, bewährt sich diese Lesart. Auf der ganzen Welt legen Laienanhänger des Buddhismus[32] – also ohne Mönch zu sein – ein Gelübde auf die *Pancasila* ab, die »Fünf Silas« oder Verhaltensregeln. Es handelt sich dabei allerdings nicht um Vorschriften im Sinne der Zehn Gebote, da der Buddhismus kein Moralgesetz kennt, das von einem kosmischen Gesetzgeber erlassen würde. Das Befolgen dieser fünf Regeln des Sichenthaltens – Leben zu nehmen, zu stehlen, seinen Leidenschaften zu frönen, falsch zu reden und Rauschmittel zu nehmen – hat keine idealistischen Gründe. Es macht dich nicht zu einem guten Menschen. Wenn man sich

30 Auf *Drishti* geht Alan Watts im Folgenden nicht gesondert ein (Anm. d. Übers.).

31 Üblicherweise heißen die drei Gruppen etwa gleichbedeutend *Prajna, Sila* und *Samadhi:* Weisheit, Sittlichkeit und Versenkung (Anm. d. Übers.).

32 *Upasaka,* vgl. Anm. 20 (Anm. d. Übers.).

dieser fünf Formen des Fehlverhaltens enthält, dann weil es der Befreiung dient. Wer Menschen tötet, macht sich Feinde und muss ständig auf der Hut sein; wer stiehlt, häuft Besitztümer an und wird sich damit ebenfalls Feinde machen; wer seinen Leidenschaften frönt, vergeudet eine Menge Zeit mit seiner Passion; wer sich falscher Rede bedient, verwirrt seinen Geist; und wer Rauschmittel nimmt, sieht alles wie im Nebel, und das hat nicht gerade etwas mit Erwachen zu tun. Mit anderen Worten, die fünf Gelübde sind vor allem pragmatischer Natur.

Die dritte Gruppe der Stufen ist benannt mit Smriti beziehungsweise Samadhi – Versenkung. *Smriti* bedeutet nicht nur Erinnerung, Gedächtnis, sondern bemerkenswerterweise auch vollkommene Geistesgegenwart. Es gibt eine wunderbare Meditation, die im südlichen Buddhismus praktiziert wird und die ich »The-house-that-Jack-built-Meditation« nenne. Während du gehst, sagst du zu dir selbst: »Es gibt das Heben des Fußes, es gibt das Heben des Fußes«, und daraufhin: »Es gibt die Wahrnehmung des Hebens des Fußes«, und dann: »Es gibt eine Neigung zur Wahrnehmung des Gefühls des Hebens des Fußes«, und schließlich: »Es gibt ein Bewusstsein der Neigung zur Wahrnehmung des Gefühls des Hebens des Fußes.« Bei allem, was du tust, weißt du also, dass du es bist, der es tut – du bist deiner selbst gewahr. Das zu praktizieren ist natürlich nicht ganz einfach, und du wirst feststellen, dass du in jedem Augenblick so viele Dinge tust, deren du gewahr sein kannst, dass du dich auf ein oder zwei beschränken musst. Wenn du diese Meditation praktizierst, wirst du auch bemerken, dass es unmöglich ist, dabei geistesabwesend zu sein – alle Gedanken sind in der Gegenwart und betreffen die Gegenwart. Mit dieser Entdeckung bist du auf dem Weg zu Samadhi. Samadhi ist der Geist im Zustand der Vollständigkeit, der Erfüllung. Nun gibt es in all den Sekten des Buddhismus und des Hinduismus ganz unterschiedliche Auffassungen von Samadhi. Einige sehen darin eine Art Trance, andere nennen es einen Bewusstseinszustand ohne Inhalt – das heißt ein Wissen ohne Wissensobjekt –, und wieder andere sagen, Samadhi sei die Vereinigung von Wissendem und Wissen. Der Samadhi jedoch, von dem Buddha sprach, ist das Tor zum Nirvana – der Zustand, in dem sich die Illusion vom Ich als einem separaten Etwas auflöst.

Der Begriff des Anatman oder Nicht-Selbst findet im Buddhismus nicht nur Anwendung auf das individuelle Ich, sondern auch auf die Vorstellung, dass es ein Selbst des Universums gibt, eine Art persönlichen oder unpersönlichen Gott. Daraus entstand die allgemeine Annahme, dass der Buddhismus atheistisch sei – was auch zutrifft, je nachdem, was man unter »Atheismus« versteht. Der gewöhnliche Atheismus verneint ausdrücklich die Existenz eines Gottes. Nicht so der Buddhismus. Der Buddhismus bestreitet nicht die Möglichkeit einer Erfahrung, die dem Begriff des Höheren Selbst, des großen Atman et cetera entspricht. Ihm zufolge führen aber bestimmte Vorstellungen, die man sich davon macht, oder feste Lehrbegriffe dazu, dass man sich auf sie fixiert, womit man anfängt zu glauben, anstatt zu wissen. Daher sagt man im Zen-Buddhismus: »Die Lehre des Buddhismus ist der Finger, der auf den Mond zeigt. Verwechsele ihn nicht mit dem Mond.« Genauso könnten wir im Westen sagen: »Die Vorstellung von

Gott ist der Finger, der auf Gott verweist«, aber anstatt dem Finger zu folgen, lutschen die meisten Menschen an ihm zum Trost.

Buddha schnitt den Finger ab und entzog jeder Art metaphysischen Glaubens den Boden. In den auf Pali verfassten buddhistischen Schriften gibt es etliche Dialoge, in denen der Fragesteller den Buddha dazu drängen will, eine metaphysische Position einzunehmen: »Ist die Welt ewig?« Der Buddha gibt darauf keine Antwort. »Ist die Welt nicht ewig?« Wieder antwortet der Buddha nicht. »Ist die Welt sowohl ewig als auch nicht ewig?« Keine Antwort. »Ist die Welt weder ewig noch nicht ewig?« Noch immer keine Antwort. Der Buddha bewahrt, was man das »noble Schweigen« oder die »donnernde Stille« nennt. Dieses metaphysische Schweigen ist aber nicht Leere, sondern etwas sehr Kraftvolles. Es ist ein offenes Fenster, durch das wir etwas erblicken können – jedoch nicht Konzepte, Vorstellungen und Glaubenslehren, sondern das, worauf es wirklich ankommt. Wer dagegen benennt, was er sieht, schafft damit ein Abbild, einen Götzen, und führt somit die Menschen in die Irre. Daher ist es besser, den Menschen ihren Glauben zu nehmen, als ihnen einen Glauben zu geben. Das mag schmerzlich sein, ist aber der Weg. Es ist das, was die Eierschale zerbricht und das Küken herauslässt.

Aus diesem Grund pflegt man im Buddhismus die Dialogform. Die Wahrheit ist nicht mitteilbar, aber man kann auf sie hindeuten, auf sie verweisen. Zwischen Lehrer und Schüler entsteht so ein methodischer Austausch, in dem der Lehrer die Seifenblasen des Schülers eine nach der anderen zum Platzen bringt. Um nichts anderes geht es hier. Und weil das so ist, wandelt sich der Buddhismus im Laufe der Zeit – er erweitert und entwickelt sich, indem seine Anhänger den Hinweisen Buddhas nachgehen. So finden sie alle möglichen neuen Dinge heraus – sie erkunden den Geist und kommen ihm auf all seine Schliche. Sie tauschen sich über diese Dinge aus und geben ihre Einsichten an andere weiter. Daher führt jede Vorstellung davon, zu den einfachen Ursprungslehren Buddhas zurückkehren zu können, in die Irre – niemand kann zum ursprünglichen Buddha *zurückkehren*, sondern man kann nur zu ihm *weitergehen*. Wie eine Eichel zur Eiche heranwächst, ist der Buddhismus eine lebendige Tradition, die sich immer weiterentwickelt und in die Höhe wächst. Von der ausgewachsenen Eiche führt kein Weg zur Eichel zurück, sondern es gibt neue Eicheln, aus denen andere Eichbäume werden.

Um hier aber eine Warnung auszusprechen: Ein regelrechtes Studium des Buddhismus ist ein wahres Mammutprojekt. Es gibt einen endlos langen Schriftenkanon sowohl auf Pali als auch auf Sanskrit, wobei dieser überwiegend in tibetischen und chinesischen Übersetzungen vorliegt, und die meisten dieser Texte sind unglaublich langweilig. Verfasst wurden sie von Mönchen, die in der Monsunzeit an verregneten Nachmittagen viel Muße hatten, in aller Ausführlichkeit jedes nur erdenkliche Zeremoniell zu schildern. So präsentieren sie die unterschiedlichsten Buddhas und Wesen – wo und wie sie zusammenkommen, welche Plätze sie dabei einnehmen, wie sie sich voreinander verbeugen und so weiter und so fort. Und gelegentlich taucht hier und da eine Perle der Weisheit Buddhas auf. Es mag noch angehen, das *Dhammapada* zu lesen, das *Diamant-* oder das *Lankavatara-Sutra*. Aber wer sich auf die Lektüre etwa der umfangreichen *Prajnaparamita* einlässt, gerät ins Uferlose.

Im Übrigen haben Buddhisten einen ziemlich eigenwilligen Bezug zu ihren religiösen Texten – sie besitzen für sie nicht dieselbe Bedeutung wie für Christen die Bibel. Buddhisten behandeln ihre Schriften mit Respekt – gelegentlich werden sie sogar feierlich verlesen. Aber im Allgemeinen ist das geschriebene Wort für sie reines Beiwerk und bei Weitem nicht das Wesentliche. Es kann sich sogar als ein großes Hindernis erweisen. Oder wie der taoistische Weise Chuang-tzu[33] es ausdrückte: »Weder gilt ein Hund als gut, weil er sich gut aufs Bellen versteht, noch gilt ein Mensch als weise, weil er sich gut aufs Reden versteht.« Sehen wir also zu, dass wir bloßen Worten nicht auf den Leim gehen.

33 Zhuangzi, um 365–290 v. Chr., chinesischer Philosoph und Dichter (Anm. d. Übers.).

16
BESTÄNDIGER WANDEL

Einer der Grundzüge des buddhistischen Denkens ist die Vorstellung, dass die Welt im Fluss ist. Neben der Unwirklichkeit eines dauerhaften Selbst (Anatman) und dem Leiden (Duhkha) betont der Buddha daher die Unbeständigkeit (Anitya) als wesentliches Merkmal des Seins. Das Leiden entspringt dabei letztlich aus dem Unvermögen, die beiden anderen Seinsmerkmale zu akzeptieren – den Wandel und das Fehlen eines dauerhaften Selbst. Wenn ich dir heute begegne und dich morgen wiedertreffe, dann siehst du für mich noch immer ziemlich genauso aus wie tags zuvor, weshalb ich dich für dieselbe Person halte – aber das bist du nicht. Während ich in einem Bach einen Wasserwirbel beobachte, bewahrt er niemals dasselbe Wasser, sondern wird von immer neuem Wasser durchströmt. Oder nehmen wir eine Universität, sagen wir, die Universität von Kalifornien – was ist das eigentlich? Die Studenten kommen und gehen, die Fakultäten wechseln, nur in sehr viel langsamerem Tempo, die Gebäude auf dem Campus verändern sich, die Verwaltung wechselt ebenfalls – was ist es also, das bleibt? Eine Person, ein Wasserwirbel und eine Universität: Sie alle sind Muster – ein bestimmtes Tun oder Geschehen. Jeder von uns ist ein Strudel in den Gezeiten des Daseins. Jede Zelle in unserem Körper – jedes Molekül und jedes Atom – befindet sich in ständigem Fluss. Nichts lässt sich dingfest machen. Der Beobachter atomarer und subatomarer Teilchen verändert durch sein Beobachten deren Verhalten – was tun sie, wenn man nicht hinsieht? Geht das Licht im Kühlschrank wirklich aus, sobald man die Tür schließt?

Die buddhistische Philosophie ist also eine Philosophie des Wandels. Von einer Warte aus betrachtet, ist die Vergänglichkeit ein großes Übel. Alles entgleitet, und das bringt eine Art Trauer mit sich, eine Art Wehmut, wenn nicht Zürnen. Andererseits muss es etwas geben, das sich dem Wandel widersetzt, damit es diese wundervolle Erscheinungswelt der Formen geben kann. Das ist der Tanz des Lebens. Aber der menschliche Geist ist sich der Zeit nur allzu bewusst, weshalb wir so viel über die Zukunft nachdenken. Auf einer bestimmten Ebene wissen wir, dass jede sichtbare Form vergeht und durch sogenannte andere ersetzt wird. Aber sind diese anderen wirklich *andere*, oder kehren in ihnen die gleichen wieder? Das ist ein großes Rätsel. Sind die Blätter an diesem Baum im nächsten Jahr die gleichen wie in diesem Jahr? Was verstehen wir dann unter »den gleichen«? Sie haben die gleiche Form, die gleichen botanischen Eigenschaften, aber wenn wir ein verwelktes Blatt aus dem vergangenen Herbst in die Hand nehmen, sehen wir den Unterschied. In diesem Sinne sind sie nicht gleich. Und was, wenn ein Musiker heute ein bestimmtes Musikstück spielt und morgen das gleiche noch einmal? Ist es dann dasselbe Musikstück oder ein anderes? Ein Pali-Ausdruck dafür lautet: *nacha so, nacha anno* – »nicht dasselbe und doch nicht ein anderes«.

Auf diese Weise kann der Buddhismus über Reinkarnation sprechen, ohne an eine Art Seelensubstrat glauben zu müssen, das reinkarniert wird – eine Art Atman oder beharrendes Selbst, ein Ich- oder Seelenprinzip, das von einem Leben auf das andere übergeht. Das gilt für unser jetziges Leben, wie es sich von Augenblick zu Augenblick abspielt, und es gälte ganz ebenso für unser Leben, wenn es über Jahrmillionen hinweg ein ums andere Mal wiedererscheint – es würde nicht das Geringste ändern. Der einzige Unterschied besteht darin, dass es lange Intervalle und kurze Intervalle gibt, Schwingungen von hoher Frequenz und Schwingungen von niedriger Frequenz. Wenn du einen hohen Ton in einer Tonleiter hörst, nimmst du keinerlei Unterbrechung wahr – er schwingt zu schnell und klingt daher vollkommen kontinuierlich. Bei den tiefsten Tönen einer Orgel hörst du aber ein Schwanken, *spürst* du die Schwingung, das Pulsieren des Tons. Genauso empfinden wir unser eigenes Leben Tag um Tag auf einer hohen Schwingungsfrequenz und nehmen uns selbst als kontinuierlich wahr, weil wir die Lücken nicht bemerken. Aber der Rhythmus der Generationenfolge oder von Leben zu Leben ist sehr viel langsamer, und daher nehmen wir die Lücken wahr. Somit spielt sich unser Leben sozusagen auf vielen verschiedenen Rhythmusebenen zugleich ab.

Das ist das Wesen des Wandels. Wenn du dich dagegen sträubst, erfährst du Duhkha, das heißt, du wirst leiden und frustriert sein. Wenn du aber das Wesen des Wandels verstehst, dann klammerst du dich nicht an das Vergängliche und lässt es gehen. Dann gibt es kein Problem – es wird sogar zu etwas ausgesprochen Schönem. Deshalb ist in der Dichtung die Vergänglichkeit der Welt ein bevorzugtes Thema. Bei Shelley heißt es:

> Das Eine bleibt, die vielen wandeln sich und gehen weiter;
> Das Licht des Himmels scheint für immer, die Schatten der Erde verfliegen;
> Das Leben, wie eine Kuppel aus vielfarbigem Glas,
> Flecken die weiße Ausstrahlung der Ewigkeit,
> Bis der Tod es in Stücke zertrampelt.[34]

Was ist das Schöne daran? Ist es das Licht des Himmels, das für immer scheint? Oder ist es die Kuppel aus vielfarbigem Glas, die zerschellt? Immer ist es das Bild des Wandels, das echte Dichtung ausmacht. Der Dichter ist sich bewusst, dass die Dinge immer zu Ende gehen, immer zugrunde gehen, und darin verborgen liegt ein Zauber.

Der japanische Begriff *Yugen* bedeutet so viel wie eine Stimmung unergründlicher Tiefe, aber auch das Bejahen des Wandels, und auch hier ist die Darstellungsform poetisch. Yugen erfährt man etwa beim Anblick ferner Schiffe, die weit draußen auf dem Meer halb verborgen hinter einer Insel vor Anker liegen. Man erlebt Yugen beim Betrachten über den Himmel ziehender Wildgänse, die sich in den Wolken verlieren. Man erfährt Yugen beim Anblick des Himmels auf der anderen Seite eines Berggipfels, wo man noch niemals war. Man begibt sich nicht dorthin, um die andere Seite zu erkunden – das wäre nicht Yugen. Du lässt die andere Seite die andere Seite sein, und das erweckt etwas in deiner Fantasie, etwas, das sich nicht definieren oder fixieren lässt.

34 Percy Bysshe Shelley: *Adonais – An Elegy on the Death of John Keats* (Anm. d. Übers.).

Das Kommen und Gehen der Dinge in der Welt hat also auch eine Qualität des Wunderbaren. Aber wohin gehen sie? Jeder Versuch, diese Frage zu beantworten, würde das Geheimnisvolle daran vernichten. Wohin die Dinge entgleiten, ist ein Mysterium, und wer versucht, ihnen dorthin zu folgen, zerstört damit Yugen. Das entsprechende chinesische Schriftzeichen bedeutet etwa »Das tiefe Geheimnis des Tals«.[35] In einem chinesischen Gedicht heißt es: »Der Wind legt sich, aber die Blüten fallen weiter. Der Vogel ruft, und der Berg birgt noch mehr Geheimnis.«[36] Ist das nicht seltsam? Es geht kein Wind mehr, und doch fallen die Blüten, der Vogel stößt in der Schlucht einen Ruf aus, und dieser eine Laut in den Bergen bringt auf einen Schlag die Stille zum Vorschein. So wie vereinzelte Laute die Stille, so bringen kleine Beständigkeiten den Wandel zum Vorschein, und sie geben uns dieses sehr eigentümliche Gefühl von Yugen, des Mysteriums des Wandels.

Das Leben ist nur deshalb das Leben, *weil* es immer vergeht. Stell dir vor, ich könnte durch schwarze Magie bewirken, dass du für immer dein jetziges Alter behältst. Du wärest wie eine Figur aus Madame Tussauds' Wachsfigurenkabinett. Es wäre einfach schrecklich, und in tausend Jahren wärest du so etwas wie ein lebendes Fossil. Das Problem ist unser einseitiger Geist – wir nehmen die Welle des Lebens nur dann wahr, wenn sie auf dem Gipfelpunkt ist, nicht aber das Wellental. Für uns zählt allein der Scheitelpunkt. Denke an eine Kreis-

35 Der japanische Yugen-Begriff stammt ursprünglich aus dem Chinesischen (Anm. d. Übers.).

36 Aus dem *Zenrin-kushu*, der »Spruchsammlung des Zen-Hains« (Anm. d. Übers.).

säge. Dem Anschein nach sind es die Zähne des Sägeblatts, die den Schnitt bewirken, und nicht die Zwischenräume. Aber es gibt keine Zähne ohne Zwischenräume – eine Säge ist keine Säge, wenn nicht beides vorhanden ist. Aber wir wollen davon nichts wissen. Wir nehmen die Wellentäler nicht in gleicher Weise wahr wie die Wellenberge. Täler haben mit Abstieg zu tun, Berge mit Aufstieg, und wir ziehen Dinge vor, die bergauf gehen, weil das Oben gut ist und das Unten schlecht. Da wir also den Talaspekt der Dinge ignorieren, beginnt alle Weisheit damit, ihn für sich ins Auge zu fassen, auch wenn uns die Talsohle uns noch so unbehaglich fühlen lässt. Wir wollen uns gut fühlen, indem wir nur auf die Gipfelpunkte schauen, aber gerade das verhindert das Wohlgefühl, weil wir insgeheim wissen, dass auf jeden Gipfel eine Talsohle folgt – das Tal des Todesschattens. Und immer haben wir Angst, weil wir es nicht gewohnt sind, einen Blick in die Niederungen zu werfen, es nicht gewohnt sind, mit ihnen zu leben. Sie repräsentieren für uns das unheimliche und angsteinflößende Unbekannte. Vielleicht fürchten wir uns davor, dass die Täler die Gipfel verschlingen könnten. Und vielleicht ist der Tod stärker als das Leben, denn das Leben scheint immer mit Mühe verbunden zu sein, während der Tod etwas ist, in das wir mühelos hineingleiten.

Und so widerstreben wir dem Wandel, ungeachtet der Tatsache, dass Wandel gleich Leben ist, ungeachtet der Tatsache, dass die Kehrseite von etwas unausweichlich das Nichts ist. Die meisten Menschen fürchten den Weltraum. Sie ignorieren den Raum und denken ihn sich als ein Nichts. Aber Raum und Körper sind nur zwei Weisen, von derselben Sache zu sprechen, nämlich Raum/Körper. Niemals wird dir Raum ohne Körper begegnen, und niemals werden dir Körper ohne Raum begegnen. Es kann kein Universum geben, das nur aus Raum besteht – Raum zwischen was? Raum ist Beziehung. Zum Raum gehört immer der Körper, wie zur Vorderseite die Rückseite. Aber der spaltende Geist ignoriert den Raum und meint, dass die Körper alles bewirken und das einzig Reale seien. Mit anderen Worten: Unsere bewusste Kenntnisnahme ignoriert die Intervalle, weil sie sie für unwichtig hält. Denke an die Musik. Was du wirklich vernimmst, wenn du eine Melodie hörst, sind die Intervalle zwischen den einzelnen Tönen – sozusagen die Schritte auf der Tonleiter. Es ist also das Intervall, auf das es ankommt. In der gleichen Weise sind die Intervalle zwischen den Blättern dieses Jahres und den Blättern des vergangenen Jahres – oder zwischen dieser Menschengeneration und der vergangenen Menschengeneration – mindestens ebenso bedeutsam wie das, was zwischen ihnen liegt. Tatsächlich gehören sie zusammen, und wenn ich hier die Bedeutung der Intervalle besonders betone, dann weil wir sie gemeinhin vernachlässigen. Dasselbe gilt auch für Raum, Nacht, Tod und Dunkelheit: Was nicht da ist, ist ein wesentlicher Bestandteil dessen, was da ist. Du kannst nicht das eine ohne das andere haben.

Im striktesten buddhistischen Wortsinn sucht, wer den Weg des Buddha geht, Erlösung von der Anhaftung an die Welt des Wandels. Buddha beschreibt Nirvana – den Zustand jenseits des Wandels – als »das Ungeborene, Herkunftslose, Unerschaffene, Ungeformte«. Wer aber Nirvana als einen Zustand jenseits des Wandels erstrebt, als etwas von Samsara Verschiedenes, der sucht tatsächlich noch immer nach etwas Dauerhaftem. Im Laufe der Zeit hat man im Buddhismus viel über diesen Punkt nachgedacht, woraus sich letztlich die Aufspaltung in zwei große Schulen ergab – *Theravada* (manchmal auch abwertend als *Hinayana* bezeichnet) und *Mahayana. Yana* bedeutet so viel wie »Fahrzeug«, »Beförderung«, »Kutsche« oder »Fähre«. *Hina* bedeutet »klein« und *maha* »groß« – also das kleine und das große Fahrzeug. Im Mahayana sagt man nun: »Euer kleines Fahrzeug bringt nur ein paar sehr hartgesottene Asketen hinüber auf die Seite des Nirvana, während unser großes Fahrzeug zeigt, dass Nirvana sich nicht vom gewöhnlichen Leben unterscheidet.« Wenn du also glaubst, Nirvana erreicht, das Geheimnis des Universums ergründet und deinen Frieden gefunden zu haben, dann ist das nur ein falscher Frieden. Du bist zu einem steinernen Buddha geworden mit einer neuen Illusion des Unwandelbaren – zu dem, was man einen *Pratyekabuddha* nennt, ein Privat-Buddha, dem es nur um seine eigene Erlösung zu tun ist.

Im Gegensatz zu einem Pratyekabuddha – der Nirvana erreicht und dort verweilt – gibt es im Mahayana die Vorstellung vom *Bodhisattva. Sattva* bedeutet »wahres Wesen« und *Bodhi* »Erwachen«; ein Bodhisattva ist also derjenige, dessen wahres Wesen Erwachtsein ist. Ursprünglich bezeichnete das Wort einen »Junior-Buddha«, der auf dem Weg zum Buddha ist. Im Laufe der Zeit nahm es aber die Bedeutung desjenigen an, der die Buddhaschaft erreicht und Nirvana erlangt hat, aber ins gewöhnliche Leben zurückkehrt, um alle anderen Wesen zu erlösen. Er ist also so etwas wie ein Befreier. Im populären Buddhismus Tibets, Chinas und Japans genießen Bodhisattvas – vor allem ein weiblicher Bodhisattva namens Guanyin, japanisch Kannon – große Verehrung als Erretter, die in die Welt zurückkehren, um einen jeden zu erlösen. Aber es gibt noch eine andere Interpretation, die stärker esoterisch orientiert ist. Demnach entspringt die Rückkehr des Bodhisattva in die Welt der Einsicht, dass man sich an keinen anderen Ort zu begeben braucht, um Nirvana zu finden – Nirvana ist dort, wo du bist, vorausgesetzt, du wehrst dich nicht dagegen.

Alles ist Wandel. Nichts bietet einen Halt. Und wenn du dich dem Fluss überlässt, dann fließt du mit ihm. Wenn du jedoch gegen die Strömung ankämpfst, dann machst du sie dir zum Feind. Wenn du das verstehst, schwimmst du mit dem Strom und findest so deinen Frieden. Das bewahrheitet sich vor allem in solchen Momenten, in denen das Leben uns mit sich fortzureißen scheint und der Fluss des Wandels uns vollständig zu verschlingen droht. Gerade im Augenblick des Todes sträuben wir uns dagegen und rufen aus: »Nein, nein, nur das nicht! Jetzt noch nicht!« Das ganze Problem besteht aber in unserer Weigerung einzusehen, dass uns in diesem Moment nichts zu tun bleibt, als uns dem Sturz des Wasserfalls zu überlassen – so wie wir von einem Tag zum nächsten weitergehen oder uns am Abend schlafen legen. Wenn der Augenblick des Todes kommt, sollten wir vollkommen bereit sein.

Ich will hier nichts predigen. Es geht mir nicht darum, dass du bereit sein *sollst* zu sterben, in dem Sinne, dass du deinen ganzen Mut zusammennehmen und möglichst gefasst deinem Ende entgegengehen sollst.

Das ist es ganz und gar nicht, was ich sagen will, sondern ich meine, dass du nur dann gut zu sterben verstehst, wenn du dieses System von Wellen begreifst; wenn du verstehst, dass dein Verschwinden als die Form, in der du glaubst, *du* zu sein – dein Verschwinden als dieser besondere Organismus –, lediglich eine Saisonangelegenheit ist. Du bist ebenso sehr der dunkle Raum hinter dem Tod, wie du das Lichtintervall namens Leben bist. Es sind nur zwei Seiten deiner selbst – du bist die ganze Welle, Wellenberg *und* Wellental. Ebenso wenig wie eine halbe Welle kann es ein halbes Menschendasein geben – jemanden, der geboren wird, ohne zu sterben. Das wäre nur eine halbe Sache.

Wenn du dich dem Wandel nicht widersetzt, dann erkennst du, dass die Welt des Wandels, die sich wie Rauch auflöst, sich in nichts von der Welt des Nirvana unterscheidet. Wie schon gesagt bedeutet Nirvana »ausatmen« – den Atem loslassen. In derselben Weise geht es darum, die Welt loszulassen, ohne dem Wandel zu widerstreben. Es ist alles ein und dasselbe Prinzip. Und so errettet der Bodhisattva die Wesen nicht, indem er ihnen Predigten hält, sondern ihnen zeigt, dass sie bereits erlöst sind, und zwar gerade aufgrund der Tatsache, dass sie außerstande sind, den Wandel aufzuhalten. Du kannst nicht dich selbst bewahren. Und du brauchst nicht zu versuchen, dich *nicht* zu bewahren. Das ist Erlösung.

Memento mori – gedenke des Todes. Gurdjieff lehrte als wichtigste Einsicht, dass jeder von uns bald tot sein wird, genauso wie alle Menschen um uns herum. Das klingt für uns sehr düster, weil wir uns in einer Kultur eingerichtet haben, die sich dem Tod grundsätzlich verweigert. In der westlichen Welt wird der Tod als ein echtes Problem betrachtet. Wir kehren ihn unter den Teppich und tun so, als wäre nichts geschehen. Wenn du Krebs im Endstadium hast und ins Krankenhaus kommst, werden all deine Freunde aufkreuzen und dir erzählen, dass du schon viel besser aussiehst und bald wieder nach Hause kannst und so weiter. Und die Ärzte und Krankenschwestern sind überaus freundlich und überaus distanziert, weil sie wissen, dass du sterben wirst, aber nicht, wie sie es dir beibringen sollen. Wenn der Tod in dieser Weise zum Problem wird, dann legst du mit deinem Sterben ein Fehlverhalten an den Tag – schließlich gehört es sich zu leben. Daher wissen wir nicht, wie wir mit einem Sterbenden umgehen sollen. Wir können ja schlecht zu ihm hingehen und sagen: »Hör zu, altes Haus, es gibt großartige Neuigkeiten! Du wirst sterben, und das ist doch fantastisch! Keine Rechnungen mehr, die zu begleichen sind, keine Verpflichtungen, keine Sorgen! Du stirbst, nichts weiter, also lass uns zum Schluss noch mal so richtig auf die Pauke hauen. Wir schmeißen eine tolle Party. Du lässt dir Morphium gegen die Schmerzen geben, und wir packen dir ein paar Kissen unter. Dann lässt du all deine Freunde kommen, wir genehmigen uns Schampus, und am Ende unserer Fete trittst du ab. Ist das nicht fabelhaft?«

Probieren wir es also mit einer neuen Lesart: Der Tod ist ein gesunder und natürlicher Vorgang wie die Geburt, und von ein wenig gesellschaftlichem Umdenken in dieser Hinsicht haben wir alle etwas. Wir sollten Sterbende beglückwünschen, denn die Zeit kurz vor dem Tod ist eine wunderbare Gelegenheit der Befreiung. Der Tod ist nichts Furchtbares – er ist nur dein Ende als ein System aus Erinnerungen. Es liegt also eine große Chance darin, alles loszulassen, bevor es passiert, weil du weißt, dass ohnehin alles vergehen wird, und das zu wissen ist eine große Hilfe. Du kannst all dein Hab und Gut fortgeben und sagen, was du zu sagen hast – wenn es etwas gibt, das dich noch beschäftigt oder belastet, dann sprich es aus. Damit meine ich nicht unbedingt eine Lebensbeichte, sondern was immer noch zu sagen bleibt, bevor du gehst. Wenn der Augenblick dann kommt, ist deine innere Haltung das Entscheidende, und der Tod könnte dann etwas ebenso Positives sein wie die Geburt und das, was er sein sollte: ein Anlass zur Freude. Der Tod ist das Symbol der Befreiung. Das Wissen um den bevorstehenden Tod hilft dem Ich zu verlöschen, weil dieses Wissen dir sagt: »Du kannst an nichts festhalten.« Eine Religion, die etwas taugt, könnte hiermit ihren Anfang machen. Vielleicht sollten wir so etwas wie »Einrichtungen für kreatives Sterben« haben, wo man die Wahl hätte zwischen Cocktailparty und religiösem Zeremoniell, zwischen psychedelischen Drogen und musikalischer Umrahmung oder wonach immer einem ist. Für all das würde in einem »Hospiz für freudvolles Sterben« gesorgt. Und darum handelt es sich: mit Bravour zu gehen anstatt mit Wehklagen.

17 DIE PHILOSOPHIE DER LEERHEIT

Sobald du erkennst, dass es nichts und niemanden gibt, an dem du festhalten kannst, erscheint dir alles in einem neuen, großartigen Licht. Nicht nur dass all deine Sinne geschärft sind und du dich fast so fühlst, als würdest du auf Wolken gehen – du siehst nun auch, dass es keine Dualität gibt, keinen Unterschied zwischen der gewöhnlichen Welt und Nirvana. Es ist ein und dieselbe Welt, und der Unterschied besteht allein in der Betrachtungsweise.

Wenn du dich freilich weiterhin mit einer Art beständigem Wesen identifizierst, das dahockt und der Welt zuschaut, wie sie vergeht; wenn du deine untrennbare Verbundenheit mit allem anderen, was ist, negierst; wenn du auf deinem Versuch beharrst, dem Fluss des Geschehens gegenüber die Warte des bleibenden Beobachters zu beziehen, und dich ihm entgegenstemmst – dann entstehen Reibungskräfte, und dir wird es sehr schlecht dabei ergehen. Die meisten haben dieses grundlegende Gefühl, Zeuge oder Beobachter zu sein. Wir haben das Gefühl, dass es hinter dem Strom unserer Gedanken, Gefühle und Erfahrungen etwas gibt, das denkt, fühlt und erfährt – ohne uns darüber im Klaren zu sein, dass dieses Etwas selbst Gedanke, Gefühl oder Erfahrung ist und innerhalb des sich wandelnden Erfahrungshorizontes liegt und nicht etwa außerhalb davon.

Es handelt sich dabei um etwas, das man ein »automatisches Hinweissignal« nennen könnte. Will jemand ein Telefongespräch aufzeichnen, muss laut Gesetz alle siebzig Sekunden ein Piepton zu hören sein, um den anderen Teilnehmer auf diese Tatsache aufmerksam zu machen. In vergleichbarer Weise gibt es in unserer Alltagserfahrung etwas, das uns eine konstante Eigenerfahrung signalisiert. Auch wenn ein Komponist in einer Komposition ein Thema mit verschiedenen Variationen wiederkehren lässt, ist das ein Hinweissignal. Oder noch subtiler: Er komponiert in einem einheitlichen Stil, sodass du die ganze Zeit weißt, dass es sich um Mozart handelt, weil es »nach Mozart klingt«. Zwar gibt es hier keinen durchgängigen Ton, der die Kontinuität des Musikstücks anzeigt; allerdings kennt man das unter anderem in der indischen Musik in Form des *Bordun-tons,* eines gehaltenen Basstons. Dieser Bordunton steht für das ewige Selbst, Brahman, hinter all den sich wandelnden Formen der Natur, jedoch nur als Symbol. Das Ewige lässt sich nicht verstehen, indem man sich ein Bild davon macht – es lässt sich nicht festhalten.

Psychologisch gesehen ist man der Befreiung näher, wenn man sich daran erinnert, dass derjenige, der denkt, fühlt und erlebt, und die Erfahrungen selbst zusammengehören – sie alle sind eines. Wenn du aber aus Angst versuchst, eine Art separaten Beobachter aufrechtzuerhalten, dann gerätst du in einen Konflikt. Dieses Gefühl von einem separaten Beobachter – von einem, der die Gedanken denkt – ist eine Abstraktion, die wir uns aus den Gedächtnisinhalten erschaffen. Wir stellen uns das Selbst – oder vielmehr das Ich – als ein Depot aus Erinnerungen vor, als eine Art Schließfach oder Aktenschrank, in dem all unsere Erfahrungen aufbewahrt sind. Aber das ist keine besonders gute Idee.

Unser Gedächtnis ist kein Ablagesystem, sondern ein dynamisches System, eine Wiederholung von Rhythmen, und all diese Rhythmen sind ein wesentlicher Bestandteil des kontinuierlichen Stroms gegenwärtiger Erfahrung. Wie unterscheidet man nun eine Erinnerung vom Wissen um etwas Gegenwärtiges? In Wahrheit weiß man von gar nichts etwas außer in der Erinnerung. Etwas, das nur einen winzigen Augenblick lang dauert – ein Lichtblitz von einer millionstel Sekunde etwa –, ist nicht wirklich erfahrbar. Es dauert nicht lang genug, um eine Erinnerung zu ermöglichen, und hinterlässt daher keinen »Eindruck«, wie man landläufig sagt. Alles Wissen von der Gegenwart ist Erinnerung.

Wenn dein Blick auf etwas fällt, reagieren die Stäbchen und Zapfen in der Netzhaut. Sie geraten in Schwingung und bewirken ein Echo im Gehirn, und dieses Echo hallt immer weiter nach, denn das Gehirn ist äußerst kompliziert. Zwar ist alles Wissen Erinnerung, jedoch sind wir in der Lage, zwischen dem Anblick einer Person im Hier und Jetzt und der Erinnerung an den Anblick einer anderen Person in der Vergangenheit zu unterscheiden. Und bei der Erinnerung an das Gesicht dieser anderen Person ist uns vollkommen bewusst, dass es sich dabei nicht um eine gegenwärtige Erfahrung handelt. Wie geht das zu? Gedächtnisimpulse tragen eine andere Signatur als Gegenwartsimpulse – sie sind von einer anderen Schwingung. Manchmal jedoch geraten die Schaltkreise durcheinander, sodass gegenwärtige Erfahrungen für uns eine Vergangenheitssignatur tragen, was wir als Déjà-vu bezeichnen. Wir sind uns dann ziemlich sicher, dasselbe schon einmal erlebt zu haben.

Nun sind Gedächtnisinhalte zwar eine Reihe von Impulsen mit einer speziellen Signatur, sodass wir sie nicht mit gegenwärtigen Erfahrungen verwechseln; für gewöhnlich sind wir uns dabei aber nicht der Tatsache bewusst, dass sie alle Teil der Erfahrung des gegenwärtigen Augenblicks sind. Sie sind Teil des kontinuierlich fließenden Lebensprozesses, bei dem es keinen davon getrennten Beobachter gibt, der abseitsstehen und von dort aus dem Fluss des Geschehens zusehen würde. Wenn es dir nun gelingt, das zu akzeptieren – mit dem Geschehen zu gehen und dich nicht mehr an dieses Gefühl eines abgetrennten Selbst zu klammern: ausgezeichnet! Deshalb meinte ich, dass der Tod ein festlicher Anlass sein sollte, etwas, zu dem wir uns beglückwünschen sollten – als einer Gelegenheit für die größte aller Erfahrungen, wenn du zuletzt alles loslassen kannst, weil du weißt, dass es sonst nichts mehr für dich zu tun gibt.

Im buddhistischen Denken ist diese Akzeptanz des Wandels die Philosophie von der Welt als »Leerheit«. Sie trat erst geraume Zeit nach der Lebenszeit Buddhas deutlich in Erscheinung – wirklich zur Geltung kam sie erst um 100 v. Chr. und erreichte ihren Höhepunkt nicht vor 200 n. Chr. Entwickelt wurde sie innerhalb des Mahayana-Buddhismus, und sie stellt die Hauptlehre einer ganzen Textgattung namens *Prajnaparamita* dar. *Prajna* bedeutet »Weisheit«, und *paramita* lässt sich mit »überqueren« oder »hinübergelangen« übersetzen. Das *Herz-Sutra,* das als Kurzfassung oder Konzentrat der großen *Prajnaparamita* gelten kann, wird von Buddhisten in der gesamten östlichen Welt rezitiert. Darin steht der Satz: »Form ist Leerheit, Leerheit ist Form«, zusammen mit weiteren Ausführungen zu diesem Thema. Die ersten missionierenden Gelehrten nahmen deshalb an, dass der Buddhismus nihilistisch sei – dass Buddhisten wirklich der Ansicht wären, die Welt sei reines Nichts und der Anschein von einem Sein nur eine Illusion –, aber die Philosophie der Leerheit ist natürlich weitaus verwickelter.

Der Hauptvertreter dieser Philosophie war Nagarjuna, der um 200 n. Chr. lebte. Er war einer der außerordentlichsten Geister, die die menschliche Spezies je hervorgebracht hat. Die von ihm begründete Denkrichtung trägt den Namen *Madhyamaka,* was so viel wie »Lehre des Mittleren Weges« bedeutet, und wird manchmal auch als *Shunyavada* oder »Philosophie der Leerheit« bezeichnet. Der Begriff der Leerheit meint hierbei im Wesentlichen »Vergänglichkeit« – das Nicht-Fassbare, Nicht-Beharrende – und bezieht sich damit insbesondere auf Vorstellungen von der Wirklichkeit, von Gott, dem Selbst, Brahman und so weiter. Er besagt, dass die Wirklichkeit sich jeder Konzeption entzieht. Die Aussage »Es gibt einen Gott« ist ein Konzept, und die Aussage »Es gibt keinen Gott« ist ebenfalls ein Konzept. Laut Nagarjuna sind all diese Konzepte wie der Versuch, Wasser mit einem Sieb zu schöpfen. Daher betonte er die dialektische Methode in der Vermittlung des Buddhismus, wie sie später vor allem an der Universität von Nalanda[37] gelehrt wurde, die während der islamischen Eroberung Indiens der Zerstörung anheimfiel. Die dialektische Methode ist überaus einfach und kann

37 Ruinenstadt im heutigen Bundesstaat Bihar mit einer einst berühmten buddhistischen Universität, gegründet im fünften Jahrhundert, Ende des zwölften Jahrhunderts zerstört (Anm. d. Übers.).

vom Lehrer sowohl mit einem einzelnen Schüler als auch mit einer Gruppe von Schülern praktiziert werden. Es ist verblüffend zu sehen, was sie mit ein wenig Diskurs zu leisten vermag. Nach und nach entlockt der Meister den Schülern ihre Grundansichten über das Leben, ihren metaphysischen Standpunkt – nicht im spirituellen Sinn, sondern indem er aufdeckt, von welchen Vorstellungen in Bezug auf richtig und falsch, gut und schlecht sie sich tatsächlich leiten lassen. All dies legt der Lehrer bei jedem einzelnen Schüler bloß, um es anschließend zu zerpflücken.

Wenn du deiner Grundüberzeugungen beraubt bist, verlierst du damit deinen persönlichen Kompass, deine Orientierung. Du bekommst es mit der Angst zu tun und hältst sofort nach etwas anderem Ausschau, an das du dich klammern kannst. Mit dieser dialektischen Methode bietet der Lehrer jedoch keine Alternativen an, sondern er setzt die Befragung ungerührt fort: »Warum glaubst du, etwas haben zu müssen, an dem du dich festhalten kannst?« So geht das eine ganze Weile weiter, und das Einzige, was die Schüler davor bewahrt, durchzudrehen, ist die Präsenz des Lehrers, der sich dabei vollkommen wohl zu befinden scheint. Und wenn die Schüler schließlich zur Leerheit – Shunyata – gelangen, stellt sich eine immense Erleichterung ein – Nirvana. Sie sind befreit, auch wenn sie nicht anzugeben wissen, warum und was es eigentlich ist, das sie erkannt haben. Darum nennen sie es Leerheit. Nagarjuna blieb dabei aber nicht stehen, sondern sagte, dass es außerdem gelte, die »Leerheit auszuleeren« – das heißt, sich nicht an die Leerheit zu klammern. Daher ist die »Leerheit der Nicht-Leerheit« sozusagen das Nonplusultra, der höchste Zustand seines Buddhismus. Dabei ist aber nicht zu vergessen, dass all das, was entleert – verneint – wurde, diejenigen Konzepte sind, mit denen man zuvor versucht hat, der Wirklichkeit habhaft zu werden. Im Zen-Buddhismus heißt es: »Du kannst nicht einen Nagel in den Himmel schlagen!« Vom Himmel zu sein – der Leerheit zu entspringen – bedeutet, sich auf nichts zu berufen. Und wenn du von nichts abhängst, bist du dasjenige, das allein von nichts abhängt oder an etwas hängt, nämlich das Universum. Woran sollte es hängen? Und selbst wenn es fallen sollte, gibt es nichts, auf dem es aufschlagen könnte. Was von nichts abhängt, das kann auch nicht am Boden zerschellen. In einem Zen-Gedicht heißt es: »Oben kein Stück Ziegel, um deinen Kopf zu bedecken, unten kein Fußbreit Boden, auf dem du zu stehen vermagst.«[38]

Für uns ist das eine seltsame Vorstellung, die wir an ein üppiges Bildwerk gewöhnt sind, mit dem wir uns das Göttliche ausmalen – Gott, der Herr im Himmel in all seiner Pracht und Herrlichkeit, erstrahlend im Glanz aller Regenbogenfarben, umgeben von Heiligen und Engeln. Unser vollmundiges und farbenfrohes Religionsverständnis lässt in dieser Hinsicht nichts zu wünschen übrig. Aber so funktioniert das nicht. Je konkreter die Gottesvorstellung, desto kraftloser ist sie auch, weil du an ihr festhältst, und umso mehr wird sie zur Idolatrie. Aber diese Vorstellung gänzlich ihrer Bildhaftigkeit zu entleeren verwandelt sie nicht in das, was du dir unter Leerheit vorstellst. Was schwebt dir dabei vor? Ein dichter Nebel? Ein einziges Dunkel? Ein eigen-

38 Aus dem *Zenrin-kushu,* der »Spruchsammlung des Zen-Hains« (Anm. d. Übers.).

schaftsloses Nichts im Kopf hinter deinen Augen? Keine dieser Vorstellungen ist die Leerheit.

Huineng, der sechste Patriarch des Zen, lehrte, dass es bei der Meditation ein großer Fehler sei, den Geist aller Inhalte entleeren zu wollen. Viele Menschen versuchten das aber. Sie ließen sich nieder und bemühten sich darum, keinerlei Gedanken zu haben, und nicht nur das, sondern auch keine Empfindungen. Sie schlossen die Augen und verstopften sich die Ohren. Es ging also um Sinnesentzug, und diese Erfahrung kann ja auch ganz interessant sein, solange man damit umzugehen weiß. Sie kann einen ähnlichen Effekt haben wie LSD, und heutzutage gibt es Laboratorien, in denen der Sinnesentzug sehr weit getrieben wird.[39] Während das einen erfahrenen Yogi überhaupt nicht tangiert, drehen andere dabei durch. Sinnesentzug kann eine sehr intensive, rauschartige Erfahrung sein, vor allem dann, wenn sie mit dem Zustand der Schwerelosigkeit einhergeht, wie ihn auch Taucher oder Astronauten erleben. Eingangs habe ich gesagt, dass jemand, der die Vergänglichkeit wirklich akzeptiert, beginnt, sich schwerelos zu fühlen. Wenn D. T. Suzuki gefragt wurde, wie sich *Satori* – Erleuchtung – anfühlt, antwortete er: »Es ist wie die Alltagserfahrung, nur fünf Zentimeter über dem Boden.« Und bei Chuang-tzu heißt es: »Es ist leicht, still zu stehen und keine Spuren zu hinterlassen, aber es ist schwer, zu gehen, ohne den Boden zu berühren.«

Aus welchem Grund fühlen wir uns so schwer? Es ist

39 Im Original *sensory deprivation.* Versuche zur »sensorischen Deprivation« mithilfe von schalldichten »Floating«- oder »Samadhi«-Tanks wurden in den Fünfzigerjahren zuerst von John C. Lilly durchgeführt (Anm. d. Übers.).

nicht nur eine Frage von Schwerkraft und Gewicht – sondern wir haben das Gefühl, diesen Körper herumzuschleppen. Ein Zen-Koan lautet: »Wer ist es, der diesen Leichnam mit sich schleppt?« Im alltäglichen Sprachgebrauch sagen wir, das Leben sei eine Last, eine Bürde. Die Frage ist: für wen? Wer hat diese Bürde zu tragen? Und wenn niemand mehr da ist, für den der Körper eine Bürde sein kann, dann ist der Körper keine Last mehr. Aber solange du gegen ihn ankämpfst, bleibt er das: eine Bürde. Und wenn niemand mehr da ist, um sich dem zu widersetzen, was wir Wandel nennen (was einfach nur ein anderes Wort für Leben ist); wenn wir die Illusion überwinden, unsere Gedanken zu denken, während wir in Wahrheit ein Strom von Gedanken sind; wenn wir die Vorstellung ablegen, unsere Gefühle zu fühlen, während wir in Wahrheit einfach nur Gefühle sind – dann ist das Leben keine Last mehr. Gefühle zu fühlen ist ein redundanter Ausdruck, nicht anders als wenn man sagt, dass man ein Geräusch hört. Es gibt keine Geräusche, die gehört werden. Hören *ist* das Geräusch. Sehen *ist* der Anblick von etwas. Man *sieht* nicht einen *Anblick* – das ist absurd.[40]

Diese Art redundanten Denkens ist vergleichbar mit der Oszillation in einem elektrischen System, in dem es zu viel Rückkopplung gibt. Bei den ersten Telefonen waren Hörer und Sprechmuschel noch getrennt, und wenn man jemandem einen Streich spielen wollte, legte man den Hörer an die Sprechmuschel, wodurch dieses grauenhafte Kreischen entstand. Der Grund dafür ist

40 Alan Watts bezieht sich hier auf den englischen Ausdruck »sightseeing«: »You don't see sights. Sightseeing is a ridiculous word.« (Anm. d. Übers.)

Oszillation. Wenn du also denkst, dass du deine Gedanken denkst, kommt es zu einem ähnlichen Rückkopplungsprozess: »Ich mache mir Sorgen, sollte mir aber keine Sorgen machen, aber weil ich nicht aufhören kann, mir Sorgen zu machen, mache ich mir Sorgen darüber, dass ich mir Sorgen mache.« Siehst du, wohin das führt? Für uns ist diese Art Rückkopplung gleichbedeutend mit Angst. Aber Nagarjunas Methode schafft die Angst ab, weil du durch sie erkennst, dass auch ein noch so großes Maß an Angst nicht das Geringste an dem ändert, was geschehen wird. Was immer du auch tust – du wirst sterben. Es genügt nicht, das im Hinterkopf zu haben und das Nachdenken darüber auf später zu verschieben – es ist von größter Wichtigkeit, *jetzt* darüber nachzudenken, weil es dich in die Lage versetzt loszulassen. Du musst dann nicht mehr deine gesamte Energie auf deinen Selbstschutz verschwenden.

Diese Philosophie der Leerheit ist die Grundlage der gesamten Mahayana-Bewegung innerhalb des Buddhismus. In buddhistischen Darstellungen wird die Leerheit oft durch einen Spiegel symbolisiert, denn ein Spiegel, der doch alle Farben reflektiert, ist selbst ohne Farbe. Huineng sagte, dass die Leerheit wie der Raum sei. Der Raum umfängt alles – Berge, Ozeane, Sterne, gute Menschen, schlechte Menschen, Pflanzen, Tiere, alles. Und dieser Art ist auch der Geist in uns. Wenn Buddhisten von Geist sprechen, meinen sie Raum. Der Raum *ist* dein Geist. Es fällt uns schwer, das zu erkennen, weil wir glauben, *im* Raum zu sein und in ihn *hinaus*zublicken. Jede Art von Raum, ob wir ihn dimensional, temporal, optisch, akustisch, haptisch oder musikalisch erfahren – all diese Räume sind der Geist. Sie sind die Dimensionen des Bewusstseins. Und dieser weite Raum, den jeder von uns aus einem etwas anderen Blickwinkel auffasst und in dem sich das Universum bewegt, ist somit der Geist. Daher wird er durch einen Spiegel symbolisiert, der selbst ohne Farbe ist, aber gerade deshalb all die unterschiedlichen Farben empfängt. Meister Eckhart sagt: »Soll mein Auge die Farbe sehen, so muss es ledig sein aller Farbe.«[41] Nicht nur um sehen, sondern auch um hören, denken und fühlen zu können, musst du daher einen leeren Kopf haben. Wenn du dir deiner Gehirnzellen nicht bewusst bist, dann weil sie leer sind, und aus diesem Grunde bist du imstande, alles andere wahrzunehmen.

Das ist also das zentrale Prinzip des Mahayana-Buddhismus. Es dient dazu, die Menschen von der Vorstellung zu befreien, dass der Buddhismus an der Leerheit festhält. Als die buddhistischen Mönche Indiens nach China kamen und als die Einheimischen sahen, wie sie versuchten, ihren Geist zu entleeren, vollkommen still zu sitzen und sich aller weltlichen Dinge zu enthalten, auch der Ehe, hielten die Chinesen sie für verrückt. Wozu sollte das gut sein? Die Chinesen dachten sehr praktisch und reformierten den Buddhismus, indem sie den buddhistischen Mönchen erlaubten zu heiraten. Eine Geschichte aus den indischen Sutras, die es den Chinesen besonders angetan hatte, handelt von einem Laienanhänger[42], dem reichen Kaufmann Vimalakirti. Er konnte jeden anderen Schüler Buddhas im Disput

41 Aus der Predigt »Qui audit me, non confundetur«, in: Meister Eckhart: *Deutsche Predigten und Traktate.* München 1995 (Anm. d. Übers.).

42 *Upasaka,* vgl. Anm. 20 (Anm. d. Übers.).

besiegen und gewann im Redestreit sogar gegen den Bodhisattva der höchsten Weisheit, Manjushri. In einem Wettbewerb um die beste Definition der Leerheit gaben alle Mönche ihre Begriffsbestimmungen ab, und nachdem Manjushri seine Definition genannt hatte, war Vimalakirti an der Reihe. Er aber sagte nichts und gewann so den Wettstreit – das donnernde Schweigen.

ÜBER DEN AUTOR

Alan Watts wurde 1915 in der Nähe von London geboren. Bereits in jungen Jahren war er mit der Bilderwelt des Fernen Ostens in Berührung gekommen, da seine Mutter – die als Lehrerin in einem Internat für Kinder in Asien wirkender Missionare tätig war – über eine große Sammlung chinesischer und japanischer Kunst verfügte. Schon bald zeigte er Interesse an der östlichen Philosophie und bekannte sich bereits in seiner Schulzeit zum Buddhismus, nachdem er die buddhistische Loge in London entdeckt hatte, wo er auf Christmas Humphrey und später auf Daisetz Teitaro Suzuki traf. Watts wurde Redakteur der Logenzeitschrift *The Middle Way* und schrieb mit sechzehn Jahren sein erstes Buch. 1939 übersiedelte er von London nach New York, woraufhin er seinen Magister in Theologie am Seabury-Western Theological Seminary in der Nähe von Chicago erwarb. Anschließend versah er sechs Jahre lang das Amt eines Pfarrers der Episkopalkirche, bevor er 1950 der Kirche den Rücken kehrte und ein Jahr später nach San Francisco ging. Auf eine Einladung von Frederic Spiegelberg hin unterrichtete er an der dortigen American Academy of Asian Studies, deren Dekan er später wurde. 1957 veröffentlichte er *The Way of Zen*[43], einen der ersten Bestseller über Buddhismus, und 1958 trat er seine erste Vortragsreise an, der viele weitere im In- und Ausland folgten, auf denen er an Hoch-

43 Deutsch: *Zen-Buddhismus – Tradition und lebendige Gegenwart*. Reinbek bei Hamburg 1961 (Anm. d. Übers.).

schulen und schließlich auch in den neu entstehenden spirituellen Zentren sprach. Schließlich verlieh ihm die University of Vermont den Ehrendoktor der Theologie, und die Harvard University stattete ihn mit einem Forschungsstipendium aus. Mitte der Sechzigerjahre war Watts der führende westliche Interpret des Buddhismus, Zen-Buddhismus, Hinduismus und Taoismus.

Alan Watts ist der Autor von mehr als fünfundzwanzig Büchern, unter anderem *Die Illusion des Ich*, *Weisheit des ungesicherten Lebens* sowie *Psychotherapie und östliche Befreiungswege*. Nachdem er sein Lehramt an der American Academy of Asian Studies niedergelegt hatte, setzte er während der Sechziger- und Siebzigerjahre seine Autoren- und Vortragstätigkeit fort. Während dieser Zeit nahm er Hunderte von Interviews, Vortragsreden, Seminaren sowie zwei Fernsehreihen auf und schrieb für *Elle*, den *Playboy*, *Redbook* und die *Chicago Review*. Unter den Vertretern der Gegenkultur galt er als spiritueller Vordenker.

Alan Watts starb 1973 in seiner Berghütte in der Nähe der Muir Woods in Kalifornien. Sein Sohn Mark Watts führt die Arbeit seines Vaters über die Internet-Plattform »Alan Watts Electronic University« fort. Er hat Kurse und Sendereihen aus dem umfangreichen Alan-Watts-Archivmaterial veröffentlicht und ist Produzent eines Dokumentarfilms über das Leben von Alan Watts mit dem Titel *Why Not Now?*.

KEN WILBER

INTEGRALE MEDITATION

wachsen, erwachen und innerlich frei werden

Was hilft es, wenn man tiefe Zustände in der Meditation erfährt, die Persönlichkeit eines Menschen jedoch in alten Mustern gefangen bleibt? Der führende Denker und bekannte Philosoph auf diesem Gebiet Ken Wilber befördert die Achtsamkeitsrevolution mit diesem Grundlagenbuch in eine neue Phase. Er integriert die östlichen und westlichen Stufen menschlicher Bewusstseinsentwicklung zu einem anwendbaren System. Intensive Selbstreflexionen gehen mit den von Wilber empfohlenen Meditationen einher und machen seinen philosophischen Ansatz zusätzlich praxistauglich.